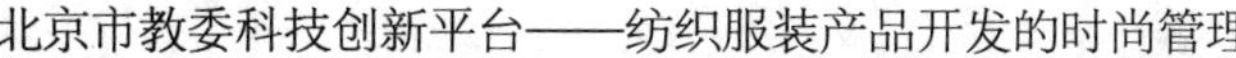
北京市教委科技创新平台——纺织服装产品开发的时尚管理

时尚驱动

服装产品开发与运营

朱光好　主编

中国纺织出版社

内 容 提 要

本书围绕纺织服装产品产业开发与运营管理特点构建，结合服装企业的具体运作展开论述，体现服装产品开发的特有规律；探讨了服装产品开发与运营中最新课题，反映学科最新动态；分析总结国内外企业的实务案例，使理论与实务的内容保持平衡；全面系统阐释了服装产品开发的理论方法和模式，具有较强的理论性和可操作性。

本书适合服装业内人士，包括大专院校专业师生、服装企业管理人员阅读参考。

图书在版编目（CIP）数据

时尚驱动·服装产品开发与运营 / 朱光好主编. —北京：中国纺织出版社，2015.2

ISBN 978-7-5180-1356-2

Ⅰ. ①时… Ⅱ. ①朱… Ⅲ. ①服装工业－产品开发－研究 Ⅳ. ①F407.86

中国版本图书馆CIP数据核字（2015）第014609号

策划编辑：郭慧娟　　责任编辑：陈静杰　　责任校对：楼旭红

责任设计：何　建　　责任印制：储志伟

中国纺织出版社出版发行

地址：北京市朝阳区百子湾东里A407号楼　邮政编码：100124

销售电话：010—67004422　传真：010—87155801

http://www.c-textilep.com

E-mail:faxing@c-textilep.com

中国纺织出版社天猫旗舰店

官方微博http://weibo.com/2119887771

北京睿特印刷厂印刷　各地新华书店经销

2015年2月第1版第1次印刷

开本：787×1092　1/16　印张：16.75

字数：245千字　定价：38.00元

编写委员会

主　任：朱光好
副主任：赵洪珊　李晓慧
委　员：王越平　席　阳　陆亚新
常　静　韩　燕　何侃侃
王秋月

前 言

服装综合了一个人的自我表现、情绪和身份等各方面因素，它反映并扩张了文化和社会的边界线，把美学、技术和商业融合为一体，使服装产业成为令人兴奋、充满活力和创造力的产业。同时，当今世界消费呈现美学泛化特征，现代人越来越多的活动领域已被时尚征服，时尚几乎成为现代人的“第二本性”。如何满足受时尚驱动的服装消费，是服装企业的运作与管理面临的全新命题。

时尚起源于服装，也是服装产品附加值的主要来源，因此服装产品开发是企业的核心环节。目前，国内多数服装设计缺乏市场吸引力，对时尚把握能力低，是制约服装企业竞争力提升的关键因素。所以，服装产品开发必须发挥时尚的驱动作用，重视流行信息传递，加强始于新面料开发的服装设计规划，贯通产业链上下游合作。

在“创新与融合”语境下，对时尚驱动服装产品开发与运营的战略思考，具有重要的理论意义和实践价值。2014年11月，北京服装学院主导设计的APEC领导人服装赢得国内外社会各界广泛赞誉，该设计可谓是传统与现代、科技与时尚的完美融合。对于当下的时尚策源与发动有深刻启示：中国的时尚欲寻求世界范围的话语权，时尚设计必将一方面从优秀的传统服饰文化汲取营养，实现传统服饰文化在当下生活的融合；另一方面，从现代科技进步中寻找灵感，以科技的方式展现时尚的内涵。

本书由朱光好任主编，赵洪珊、李晓慧任副主编，是北京市教委科技创新平台项目“纺织服装产品开发的时尚管理”的研究成果。

本书以服装产品开发流程为主线，涵盖从流行研究到服装产品销售各个方面，全书共八章内容，分别为服装产品开发概述、服装时尚的运动、服装面料的开发管理、服装产品开发与定位战略、服装产品开发流程管理、服装设计规划、服装生产管理、服装销售管理。

全书围绕服装产品开发特点来构建，以时尚管理为中心元素，以国内外服装企业企划实践为素材，融合服装产品开发、设计管理、通用管理学与营销学的基础理论，论述了服装产品开发的特有规律；分析总结国内外服装开发管理的实务案例，维持了理论与实务的平衡；全面系统阐释了服装产品开发的理论方法和模式，具有较强的理论性和可操作性。

作者在撰写过程中查阅了大量国内外有关书籍和相关资料，并引用了其中一些有价值的论点和实例，在此特予说明，并致以诚挚的谢意。衷心感谢中国纺织出版社的精心策划与热心支持，使本书不断完善。作者水平有限，有不当之处，敬请读者指正。

编　者

2015 年 1 月

目录

第一章

服装产品开发概述

第一节 服装产品的范畴

一、服装的概念

服装又称衣服、衣裳，简单地讲就是用来装身的纤维面料制品，可以用来遮盖、御寒。而现代的服装概念要复杂得多，它是技术与艺术相结合的产物，同时需要满足穿着实用和审美表现两个方面的功能。具体地讲，是由不同的面料材质、图案色彩、工艺制作、艺术设计综合而成，并通过不同人穿着表现出来的。

现代服装不仅具有物质实用性，更具有精神审美性，它不仅是自然界的产物，也是社会和文化的产物。人们穿着服装除了要满足生理方面的需求外，更多的时候是为了表现身份、社会地位，表现自己的个性、风格，美化形象，体现秩序，便于识别等，所以服装包含更深层次心理方面的内容。我们已经不能把服装看作是一件简单的衣服，它也是一种文化的表现，它的制作与穿着都有着多层面的因素。

二、服装产品的概念

所谓服装产品其实是现代技术与工业发展的产物，通常是采用批量生产的形式并根据相应的标准号型制成。最早的服装产品产自率先进入工业文明的欧洲，缝纫加工机器的发明为后续的服装生产创造了条件。后来更为先进的缝纫机、整烫机、纸样裁剪机等服装自动化设备的研发投产，更是大大提高了服装生产效率，满足了市场的需求，使大批量的服装产品在短期内推出成为可能。

服装产品的形成通常是由最初的市场调研、产品设计、面料采购和后期的打板制作等过程来完成的，同其他产品一样，也需要安排一定的劳动时间和劳动力，在提供厂房车间以及各种设备的条件下，按照普通的作业要求和工序来实施完成。比如，根据产品和制作的要求选用面料和辅料，经过一定的裁剪、缝制和整理加工做成各种式样的服装。这些产品多以标准号型为基础，分大、中、小等多个型号进行批量生产。

三、服装产品的内容

服装产品根据划分的角度不同，内容也不尽相同。比如根据性别划分，可以分为男装、女装。根据年龄划分可分为童装、青年装、中老年装。根据风格划分可分为休闲装、职业装、礼服、家居服等。本书从服装产品的价值功用角度划分可分为两方面：一方面是我们能够感受到的产品实物；另一方面是设计师想向消费者传达的时尚元素和文化概念，这就是通常所说的服装产品的“有形价值”和“无形价值”。

（一）服装产品的有形价值

产品的“有形”价值主要是指它的可用性及美观性，即能满足人们所需要的各种功用。服装产品首先是用来穿的，因此它具有一定的实用性，能满足人们生理方面的需要。它可以保暖、御寒、保护皮肤、遮体蔽羞以给人心理上带来安全感，体现出人们对服装最原始的要求。其次是能装扮美化穿着者，因此又具有修饰的功能。服装是一件实实在在的物品，它的外轮廓造型、细部结构、装饰手法、制作工艺以及面料的手感等都清晰可辨，当人们穿上服装之后也会切身体会到暖意舒适和体面美观。具体服装式样的“有形价值”，在服装产品里面有着直观体现。

构成服装“有形价值”的各种元素并不是简单的拼凑叠加，而是具有形式美感的搭配和组合。设计师运用比例、协调、对比、强调等形式法则进行设计，款式细节要具有节奏感，色彩要和谐。服装不仅是技术的产物，也是艺术的产物，它在外观上要给人以美的感受。

（二）服装产品的无形价值

在消费者穿着越来越讲究个性、更重视服装精神功能的现代社会，服装产品除了要具有“有形价值”之外，还要赋予它时尚和文化的概念，这就是服装产品的“无形价值”，它会带给人们某种心理上的安慰和满足。无形价值是设计师想传达给消费者并且消费者渴望拥有的东西，如品牌风格、设计主题和时尚理念等。人们穿着服装不仅是为了简单的御寒蔽体，还要向别人表现自我的某种特质。服装产品的“无形价值”需要通过精心设计和适当的产品宣传来实现。比如“白领”在2008年春夏成衣发布会上推出了带有中国元素的服装，将脸谱、太极和中国文字用在细微处，便是在向消费者传达即将要流行的“中国概念”。服装产品通过它的外观语言告诉消费者最新的时尚信息。这些时尚文化概念可以满足消费者追赶时髦或者表现个性的心理。现代服装产品有很大一部分价值是来自于这些“无形方面”，开发产品独特的“无形价值”是企业提高竞争力和增加产品附加值的重要策略之一。

四、服装产品的特点

（一）商品性

服装不仅是用来观赏和展示，更是用来销售的。企业设计和生产服装的最终目的是收回成本、赚取利润。服装是产品也是商品，商品是用来交换的劳动产品。

对企业来说，通过商业交换行为获得经济回报，以作为下一生产循环的资金来源和员工薪酬。对消费者来说，服装可以满足其穿用要求或美化自己、体现身份、追求新生活方式的目的，为此消费者需要通过交换的方式获得。现代市场证明，消费者购买服装的商品效用（从某种商品的消费中得到的满足程度），首先是追随某种生活方式或完善个人形象，其次才是服装产品的穿着功能。这也就形成了品牌与非品牌、精心设计的产品与走模仿路线产品的价格差异。

好的服装产品代表的不仅仅是服装，还反映出“你是谁”以及“你的生活态度如何”。一种产品在消费者心中有着很高的认知度，消费者就会愿意以更高的价格去购买它，因此产生了一些产品拥有高附加值甚至垄断附加值，而一些产品只能以一般附加值甚至低附加值出售的现象。

（二）多变性

服装产品的多变性首先来自它的时效性。服装产品是时尚文化里对时间最敏感的部分，服装在应季时市场价格最高，之后价格会迅速降低，取而代之的是新一季的产品。服装式样不断推陈出新，正因为其多变，才使得人们在穿着上有时髦与落伍、前卫和保守之分，才促使着整个社会的服装业、时尚业不断向前发展。其次，服装产品的多变性还来自于它的多元化。现代时尚文化的表现形式繁多，反映到服装上就是人们的穿着越来越突出与众不同的个性。不同的文化表现在服装上就呈现出各种不同的风格，而且这些风格更多地表现为与传统主流文化不同的非主流倾向，如街头平民风格、嘻哈（HIP-HOP）风格、波西米亚风格等。

服装产品多变性的原因来自于服装产品内部诸因素无止境的重复及更新，就像一部永动机，其动力来源就是自身内部诸零件之间的永无止境的重复翻新和相互组合。服装流行动力学的原则就是它的自我更新和自我推动。这种自我推动性最本质的原因则是来自于人永远追求新事物的本能和自我超越的本性。像对待时尚文化一样，人们也总是喜欢穿着新颖的服装，喜欢穿上它之后的优越感。所以，人们总是不断地提出对新产品的需求，总是想尝试不同的形象，而服装正以多变、速变的姿态来满足这些需求。

（三）时尚性

服装产品具有很强的时尚性。对企业和设计师来说，他们都希望自己的产品能够符合当下的时尚趋势并能引起新的流行时尚；对消费者来说，穿着太落伍会引起心理上的不安全感，他们也希望自己的穿着被他所属的群体接受认可，所以服装的发展趋势总是向前的。一方面，服装体现时尚流行；另一方面，服装又能引领新的时尚。

首先，服装产品体现当下的时尚文化趋势。服装产品设计要充分考虑市场需求，了解市场动向和人们所倾向的生活方式。服装除了具有穿着功能外，更要满足人们在精神方面的需求。比如，现在的休闲装产品大都表现出一种年轻人追求自由、不受约束、我行我素的特点，风格更加轻松、随意。服装从来没有像现在这样多元化，女装可以“阳刚”，男装也可以“阴柔”，只要设计有特点，即使造型怪异也会有它独特的消费群体。年轻人的生活和休闲娱乐方式也为服装产品设计提供了广阔的创意空间和设计灵感。再如，现在的职业装设计休闲化的元素越来越多。在现代都市中，白领们的穿着有休闲化的倾向（有制服穿着要求的除外）。现代人已经把工作看作是生活的一部分，更愿意在一种轻松愉悦的状态下工作，服装正好可以起到缓解压力、提高愉悦度的作用。现代人更加重视体育运动和身体健康，工作闲暇之余会去参加一些如登山、骑车、游泳、滑雪等体育休闲活动，以达到放松身心、强身健体的目的。因此现在的服装市场中运动装、户外装占的比重越来越大，一些相关的体育用品也有很大的市场空间，休闲装设计中也采用了很多运动装元素，充分反映出人们越来越强的健康意识。

其次，服装引领新的时尚趋势。服装产品总是以超前的状态发展，它展示给人们的总是新的形象和流行元素，向人们预见将来要流行的样式，因为“新”它才具有被追随的价值。服装产品的精神功能又可以向人们传达新的生活方式，引起人们向往进而形成流行。服装还带动着周边事物的发展，如饰品、化妆、美容等，服装产品作为时尚文化的核心部分奏响了整个社会时尚的主旋律。现代便捷的媒体传播也使服装引领时尚成为可能，各种发布会、杂志、电视、平面广告，都可以成为其传播的载体和信道，包括名人名流的穿着。这些传播方式已渗透到人们生活的方方面面，影响着时尚流行的发展方向。

（四）系列性

服装产品的系列性是指每个独立的个体之间具有相同或相似的元素，它们以一定的次序和内部关联性构成，如款式、色彩、面料和装饰手法上有一定的呼应。每件产品相互独立，又因为具有一定的相似性而构成一个整体。企业每一季推出的新款都会有一个或几个主题，在同一个主题下的服装产品构成一个系列，它们风格统一、款式相近但不雷同。对一个品牌来说，产品的系列感强有助于在消费者心目中建立鲜明的品牌形象，也有利于充分地展示设计理念和设计风格。单品往往不具备量的优势，如果它们各自孤立，彼此之间没有联系，会给人杂乱无章、不成系统的印象，还会增加企业的设计和生产成本。系列化有利于企业生产时的规范性，有利于提高生产效率。

产品成系列性也意味着设计师在每一季做策划时会对风格和主题做一个取舍，不可能面面俱到。这就需要设计师对市场有一个充分而准确的了解，能够敏锐地把握住流行趋势，推出的产品既需要体现时尚潮流，又要特色鲜明，这样才能在激烈的市场竞争中立于不败之地。

第二节　服装产品开发的战略作用

一、产品开发的概念

产品开发是现代企业发展的关键，但产品开发至今还没有一个严格而统一的定义。早在19世纪初期，德国著名经济学家约瑟夫·熊彼特（Jesech Schumpetre）从进化论的角度出发研究动态经济学，提出了技术“创新”的概念，以揭示技术与经济关系的实质，若从产品开发学的角度而论，“创新”活动无一不与产品物化形式紧密相连。曼斯菲尔德（Mansfied）对产品创新的定义常为后来学认可并采用。他认为，产品创新是从企业对新产品构思开始，以新产品的销售交货为终结的探索性活动。哈斯塔德（Hustad）是美国《产品创新管理》杂志的编辑，他认为产品开发是多因素的综合过程，新产品是外部环境与内部条件交织作用的结果。技术创新学中的“产品创新”泛指技术上有变化的产品商业化，它可以是全新的产品，也可以是对现在产品的改进。企业经营管理中的“产品开发”概念（即新产品开发），是指新产品从概念、市场调查、方案制订、技术设计和工作图设计到样品试制。

产品开发是一个包括市场趋势研究、商品企划和设计、最终产品开发的过程，卡道夫（Kadolph）和兰佛德（Langford）将产品开发定义为产品设计和工程制作，产品有如下特征：先进的服务功能，符合目标市场的要求，能够在一定时间内生产出来且成本合理、能够赚取利润。

产品开发这个主题一直被看作是一般企业成功至关重要的因素。产品开发是企业赖以长期保持生存、成长和成功的基本因素。不管产品的类型如何，产品开发的本质过程是相似的，即将市场机会转变为可供销售的产品或服务的整个过程，如图1-1所示：

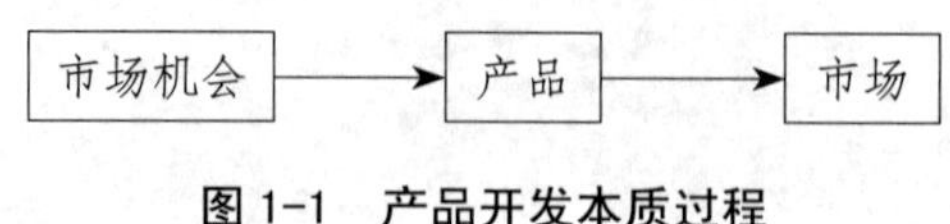

图 1-1　产品开发本质过程

本书认为产品开发就是企业以自身条件为出发点，分析企业外部环境，通过企划、设计、生产、上市阶段，最终以产品来满足市场需求的过程。

二、服装产品开发概念界定

新产品开发是一个包括市场趋势研究、商品企划和设计、最终产品开发的过程，王永贵将新产品开发定义为企业为了适应消费者需求和环境条件的变化对产品的构思、筛选、试销到正式投产的全过程进行管理的活动。

格劳克（Glock）和坎兹（Kunz）将服装新产品开发定义为服装商品企划管理，即针对目标市场所做的产品线的计划、开发和推广，涉及产品价格、市场细分、款式、时机的把握、商品的界定以及产品开发的其他运作等。瑞根（Regan），金凯德（Kincade）和赛尔顿（Sheldon）比较了纺织服装产品与一般产品在产品开发上的步骤，认为服装新产品开发是通过产品线计划进行的，并将产品线计划概括为：商品预测、产品线定型、开发产品、产品测评及产品上市。相应地，他们认为一般产品开发是从先有想法（或创意）开始的，接下来是初步筛选、商业分析、概念测试、开发产品、市场测试，最后是产品推广。

任力等认为服装新产品开发是针对特定的市场消费群体，按照计划进行设计生产，最终提供所需产品的过程。其本质是以消费者为原点所进行的商品策划，其中包括目标市场研究与细分、流行趋势与设计风格的确定、产品开发和营销组合策划等内容。伴随服装产业的发展，新产品开发已成为产业链中的核心内容，新产品开发部门已成为企业的核心部门，它所负责的各条产品线的开发与推出为企业提供了主要收入来源。

本书认为服装产品开发是企业以自身条件为出发点，分析企业外部环境，通过企划、设计、生产、上市阶段，最终以服装产品来满足市场需求的过程。为提供这些产品或服务，服装产品的开发过程需要有各种投入，比如资金、设备、人员、技术等。服装产品开发由多层次构成，是各种非程序性决策和情报处理的总和，已成为现代服装企业核心管理系统。

三、服装产品开发的重要作用

服装产品开发是提高服装企业核心竞争力的关键，它不仅关系到企业的销售业绩，而且与企业的整体运营息息相关。服装产品开发并不是仅依靠抄袭别人的服装款式而进行的简单工作，品牌经营也不是仅靠打折促销等营销手段进行即可，而应该是将市场的销售信息、新的流行信息、品牌企划、生产企划以及行销渠道有机地结合在一起，制订出的服装产品开发企划。企业只有通过这种非价格竞争手段，才能赢得商业竞争。

1. 满足消费者需求

随着中国经济持续稳定发展，人们的物质生活开始丰富起来，开始追求商品的感性和认知。服装的感性由廓型、细部结构、色彩、材质等因素综合形成。

2. 市场营销的核心

市场营销有两个重点：分析市场机会和决定目标消费者。同时针对目标消费者的4P营销组合（产品Product、价格Price、渠道Place、促销Promotion）要素进行合理组合、实施和控制。

3. 提高企业核心竞争力

中国服装企业在生产能力上具有比较优势，但在企划、设计方面的能力相对薄弱。面对全球日趋激烈的竞争和服装市场日渐的复杂多变，卓越周全的产品企划能力是服装企业在非价格竞争中的核心竞争力。

4. 提升国内服装业综合竞争力

中国加入世界贸易组织（WTO）后，服装业面临着更广阔的国际市场，同时随着国际品牌不断涌入以及国内消费市场的成熟和分化，内销市场也将面临更为激烈的竞争，越来越多的企业将从生产加工型企业转变为品牌运营型企业。在这种情况下，企业应不断提高营销水平和商品企划能力，而具有这种核心竞争力企业的大量涌现，将给中国服装业带来新的契机，逐步改善我国服装业近年来量增价跌的尴尬局面，促进市场经济的健康发展，提升我国服装业在国内外市场上的地位和综合竞争力。

四、服装产品开发的原则

1. 商品差别化原则

差别化是指企业商品要让消费者感受到形象和品质与其他企业商品不同，给消费者留下深刻印象，并选购本企业的商品。

2. 市场细分化原则

为了满足各细分市场消费者欲望和需求，必须制订目标对象的商品计划。让企业商品与其他竞争者商品不同的一项策略是确定不同的目标市场，并进行与之相吻合的商品企划。

3. 多样化原则

在分析市场销售信息的基础上，采取产品多样化策略能起到减少风险的作用。服装企业可确立多个目标市场，采用多品牌策略，利用新开发的面、辅料和加工技术来设计新颖款式等手段，以降低企业风险。

4. 陈腐化原则

陈腐化是指将现有的商品认定为过时产品，以此为基础进行商品策划，推出新产品供给市场。

5. 产品废弃原则

若企业经过研究分析，认为某些服装品种市场占有率很低，利润率几乎没有或者服装处于产品生命周期衰退期时，应果断淘汰这些品种，并开发新款予以替代。

第三节　时尚的重要性

一、时尚的概念

时尚——当时的风尚。时尚，又称时髦，是在特定的时期内，由一部分人特别是年轻人尝试并认为后来将为社会大众所崇尚和仿效的某种颇为新潮独特或“前卫性”的观念、行为、语言和生活方式等。

简单地说，时尚就是“时间”与“崇尚”的相加。在这个极简化的意义上，时尚就是短时间里一些人所崇尚的生活。这种时尚涉及生活的各个方面，如衣着打扮、饮食、行为、居住、消费甚至情感表达与思考方式等。

时尚发生在特定的时期内，它是在社会的物质与精神文明发展到一定程度后才产生的。时尚具有一定的时效性，会经历产生和消亡的过程，并始终处于持续的发展变化之中。首先，乐于追随和享用现代生活的人创造了时尚，使时尚成为流行的热点。其次，时尚的变化特性，使之不会停留在“永恒”的广泛关注的流行“情境”中，而是因时、因地、因人等情形而短瞬易变。可以说，在一定程度上时尚拥有相当的号召力，会深刻地影响到当今人们的思想观念与行为表现。

时尚带给人的是一种愉悦的心情、优雅的品位与不凡的感受，赋予人们不同的气质和神韵，能体现不凡的生活品位，展露个性。同时我们也意识到，人类对时尚的追求，促进了人类生活更加美好，无论是精神的或是物质的。

时尚是个包罗万象的概念，它的触角深入生活的方方面面，人们一直对它争论不休。每个人心中都有自己的时尚。战争年代的时尚是军人与武器，和平年代的时尚是体育与女性。2005 年中国的时尚是超级女声；2006 年世界的时尚是世界杯；2008 年中国的时尚是奥运会；近两年的时尚则是微博、微信引领的“微”时代。

时尚又是循环更替的。每个人追逐“细节点缀”的时尚依然风行，流行趋势不断更替，琳琅满目的时尚饰品也总让人耳目一新。

大多数人知道流行和时尚是两回事，但不知道差别。简单来说，流行是大众化的，而时尚相对而言是比较小众的、前卫的。流行的意义很简单，一种事物从小众化渐渐变得大众化，便是流行。而时尚不仅是形容事物，往往是形容一个人的整体穿着、言行、事态等。时尚是结合流行的元素和小细节，经过拼凑和搭配，穿出自己的个性、自己的品位。例如，流行喝酒不代表喝酒时尚，流行骑自行车不代表骑自行车时尚，时尚比流行来得前卫得多。

综上所述，我们给时尚定义如下：在一定时期和特定社会文化背景下，流传较广的一种生活习惯、行为模式及文化理念，体现在服饰、消费习惯或生活方式等个人或社会生活的多个领域。它往往由思想意识起步，以各种物质形式来表达，是一种与现实生活紧密联系的社会文化，并与时代大众的精神诉求息息相关，成为一段时期内流行的生活态度和生活方式。

二、时尚管理界定及要素分析

（一）时尚产品的概念

时尚产品指代表当今时尚、具有一定附加值和时代先进性的符合现实需求的产品，往往代表特定时期主流消费者的消费倾向，包括时尚商品和时尚服务。从内涵来说，广义的时尚产品包括奢侈品，狭义的时尚产品介于普通产品和奢侈品之间，但不包括奢侈品。

通常意义上，时尚业的产品可分成三类：大众化产品、高档产品和奢侈品。大众化产品只有使用价值，生命周期短，时间越长，价值越低；而奢侈品具有梦想价值，时间越长，价值越高。传统的营销方法，无论采用“推”还是“拉”的方式，都是先要有客户分析，然后从中确定符合客户需求的产品或服务。而奢侈品是用现有的产品寻找和吸引目标客户，先有产品，然后才寻找客户。

（二）时尚管理的概念

时尚管理是在发掘潜在客户需求和把握潮流动态基础上，通过供应链管理、生产线管理、公关活动策划、市场营销、销售战略制订等各个环节促使产品及企业获得广泛的社会认可。而每一个时尚企业都需要一整套的不断变化的管理系统，其中包括对品牌、物流、营销、生产线、公关宣传等一系列的管理，最终获得大众的广泛认可。

应该说，服装只是时尚业的一个链，与其相关的有鞋帽、饰品、化妆品、美容美发、箱包，甚至外延到室内装饰装潢、家居用品等。但是服装可以说是时尚产业最直接、最典型的表现形式，因此我们选取纺织服装产业作为研究时尚管理的对象展开相关研究。

对于服装产业方面的时尚管理，其实就是服装的时尚管理，而它所需关注的几个要素与前面提到的不尽相同，即在发掘潜在客户需求和把握潮流动态基础上对于服装的供应链管理、生产线管理、公关活动策划、市场营销、销售战略制订，以及吸引顾客心甘情愿购买服装产品，使产品及企业得到广泛认知。

服装的时尚管理，核心就是时尚品牌管理，其构成要素包括功能的感觉、心理的感觉、品牌的认知等，具体表现为增加购买信心、提高身份、实现顾客价值，从而提高市场份额，带来更高利润，增加企业价值。时尚品牌价值的形成是这样产生的：首先是顾客有品牌意识，继而产生品牌联想，而后产生对品牌的态度，接下来是对品牌的购买行为，最后带来企业价值。

品牌管理就是要提升顾客的品牌意识，让其对品牌产生正向联想和积极的态度，从而发生购买行为，实现价值。因此，我们首先要将品牌的适合人群找出来，也就是先要进行品牌定位。品牌定位一般包括利益定位、属性定位、价值定位三个维度。顾客在购买产品时，总是为了实现某种个人价值。价值是由产品和服务功能利益组合实现的，不同的顾客对产品和服务有着不同的利益诉求。与一般产品不同，时尚品牌特别强调产品和体验，而价格和便利往往不是它的诉求点。因此，时尚品牌经理人一定要仔细分析自己的品牌定位点在哪里，是产品？价格？终端？还是沟通？如果定位点是产品，那就要分析具体是哪一点，是产品的时尚？还是产品的耐用性？一旦确定了一个定位点，就要努力做到让这一点优于竞争对手。

至于服装产业的时尚管理，更多的可能是从管理学的角度讨论经营的方法。企业的特点已经决定了它的主要目的是盈利，因此，只要是在合乎国家法律法规的前提下，最快到达彼岸的方法往往被认为是最好的方法。由于产品生产过程及产品特点的不同，或服务的形式及内容不同，各行各业都有符合自己行业特点的做法。即使在同一个行业，也可能因为企业背景、产品特征、目标顾客等不同，彼此之间的经营管理模式也会存在很大差异，如业务管理、企业管理、经营管理、盈利管理等。随着网络、数字科技等的快速发展，服装业不可避免地被卷入互联网时代，其管理系统也必然要与时俱进，采用适度的技术来支持以往只有人力的服装行业，尤其是在宣传方面，充分利用网络等新兴媒体来提高宣传效果，大大促进服装业发展。

（三）时尚管理的构成要素

从宏观的角度，时尚管理的构成要素包括环境、人文、产业和市场四大要素。环境要素和人文要素是为时尚管理的发展提供整体支撑的基础性要素，产业要素和市场要素则聚集时尚管理所需的经济功能，从而为时尚产品提供经济层面的支持。

从微观的角度，时尚离不开文化创意，根据纺织服装类时尚产品的发生、发展过程，我们将时尚管理的构成要素按如下三个阶段进行归纳。

1. 时尚的产生——时尚设计管理

预测本土（海外）时尚与流行文化需求，并赋予产品相应文化理念和感染力的设计创新，即时尚设计管理。

这是服装时尚产品所要表现的文化理念、生活方式、情感反应等内容的形成阶段。在这个阶段，既有文化、艺术、美感、流行等精神层面的创作，也有产品的设计、结构、款式等物质层面的创作。其创作的主体是文化人士、艺术家、服装设计师以及市场调研和预测人员。

内容包括流行预测、色彩艺术、款式设计等。

时尚设计管理作为时尚管理中生产线管理的一部分，无异于是从源头上对时尚进行管理。

2. 时尚的实现——时尚生产管理

选择先进新颖的材料和灵活敏捷的生产组织模式，把需要表达的文化意蕴、生活态度和价值观创造性地融入产品，即时尚生产管理。

这是服装产品作为文化载体的具体成型阶段，也是创意内容的物化过程。即用现代工业的生产模式和分工协作，把前述的种种独特创意加工成型为可供消费的产品。

内容包括材料研发、织物设计、工艺设计、生产与物流改进等。

3. 时尚的推广——时尚品牌管理（营销）

通过恰当的渠道将产品所蕴含的文化内涵传播出去，从而赋予产品或服务以文化想象力及体验价值，即时尚品牌管理。

具体来说就是通过各种营销手段和恰当的渠道把服装产品所蕴含的文化内涵传播出去，其最终目的是把文化内涵的载体——服装产品销售出去，将其转化为收入和利润，这是服装产业链条中“惊险的一跳”。由于服装时尚产品更多的是直接作用于人的感情、心灵和精神，所以它的销售必须“以人为本”。服装时尚的推广必须了解消费者真正需要的文化和精神诉求，才能激发和鼓动消费者的消费欲望，并使他们在消费中得到身心的愉悦和满足。

内容包括时尚创意营销、品牌推广、形象识别、广告设计等。

（四）时尚对产品开发的重要意义

1. 时尚是服装产品开发的设计源泉

设计是品牌的灵魂，服装设计直接决定了产品的风格和品牌的个性，时装品牌的核心内涵永远必须与新的时代脉搏对接，而这正是“时尚”，它反映了这个时代各种因素（政治、经济、文化、科技发展等）对创新产品的需求，是一个时代对服装新产品的理想诉求。从某种意义上说，时尚就是服装企业与消费者之间的桥梁，它可以让服装企业更准确地把握市场命脉、更好地引领市场需求、更有效地转化为生产力。

2. 时尚是产品设计定位的首要因素

服装产品具有多变性的特点，它充满矛盾性的内部诸元素之间不断碰撞出新的形式，总是有新款式出现，旧款式被淘汰，永无休止。对一个服装企业来说，不可能生产市场上所有的款式。另外现代人喜欢表现自我，标榜个性，服装产品越来越表现出差异化，一个品牌也不可能涵盖所有的风格。因此，无论是消费者定位、产品风格定位，还是文化理念定位、价格定位，时尚性都是首要考虑因素，只有把握时尚性，才能使服装新产品更能契合消费者的需求，更有生命力。

3. 时尚是产品策划的重中之重

服装不仅仅是一种实用性产品，更是一种媒介，可以向人们传播对生活的态度，因此在产品的造型设计方面，就要体现出时尚性，这就需要设计师结合销售情况，做充分的市场调研，了解时尚信息，在总结以往成功与失败经验的基础上，从款式、色彩、面料、配饰等方面制订出一系列策划方案。除此以外，还要赋予产品一定的文化主题，即每一季新推出产品系列的名称和内容。文化主题的策划可以和产品造型的策划同步进行或在造型策划之前。文化主题虽然是无形部分，但它却体现着产品的文化理念和风格，向消费者传达着新的时尚概念。可以说，时尚是产品策划的核心。

4. 时尚是生产实施的助推器

生产实施是把设计概念变成服装实物的阶段，它需要经过工业制板、样衣生产、编排生产工艺流程、大批量生产、后整理、产品检验、包装、运输等过程。相关工作人员要对整个过程进行监督，既要保证产品质量又要控制生产时间以降低成本、应季上市。如果将生产过程以时尚为导向，那么将大大提高创造的价值，也就使得原本劳动密集型的生产环节逐步走向具有知识密集、高附加值、高整合性特点的时尚生产，进一步提高企业的竞争力。

5. 时尚是推广营销的生命线

服装产品只有经过商业流通到达消费者手中以后才能真正实现它的价值，才能完成整个服装产品的运作过程。企业可以通过一些传播渠道，将服装新品以及主题风格传达给消费者。服装产品的时尚性要求其推广营销也像其他的时尚文化一样具有娱乐性，所以除了传统的T台走秀、召开新品订货会、发放宣传册等方式以外，还可以适当地赋予产品一些品牌故事以及通过“打造名师”“视觉营销”等时尚新宠来快速提高产品的知名度和美誉度。

第四节 时尚驱动的服装产品开发

现代理念下的时尚产品开发体现了现代商品运行模式，即由设计、生产、营销、消费构成的闭环模式。今天，时尚产品市场早已超越了以生产为主导的时期，而进入以消费为主导的时代，顾客成为真正的驱动力。他们要求在购物和消费时获得更多的审美体验，因此服装企划进入到了以市场为中心的阶段。时尚产品特色鲜明，流行性强，变化快，消费者对于时尚产品的需求千差万别，所以服装商品企划至关重要。现代时尚产品开发的鲜明特点是全方位、深层次，兼有分析、策划、实施和控制等功能。

一、时尚驱动的服装产品开发管理概念

服装行业是一种时尚产业，其特点就是流行性、时尚性和季节性。正是由于其产品生命周期短、需求不稳定且可预测性低，故而要求服装企业必须要做到“销售信息反馈及时高效，市场反应灵敏准确”，建立“多品种、多批次、小批量、低成本”的现代化服装经营管理模式，同时要求服装产品开发更好地实现并行工程思想，将“时尚”的需求体现在开发的各个环节中，建立基于时尚驱动的服装产品开发管理系统。

时尚驱动的服装产品开发管理是为了达到使市场营销活动效果最佳的目的，以时尚发展规律为指导，对服装商品的设计生产进行全面规划，并对服装营销时间、场合、价格、种类以及宣传广告、商品陈列所进行的管理。

二、时尚驱动的服装产业特征

在全球创意经济的时代，原创力就是生产力。传统的服装产业已转变成为“创意＋文化”双引擎驱动的时尚产业，以服装创意产生、实现和推广为核心内容的新型服装产业与传统服装产业相比，具有一些突出的业态特征。

（一）文化创意性

当今社会的发展方向是个性化和多元化。由于物质产品空前丰富、商品供应空前齐全，相当一部分消费者因生存需要而购物的理由已经不复存在。相反，消费者是因为精神追求而购买、因为心灵向往而消费。在这样的社会背景下，主要用来满足人们对产品使用价值（防护御寒）追求的传统服装产业，在满足人们的心理需求、审美需求等精神追求方面就会显得有些力不从心了。而时尚驱动的服装产业，是把人类抽象思维和智慧结晶的创意作为其灵魂，把物质材料作为其精神内容载体，能产生高度经济效益的时尚产业。在时尚驱动型服装产业的价值链中，其重要增值部分在于创意所带来的原创性的知识含量。

（二）符号消费性

符号消费是与商品的符号属性紧密联系的，商品不仅具有交换价值和使用价值，而且还具有符号价值。其目的在于示差，即通过其符号意义显示出与其他商品的不同。时尚驱动型服装产业的符号价值和符号消费体现在两个层面：第一层面是服装创意产品的独特性符号，即通过色彩、面料、造型、口号、品牌与形象等显示与其他服装产品的不同和其独特性，如夏奈尔的套装、LV的箱包等。第二层面是服装创意产品本身的社会象征性，服装创意产品成为指代某种社会地位、生活品位和社会认同等的符号。

（三）重虚轻实性

在知识经济社会，服装产品竞争的实质是通过产品所倡导或体现的文化来影响或迎合公众的意识形态、价值观念、生活习惯等，从而实现销售。时尚驱动型服装产品对消费者有两个不同层面的价值，即“实用性价值”和“文化价值”。“实用性价值”是指提升生活质量等实质的使用价值追求；而“文化价值”是改善自我评价的一种精神情感追求。由于“创意产生”和“创意推广”这类较“虚”的业务活动对实现服装创意产品的价值极为关键，而生产这类较“实”的业务活动是相对次要的，所以时尚驱动型服装产业与传统服装产业相比具有“重虚轻实”的特性。这是因为卓越的服装设计可以使消费者体会到生活品质得到提升的心理快感，而出色的服装创意产品推广则令消费者联想起某种令人向往的生活品位与风格。

（四）边际效用非减性

边际效用理论认为，商品的价值量取决于边际效用量。商品价值表示的是人对商品的心理感受而不是商品的真实性质。在人们更看重服装产品使用价值的年代，随着消费数量的增加，传统服装产品带给人们的满足程度即效用会逐步下降。而在知识经济时代，对消费者来说，以创意为重要构成要素和价值的时尚驱动型服装产品，每一件的“精神存在物”即其意义都各不相同。换句话说，服装创意产品之间通常是横向差别，因此其带给消费者的边际效用并不会随数量的增多而下降，甚至可能会上升。正因为服装创意产品具有的这种特性，才会出现“女人的衣橱里永远少一件衣服”和“男人的衣橱里永远少一条领带”的说法，这就像不同的绘画、音乐、电影、游戏和书籍带给消费者不同的体验一样。

（五）需求不确定性

时尚驱动型服装产品满足的是消费者较高层次的需要。换句话说，社会对服装创意产品的需要是柔性需求，不像传统服装产品那样满足的是消费者较低层次的刚性需要。消费者的受教育水平、社会的文化与道德导向、流行风尚的转移、大众注意力的变化甚至消费个体的社交圈子、短期情绪等因素都可能会使具体的消费需求发生动荡，从而使服装创意产品的需求不确定性大大增加。对时尚驱动型服装产业来说，一款服装创意产品如果设计新颖、品位高雅、制作精美，广受市场欢迎，很可能为企业带来巨额的销售业绩；但如果设计走偏、寓意不当，即使其用料考究、工艺精湛，也可能会无人问津，连基本的成本都无法收回。显然，时尚驱动型服装产业比传统服装产业具有更大的利润弹性，其波动幅度也更大。这是由时尚驱动型服装产业的需求不确定性决定的。

三、时尚驱动的服装产品开发流程

企业的成功必须是从消费者开始，到消费者完成，以这样的市场活动原则为基础，进行时尚驱动的产品开发，根据时尚商品的形成和市场规律，时尚驱动的服装产品开发一般流程如下，如图 1-2 所示。

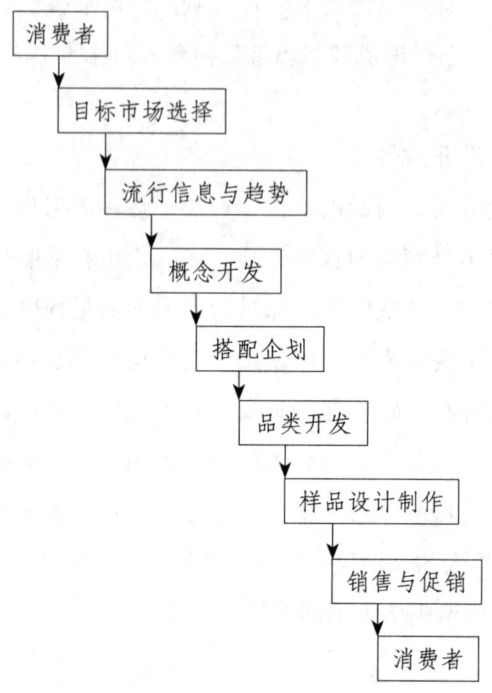

图 1-2 时尚驱动的服装产品开发的工作内容

1. 选择目标市场

这里所说的目标是指在时尚驱动产品开发之始，就要确定以哪些消费者为目标进行产品开发，即产品定位。

消费者是多种多样的，要从不确定的很多消费群体中，明确企业或产品的服务对象，并根据明确的服务对象也就是消费者定位进行相对应的价格定位、市场定位、产品型号定位、销售渠道定位及 TOP 定位等。

2. 信息收集与整理

确定了消费者目标，第二步工作就是根据国内外流行趋势，针对定位目标的市场信息进行深入研究。服装商品开发进程中，对消费者目标在下一个季节，想要穿哪样的服装进行预测是很有必要的。企业要预测出下一个季节畅销的产品，就要进行信息的收集和整理，这种对流行及消费者需求的预测过程即为信息企划。

3. 概念开发（确定主题或形象）

概念一词是指商品的风格形象或者主题风格。概念开发就是把信息分析作为基础，针对所设定的消费者目标，把下一季节商品用“主题”的形式形象化、具体化地表现出来。在选定具体的素材、色彩、款式的前一阶段，集中进入形象概念确定，使下一步设计各要素的选择有了可靠的依据。

在开发的过程中，如果只用文字来表述某种风格形象，不易让人理解。因此，必须选择一些图片，这样会对所策划的形象一目了然。实际上消费者在选择商品时，并不是看那些啰嗦的文字说明，而是直接看到商品后产生好与不好的感觉。所以，在产品开发立案的时候，大多是采取图片剪贴的方法来完成。

4. 搭配企划

概念开发完成后，即将开发产品的主题风格已基本明确，下一步就以此为基础进入具体的服装面料、色彩、款式选定阶段。

服装商品由面料、色彩、款式三要素构成。为了生产与主题风格相一致的产品，就必须选用最能表达效果的面料、色彩及款式等。尤为重要的是，在选择面料、色彩、款式时，不能只对某件单品服装分别选择，而应按照一个消费者的整体着装形象，把上下、内外所有服装包括配饰等联系在一起综合考虑。这种考虑和开发的过程就称为搭配企划。

5. 品类开发

在搭配企划阶段，集中选定基本的素材、色彩、款式，针对搭配企划中所确定的产品进行款式设计，决定面料、配色、型号、价格等一系列工作称为品类开发。

在这个过程中要根据各服种的销售额预算，确定号型及数量，并研究每一号型的配色、面料、尺寸、价格等并进行合理确定。这阶段的具体表现形式一般是绘制时装效果图。

6. 样衣制作

产品开发书始终是纸上的方案，计划及平面设计图等都最终要转化为商品。因此，在样品的设计阶段必须要完成从平面到立体造型的实验过程，检验设计方案的真实造型效果。

实际上，在产品试制阶段，首次做出的样品与设计预想的效果不可能完全一样。所以，开发设计与样板制作及样衣制作人员有必要在投入工作前进行思想交流和沟通。样衣制作负责人要仔细分析，明确商品企业的对象、目标、概念主题等。样板师、工艺师也有必要认真研究市场学，这样才能做出消费者较满意的样品。

7. 宣传与推广

样衣制作完成之后，下一步需要仔细思考的就是如何促销。企业要在何时举办展示会？用什么形式搞促销活动？如何获得更多订单？如何将产品变成商品、变成货款？这些都是促销企划应该做的。同时，对于企业自己的推销员，在展示会或其他促销活动前，必须召开企划说明会。推销员集会是组成促销企划的重要的一部分。另外，促销企划还包括对零售商所购入的产品要给予商品陈列指导、商品说明方法的指导，这些工作也是时尚驱动产品开发的工作范围。

第五节　服装产品开发产业链协作机制

在当今激烈的市场竞争环境中，企业与企业、产品与产品以及服务与服务之间的竞争已经演变成供应链与供应链之间的竞争，合适的供应链战略和有效的供应链管理可帮助企业提升核心竞争力，获取竞争优势，牢牢占据市场领先者的位置。时尚驱动的服装产品开发不再仅仅是服装设计师与服装品牌的一对一、一对多或多对一、多对多的合作模式，而是需要建立跨企业的产业链协作机制。

一、产业链各模块在时尚驱动的产品开发中的作用

一般来说，服装产业链包括纺织技术研发、面辅料生产、服装设计、服装加工、服装商贸五个主链环节，还包括纺织服装机械、服装媒体、营销咨询、广告代理、模特表演、会展业、服饰配件、服装信息化、金融业、行业协会等辅链环节。

不同的模块在面向时尚的服装产品开发流程中的作用是不同的。

1. 纺织技术研发

纺织技术研发是服装产业链主链上的初始环节，包括对纤维材料、制纤技术、纺织品织造技术、染整工艺、后整理方法等的改良和研发。纺织技术研发的水平和效率决定了所提供服装面辅料的质量，是面辅料生产的前提环节，对服装设计、服装加工等后续环节产生极大影响。纺织技术研发的规模和层次，是面向时尚的服装产品开发首要确定的问题，它决定了时尚产品的竞争力和竞争优势。

2. 面辅料生产

面辅料生产是服装产业链价值形成的基础环节，包括服装面料和服装辅料两大部分。服装面料是服装的基本材料，随着生产力的发展和科技的进步，服装面料工

业与高科技的联系越来越密切。服装面辅料的好坏直接影响到服装的质量和款式，世界纺织发达国家在面辅料行业投入相当大的力量，试图掌控服装产业链中最有价值的部分。服装面辅料生产直接关系到时尚产品的设计质量和生产质量，为时尚驱动的服装产品开发提供核心技术支持。

3. 服装设计

服装设计是服装产业链中实现价值增值的关键环节，主要包括产品设计和品牌设计两个环节。产品环节即服装产品的设计，包括对服装造型本身各种要素深入细致的构思和筹划，对其相关的多种直接和间接因素的系统研究。品牌环节指的就是品牌的策划，品牌最持久的含义是其文化价值和个性，品牌不仅是产品的名称和标志，更是一种重要的营销手段。

设计环节是服装产业链中一个附加值极高的环节，是整个产业链的主链核心，在时尚驱动的服装产品开发流程中起到主导作用，它整合产业链上下游的资源、信息等，并对其他模块产生深远影响。设计产业是一种高技术含量、技术密集型的都市型产业，需要文化和经济的共同支持，与消费者密切相关，市场敏感度高。

4. 服装加工

服装加工是服装产业链价值形成和体现的环节。加工环节的企业实际就是服装产品的生产制造商。服装加工业的发展直接影响到服装产业链上、下游环节的发展，与服装面辅料环节和服装商贸环节的产业关联度都非常高，它是决定服装产业链整体关联性的关键环节。随着时代的进步，原有劳动密集型的服装生产由于其附加价值低、技术水平层次不高等原因，已经不再是产业链的核心，但由于其提供的是最终有形产品，因此它是产业链发展的一个基点，也是时尚产品开发的实现环节。

5. 服装商贸

服装商贸是服装产业链价值实现的关键环节，同时也是时尚信息的发源地，主要包括将服装成品从企业转移到顾客手中的批发、零售等重要内容。根据顾客的不同，将服装商贸分为国内市场和国际市场两个部分，即内贸和外贸。服装商贸是服装产业链中重要的终端环节，商贸的规模和水平决定着产业的绩效，它对于产业链的其他环节的发展及产业链的整体发展有很强的带动作用。服装商贸也是服装产业链上附加值较高的一个环节，是时尚产品开发的出发点与归宿点。产品的时尚性，不仅仅体现在产品原材料、产品设计、加工等有形环节，在商贸这一环节也可以突出时尚文化这一无形价值。

6. 辅链环节

辅链环节是促进服装产业链增值、帮助服装产业链价值实现的环节，是服装产业链中的支撑和服务部门。它们的发展推动着服装产业链的有序运转。辅助环节与核心环节有着直接关联关系，而辅助环节各环节之间则有间接关联关系和多向关联关系，是产业链中不可或缺的部分。辅链环节在时尚驱动的服装产品开发中也发挥着重要作用，其中行业协会负责上下游行业及企业与政府间的沟通协调，促进行业整合，营造时尚产品创新的良好氛围。服装咨询为服装企业提供时尚市场预测和咨询服务，帮助企业及时掌握最新的时尚资讯，服装咨询机构以高度专业的眼光，站在产业、行业、区域、国家发展的长远角度，为企业提供解决方案，在服装产业开发中起到重要的辅助作用。纺织服装机械为面辅料、服装的研发、生产、销售提供技术装备服务，是时尚产品开发的制约因素。服装表演是服装促销和展示的重要形式，它有助于建立起经销商与顾客进行沟通的桥梁。服装展会为面辅料、服装等产品和设计研发等技术提供展示和交易的平台，是推进服装产业链中各环节之间关联性建立的重要因素，服装表演和会展业为产品开发提供时尚平台。服装媒体给企业提供了展示自我、获取信息、把握世界流行趋势的舞台，在信息时代信息已成为企业或产业竞争的关键，服装媒体业的快速发展是时尚产品开发的先决条件。服饰配件为服装产品提供搭配饰品，强化了服装产品在款式、设计等方面的外观效果，可为服装产品增值，与服装产品的搭配也是时尚的一种体现。

二、时尚驱动的产品开发需要企业内部多部门的协调

时尚驱动的服装产品开发包含了管理活动、组织活动和专业技术活动，保证了品牌风格的完整性、产品开发的快捷性以及相关环节的畅通无阻，特别是服装商品对应消费需要进行的设计、生产和物流，迅速实现销售。

1. 管理方面

时尚驱动的产品开发相对生产和销售起先导作用，需要先有时尚信息，再在生产和销售中贯彻执行这些企划。企业需要给企划部门以足够的自由度和支配权，使企划的主管能从整体对品牌开发有宏观的控制。分工明确，权责分明，才能更好地把握市场机会，做好服装企划工作。

2. 组织活动方面

需要将时尚驱动的产品开发的理念和专业技术贯通到服装生产和销售中。必须

要协调公司设计、生产、销售等各个部门的工作，还要对各部门的工作情况有充分的掌握，同时需要有专门的人员负责相关业务。

3. 专业技术方面

服装时尚产品设计开发部门的主管必须具备服装专业知识，还要有对各部门进行综合管理和指导的管理能力和沟通能力。

三、时尚驱动的产品开发的会议活动计划

时尚驱动的产品开发是一个团队活动，也是一个动态的工作，需要各项工作内容分阶段开展，通过适时举行相关会议进行企划理念和具体工作内容的传达，协调各部门工作的一致性。有关的会议情况如下，如图 1-3 所示。

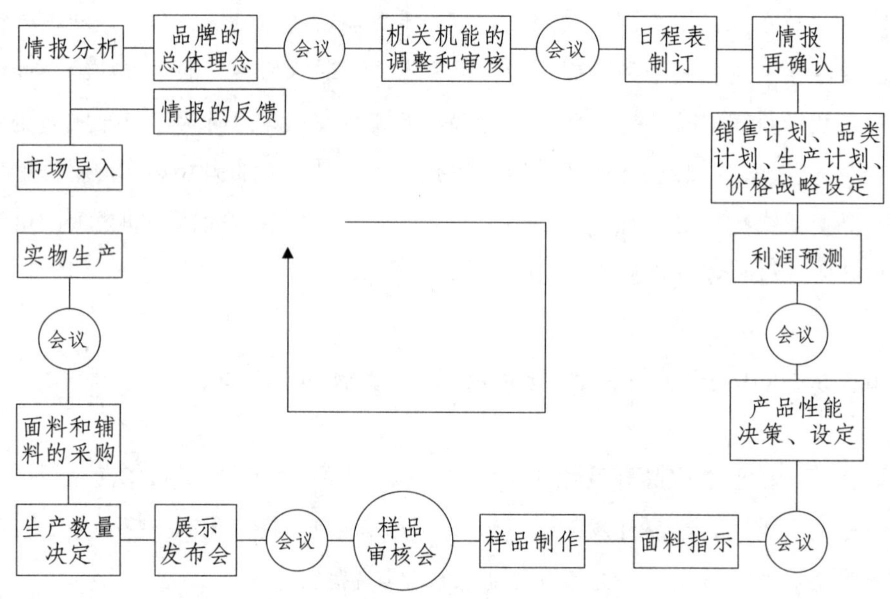

图 1-3 服装商品企划过程中的协调会

1. 产品开发会

决定长期商品计划、目标消费群、定位准确市场、品牌理念、编写商品企划书。

2. 统计数据分析策划会

进行经营业绩分析，统计上一季度的营业额、利润率和季节变动情况，制订本季度的营业额、利润目标等。

3. 流行趋势会议和基本构想会

通过收集国内外的流行信息，分析流行趋势，提出基本构想，确定商品的季节主题。

4. 商品品类构成会议和总体计划会

商品产品线分析、月份销售计划表、月份生产计划表、面辅料采购计划表，月份商品品类分配表，展示会及商品宣传计划。

5. 企划说明会

编写企划相关内容说明会，向相关人员说明服装商品企划理念及内容，进行部门间协调沟通。

6. 样品展示会

向主客户介绍样品，确认客户意向，进行样衣选择，确定批量生产商品，预算生产成本、销售利润，编写预测计划书。

7. 内部发布会和订货展示会

通过展示样衣评价和客户信息反馈，进行销售预测调整，确定生产数量。

8. 销售预测调整会

店铺销售跟踪，促销调整，顾客满意度调查，商品销售动态研究，对产品的生产数量进行取舍，接受投诉和售后服务。

9. 商品动向报告会和策划报告会

对服装商品策划过程进行评价，总结前段时间的工作，得出经验，反馈信息，进入下一个商品企划过程。需要注意的是：商品企划的每一步都要有明确的时间排表和相应的责任人，编制明确的计划书，可以使工作具有可操作性和可控性，保证工作定期完成，才能使商品企划工作有序展开，企业经营良好发展。

第二章

服装时尚的运动

第一节　流行周期

一、流行与流行周期

什么是流行，恐怕每个人都有自己的理解和认识。但从流行事件来说，我们无时无刻不在感受着流行的发生，它已经成为社会生活中不可或缺的一部分。服装在流行，时装T台上美轮美奂的模特引领着当季的流行趋势；音乐在流行，一部电影或电视剧的热播可以带来主题曲的广泛传播；色彩在流行，2008年北京奥运会促使了西瓜红的流行，金融危机促使了灰色的流行；话语在流行，春晚上精彩小品的表演掀起系列流行语的广泛使用，“喜大普奔”“我和我的小伙伴们”等带来网络词语的表达；手机视频在流行，随着新媒体的广泛使用以及对网络流量的技术控制，利用手机看电视成为流行；炒股在流行，无数网民争先恐后地投入股市浪潮之中；自行车在流行，拥堵的都市交通阻碍了人们的出行，“绿色出行”的理念使得城市中越来越多的市民选择骑车外出……如果把这些都算作流行，我们整个社会正处在各种各样的流行之中，每天都有新的事物开始流行，也有旧的事物退出流行的大潮。

我们可以认为流行是一个过程，它是一个事物通过人类的相互模仿而盛极一时的过程。可以说，流行是一个宽泛的社会现象，它包含着丰富的社会内涵，从兴起到衰落具有自身的特定规律。同时，我们也注意到流行现象是可以分门别类的，它们既具备流行的共同属性，又因为各自的诱因驱动表现为不同的特殊表征。

流行作为单位时间内群体的喜爱偏好，具备一定的影响因素。具体来说，流行就是在一定的历史时期，一定数量范围的人受某种意识的驱使，以模仿方式普遍采用某种行动、生活方式或观念意识时所形成的社会现象。开始，新的流行与现存的流行相比处于弱势，但随着发展，它将替代现存的流行，成为新的流行热潮。

二、流行周期的发展过程

服装流行的周期就是其从产生到衰退的整个生命过程，因此，流行周期的发展过程可以分为四个阶段：

1. 流行的萌芽阶段

少数流行引领者的聚焦使得一款或一组服装开始从无到有，通过他们的穿着和使用，显示出与众不同的效果和作用，并开始诠释服装的社会价值和自身品位。在这个阶段，流行尚未跨出少数流行引领者的社会阶层，流行引领者希望在本阶层中得到他人的认可和追崇。

2. 流行的兴起阶段

在流行初期得到本阶层的认可和接纳后，服装流行通过非主流渠道向其他阶层人群扩散和传播，流行受众群体得到扩大，文化价值的碰撞和融合在兴起阶段显得十分必然和重要。

3. 流行的鼎盛阶段

当新的流行渐渐地被更多的人接受时，其他人就会迅速地加入到流行行列中来，以获得“跟上时代”的安全感。服装流行的鼎盛时期到来，一定程度上意味着流行服饰本身的价值观在全社会中得到大多数支持，大量模仿者开始涌现，流行被进一步诠释和改良，以适应广大追随者的特征和品位。流行的鼎盛阶段作为流行成熟的标志，意味着一项流行活动取得了成功。

4. 流行的衰退阶段

当“流行”充分流行之后，就失去了该流行的追逐性和刺激性，使追求时尚的人对此失去兴趣。流行引领者在完成开发和认同后，已开始着手酝酿新的流行，原有流行逐步随着商业价值和社会价值的耗尽而离开流行的舞台。

三、流行周期的影响因素

在各种各样的服装流行过程中，我们经常会惊奇地发现某些流行的特点和变化似曾相识，还会发现某些流行的特征受到了当下社会事件的影响。纵观流行周期，服装所具有的自然属性和人文属性，决定了流行原因的多样性，但总体来讲，有内因和外因两个方面。内因指的是人的心理活动产生了对美的事物的向往，对新鲜事物的追求，促成了流行的周而复始的变化；外因则是自然因素、社会因素等外在环境对流行起到了推动或制约作用。

（一）自然因素

在关于服装起源的论述中，自然因素是服装产生的基本因素之一，它决定了服装的实用性功能，正是自然因素的存在对服装的流行起到了宏观的制约作用。

人们所生活的地球，气候自然条件各有差异。地域的不同、四季的更替都对服饰的流行产生重要的影响。不同的地域环境下，温度、湿度、光照、风速等存在很大差异，为适应这些气候特点，服装也各具特色。相对于服装流行这个总体概念而言，世界各地的人们根据所处的不同的气候条件对服装的款式、色彩、材质及着装方式进行适度的选择和调整。当然，气候环境的优劣也影响了流行的周期性变化，气候条件较好的地区，周期变化短，反之则长。

（二）社会因素

服装的发展反映了人类文明变迁的历史，一个社会的政治、经济文化思潮、科学技术、战争等因素都对当时当地的服装潮流产生重要影响。

1. 政治因素

服装与政治的关系密不可分。纵观人类的发展，每一次的变革，都不同程度地推动了服饰发展的进程。在中国历史上，服饰作为政治的一部分，其重要性远远超越了服装在现代社会的地位。政权制度使得服装在款式、色彩上都表现出很强的等级色彩，服装成为政权和等级地位的象征。中国历代区分尊卑等级的“易服色”就是重要表现。为达到“天下治”的目的，君主对服色制订了严格的规范，天子、诸侯乃至百官，从祭服、朝服、公服到常服都有详细规定，任何人不得僭越，显示出浓厚的政治色彩。服装的流行也因此存在于不同的社会阶层中，具有明显的等级色彩。

2. 经济因素

经济因素对服装的影响显而易见。经济落后、生活水平低的时期，服装成为护体遮羞之物，是社会规范、生活习俗的需要。经济发达、生活水平高的时期，人们对服装的需要便跃入了精神层面，服装成为可以使心理得到满足、使人心情愉悦之物，更是追随社会流行的重要载体。

新型面辅料的开发运用、加工手段的进步、服装市场的运作经营，都是以经济为依托。同时，服装的流行又代表着一种高雅、新鲜的生活方式，彰显一个地域、一个国家人们的生活水准和经济状况。我国从改革开放以来，国民经济增长，人们的审美观念随着思想的开放进一步深化，不再满足于过去一成不变的款式、色彩，对服装的要求不断增高，更多地注重服装的新颖性、时尚型、舒适性、个性化，服装流行的速度越来越快，品牌理念逐渐深入人心，国际著名品牌纷纷将目标瞄准中国，服装文化空前活跃。对服装美的认识，刺激了人们对高品质生活的追求，也进一步促进了经济的再发展。

3. 文化思想

一种流行现象往往是在一定的社会文化背景或是文化思潮下产生的，服装的流行同样受到了不同时期文化思潮的影响，表现出迥异的服装特色。在封建社会，历代帝王利用思想上的大一统方式来巩固其统治地位，这一点在历代的服饰中表现尤为明显。如宋代流行程朱理学，强调封建的伦理纲常，提倡“存天理，去人欲”，宋代服饰也一改唐代繁荣富丽、宽大自由的服饰风尚，表现为十分重视旧有的传统，推崇古代的礼服：在色彩上，强调本色；在服饰上，“务从简朴”，“不得奢华”。

4. 科技影响

自英国工业革命以来，服装行业迅猛发展，织布机、羊毛织机的发明和化学染料印染技术的产生，化学纤维、合成纤维的问世，使服装产业发生了质的飞跃，这无疑是科学技术带来的深刻影响。特别是现代科学技术的高度发达，各种新面料、先进的纺织技术、印染技术，给面料的质感、花色都带来了更多创新。近年来，高新技术的研究被应用于服装材料。这些高科技面料的应用，不仅强化了服装的物理性能和化学性能，也使得服装具有了更高的科技含量，给现代服装设计提供了更大的创意空间。

（三）生理因素

“衣必常暖，然后求丽”，服饰的实用属性、人的生理特征与服装流行有着密切的关系。服装是人的“第二层皮肤”，是“人体的扩展与延伸”。如前所述，由于自然环境、气候条件等的不同，服装就成为人们用以蔽体保暖的重要工具。服装的隔热性能、透湿性能，服装材料的力学性能、可燃性、防静电功能、防水与防风功能、服装的合身程度、对身体的压力以及对皮肤的敏感等，都是对服装最基本的要求。人们的审美观不尽相同，但对服装的生理要求大同小异，唯有可以更好满足人们生理要求的服装才能得以流行和传播。

（四）心理因素

爱美之心是人类与生俱来的本质，在服装生理性需求的同时，人的各种复杂的心理性需求对服装的流行产生了重要的推动作用。

1. 两种心理倾向

在影响服装流行的心理因素中，存在两种心理倾向，分别是求异心理与求同心理，它们可以说是服装流行产生的原动力。所谓求异心理，是指追求新、奇、异的心理。社会中总有一部分人，他们喜欢与众不同，喜欢在芸芸众生中特立独行，这种心理往往通过个体的着装表现出来，他们总是走在潮流的最前端，是时尚的引领者。

而另外一部分人，则时刻抱着求同的心理，他们喜欢安于现状，不愿被别人看到自己有任何特殊之处，愿与周围的人保持一致。他们不喜欢标新立异，希望融合于大众，在习惯中获得安定感。这部分人是服装流行的消极追随着。

2. 爱美心理

人对美的追求总是无止境的，从原始社会的刺面文身到现代文明社会的时尚装扮，无不体现着人们的爱美之心，这也正是流行普及的重要因素。

正如上所述，当求异心理的人群创造出新奇、美的形象时，就会吸引一大批追随者，这些追随者在爱美求新的心理作用下将流行普及。他们是流行的积极追随者。他们不同于求异心理较重的人那样喜欢与众不同，也不像求同心理的人对流行抱以消极态度，他们对美好新鲜的事物有敏感的嗅觉，对时尚的服装造型、色彩、面料能迅速接受。

3. 模仿心理

模仿是人类的重要心理现象。亚里士多德曾指出：模仿是人的一种自然倾向，人之所以异于禽兽，就是因为善于模仿，他们最初的知识就是从模仿中得来的。

严格来讲，模仿是服装流行和审美过程中重要的传播方式，正是因为有了模仿，流行才能得以成为一种普遍现象。新鲜美好的事物往往容易打动人们的心，时尚的服饰装扮成为竞相追逐的风向标。人们就是通过流行时尚的模仿来获得追随的权力，以此来寻求一种心理上的平衡。

四、流行周期的规律

一种事物开始兴起时，会受到人们的热切关注、追随，继而又会司空见惯，热情递减，产生厌烦，最后被完全遗忘。法国著名时装设计大师克里斯汀•迪奥说：“流行是按一种愿望展开的，当你对它厌倦时就会去改变它。厌倦会使你很快抛弃先前曾十分喜爱的东西。”这种发生、发展、淡忘的过程是流行的基本规律，也可称为一个流行周期。任何事情的发展都有它自身的变化规律，服装的流行也不例外。

服装的流行具有明显的时间性，随着时间的推移而变化，这种变化是有规律的，表现为循环式变化规律、渐变式变化规律和衰败式变化规律。

（一）服装流行变化的基本规律

1. 循环式变化规律

循环式变化规律是指一种流行的服装款式被逐渐淘汰后，经过一段时间又会重复出现大体相似的款式，所谓“长久必短，宽久必窄”，说的就是这个规律。但这种流行的方式是在原有的特征下不断地深化和加强，是流行的变化渐进发展。这种循环再现无论是在服装造型焦点、色彩运用技巧上，还是服装材料使用上，与以前相比都有明显的质的飞跃，它必然带有鲜明时代的特征，运用更多的现代的人文、科技发展的结果，必然更易被社会所接纳。

2. 渐变式变化规律

渐变式变化规律是有序渐进的意思。流行的开始常常是有预兆的，它主要是经新闻媒介传播、由世界时尚中心发布最新时装信息，对一些从事服装的专业人员形成引导作用，而导致新颖服装的产生。最初穿着流行服装的毕竟是少数人，这些人大多是具有超前意识或是演艺界的人士。随着人们模仿心理和从众心理的加强，再加上厂家的批量生产和商家的大肆宣传，穿着的人群越来越多，这时流行已经进入发展、盛行阶段。当流行达到顶峰时，时装的新鲜感、时髦感便逐渐消失，这就预示着本次流行即将告终，下一轮流行即将开始。总之，服装的流行随着时间的推移，经历着发生、发展、高潮、衰亡阶段，它既不会突然发展起来，也不会突然消失。

3. 衰败式变化规律

衰败式变化规律是指上一个流行的盛行和下一个流行的蓄势待发有结合点。服装产业为了增加某种产品的获利，在流行的一定阶段会采取一些延长产品衰败性存在的时间措施，同时又在忙碌着为满足人们再次萌生的猎奇求新心理创造新一轮流行的视点。

（二）服装流行的时间性

1. 流行的时空性

服装的流行联系着一定的时空观念。时间与空间都有它们的相对性。在不同的空间和时间里，服装有强烈的时效性。因为“新”是流行过程中最具有诱惑力的字眼，流行只有在“新”的视觉冲击中才能保持旺盛的生命力。所以，今天流行、明天落伍变成了司空见惯；服装更新的越快，它的时效就越短。从法国服装中心几十年来展示的服装中，可以看到风格的突变：曾经是色彩暗淡、宽松的服装流行全球，继而便是金光闪闪、珠光宝气、缀满装饰物的服装充斥市场；喇叭裤虽然以挺拔优美的气质独领风骚许多年，但仍无力抵挡流行的浪潮，终被宽松的“萝卜裤”替代，紧接着又出现了直筒裤、高腰裤以及实用而优雅的宽口裤、九分裤、七分裤等。服装款式的变化令人目不暇接。近年来，就连人们认为款式比较稳定的男装，也因流行潮流的冲击不断变化。因此，只有把握流行时间的长短和空间的范围，才能保证服装流行的效应。

2. 流行的周期性

服装流行在经历了萌发、成熟、衰退的过程而退出流行舞台后，又会反复出现在流行中，即说明流行有周期性。流行的周期循环间隔时间的长短在于它的变化内涵，凡是质变的，间隔时间长：凡是量变的，间隔时间相对会短一些。所谓质变，是指一种设计格调的循环变迁。

若一种服装款式新颖，可能流行一两年就过时了，但它仍旧还是一种风格，只不过不再是一种流行款式而已；若干年后，它可能又会以新的面貌出现。美国加利福尼亚大学教授克罗在观察了各种服装式样兴起和衰落后，得出的结论是：服装循环间隔周期大约为一个世纪，在这之中又会有数不清的变幻……人类对于服装特征的研究表明，某种服饰风格或模式趋向于有规律的周期性重现。时尚周期的另一尺度与“循环周期”的原则有关，即一定时期的循环再现。近年来，国际服装流行的周期循环现象比比皆是，如典型外轮廓造型之一的直筒式，是流行于20世纪初迪奥风格服装的再现。而“复古”“回归”“自然”等主题，也都是服饰风格的周期循环。

人类不同的历史文化背景、观念意识对审美的影响是深刻的。当代是人类的个性自由充分发展的时代，人们的审美千差万别，一些历史的审美观往往以新的形式复活，服装的周期性循环正好说明了这点。

第二节　流行的预测

一、流行预测的概念

流行预测（fashion forecasting）是指在特定的时间，根据过去的经验，对市场、社会经济以及整体环境因素所做出的专业评估，以推测可能出现的流行趋势活动。

服装流行是在一定的空间和时间内形成的新兴服装的穿着潮流，它不仅反映了相当数量人们的意愿和行动，还体现了整个时代的精神风貌。服装流行预测就是以一定的形式显现出未来某个时期的服装流行的概念、特征与样式，这个服装的流行概念、特征与样式就是服装流行预测的目标。

二、流行预测的方法——以流行色预测为例

目前，国际上对服装流行色的预测方式大致分为两类：一是以西欧为代表的，建立在色彩经验基础之上的直觉预测；二是以日本为代表的，建立在市场调研量化分析基础之上的市场统计预测。

（一）直觉预测

直觉预测是建立在消费者欲求和个人喜好的基础之上的，凭专家的直觉，对过去和现在发生的事进行综合分析、判断，将理性与感性的情感体验和日常对美的意识加以结合，最终预测出流行色彩。这种预测方法要求预测者对客观市场趋势有极强的洞察力。

直觉预测对色彩预测专家的选择有着严格的要求。首先，参加预测的人员应该

是多年参与流行色预测的专家，积累着丰富的预测经验，有较强的直觉判断力。其次，这些人员应该在色彩方面训练有素，有较高的配色水平和广泛的修养，并掌握较多的信息资料。即使如此，预测也不能仅靠个人力量，而是需要由具有上述条件的一批人来完成。西欧国家的一些专家是直觉预测的主要代表，特别是法国和德国的专家，一直是国际流行色界的先驱。他们对西欧市场的艺术有着丰富的感受，以个人才华、经验与创造力设计出代表国际潮流的色彩构图，他们的直觉和灵感非常容易得到其他代表的赞同。

2008 年秋冬时装周，夏奈尔设计师卡尔·拉格菲尔德根据自己的理解，设计发布了 2009 年流行的女装款式，如图 2-1 所示。

图 2-1 直觉预测

（二）市场调查预测

市场调查预测是一种广泛调查市场、分析消费层次、进行科学统计的测算方法。日本和美国是这种预测方法的代表国家。

日本研究人员始终将市场放在首位，在注重市场数据的分析、调查、统计的同时，研究消费者的心理变化、喜好和潜在的需求，利用计算机处理量化统计数据，并依据色彩规律和消费者的动向来预测下一季的色彩。

美国研究人员则更加关注流行色预测的商业性，他们主要收集欧洲地区的服装流行色信息和美国国内的服装市场消费情报，利用流行传播理论的下传模式，通过不同层次消费者对时尚信息获取的时间差进行调查、预测，使服装上市时基本与消费者的需求相吻合；同时，还以电话跟踪的方式调查、了解消费者的态度，使消费者的反馈成为预测依据。

目前，我国也十分重视流行色预测，各地纷纷建立了研究机构，许多研究者都在探讨如何准确地预测流行色的变化规律。中国流行色协会是在借鉴国外同行的工作经验的基础上逐步发展的。在服装流行色的预测上，一方面，采用了欧洲专家们的定性分析方法，观察国内外流行色的发展状况；另一方面，根据市场调查取得大量的市场资料进行分析和筛选，在分析过程汇总还加入了社会、文化、经济的因素。随着经验的积累，色彩预测信息正日趋符合我国国情。流行色协会下设有调研部，对市场变化也有相应的记录，但由于我国复杂的客观环境，如文化差异、经济发展不均衡等因素都制约了流行色研究和预测的发展。

三、流行预测的内容

（一）根据流行产业链上各节点进行预测

1. 纤维、面料的预测

纤维的预测一般销售期提前 18 个月，面料的预测一般提前 12 个月。

对于纤维、面料的预测主要是由专门的机构，结合新材料、流行色来进行概念发布。色彩通过纺织材料会呈现出更加感性的风格特征，所以关于纤维与材料的预测往往是在国际流行色的指导下结合实际材料来表达的，可以使人们对于趋势有更为直观的感受。

专业展会成为各个流行预测机构和组织展示成果的重要舞台。在各大纱线博览会、面料博览会可以结合材质更为实际地体验到未来的服装色彩感觉。

纱线、面料博览会上通常会展出新的流行色彩概念、新型材料以及上一季典型材料。有时还会制成服装更直观地展示这些新的发展趋势。

中国纺织报发布的 2015 春夏面料流行趋势，其中的一款主打神秘、魅力、奢华具有致命吸引力的混纺丝绸面料，如图 2-2 所示。

2. 款式的预测

款式的预测通常是销售期提前 6 ～ 12 个月。预测机构掌握上一季畅销产品的典型特点，在预知未来的色彩倾向、掌握纱线与面料发展倾向的基础上，可以对未来 6 ～ 12 个月服装的整体风格以及轮廓、细节等加以预测，并最终制作成更为详细的预测报告，推出具体的服装流行主题，包括文字和服装。权威预测机构除了会对各大品牌新一季的 T 台秀作品做出归纳与标记，还会推出由专门设计师团体所做的各类款式手稿。

VOGUE 发布 2014 春夏流行趋势，其中的一个流行款式要素：镂空网眼，如图 2-3 所示。

图 2-2　混纺丝绸面料预测

图 2-3　镂空网眼

3. 色彩的预测

在预测内容中，由于色彩是预测的基础，因此，专门的国际预测组织对色彩的预测多而详细。对材料以及款式的预测主要是在国际流行色彩的框架下配合材料来具体表现的，其预测与色彩相比没有那么严谨，因此内容相对少，主要是对各大机构以及展览资讯的及时收集，同时对于新材料的关注。

华纺资讯发布 2015/2016 秋冬男女装色彩流行趋势预测，如图 2-4 所示。

图 2-4 色彩流行预测

4. 零售业的预测

零售业的预测主要是各大零售公司的专门部门通过信息的收集与分析，结合本公司的定位方向，对新一季的采购工作做出评价报告，并作为采购工作的依据。一般要在销售期提前 3 ～ 6 个月。服装零售业的预测在 21 世纪的重要特点是快速。国际上新型的零售服装品牌，如西班牙的 Zara、瑞典的 H&M 的经营模式可以令研究者对零售业的预测有所了解。

这些大的零售公司通常并不热衷于创造潮流，而是对潮流做出快速反应。他们是潮流的发现者，在世界各地不停地旅行来发现新的流行趋势。从流行趋势的识别到把迎合流行趋势的新款时装摆到店内，时间通常在 1 个月内。

（二）按时间长短进行预测

1. 长期预测

长期预测是指历时两年或更长时间所做出的流行预测，主要集中表现在：为了建立一个长期目标而做的预测，如风格、市场和销售策略；集中预测那些具有选择性的变化因素。

色彩预测通常提前两年，事实上更早一些时候各国流行色的预测机构便开始搜寻资料准备色彩提案了，以便在国际色彩会议上讨论。品牌作为战略是为了树立某种风格，因而从设计到推广都需要全盘考虑。

2. 短期预测

短期预测是指历时从几个月到两年的时间所作出的流行预测，主要集中表现在：寻找识别特殊的风格；这些风格所要求的层次；这些风格能被消费者期望的精确时间。

纤维和织物的预测至少提前 12 个月，通常差不多是两年的趋势。成衣生产商的预测通常是提前 6 ～ 12 个月，他们的预测很关键，是选择服装风格进行生产的促进下一个季节流行的基础。应用这些预测，买方将计划出他们所需购买的商品风格、颜色与款式。

四、流行预测的机构

在服装工业发达的西欧国家中，对于服装流行的预测和研究早在 20 世纪 50 年代就开始了，经历了以服装设计师、服装企业家、服装预测专辑为主的预测研究，以本国的专门机构为主到向国际组织互通情报、共同预测发展过程。同时，在预测方法上，经历了从以专家定性预测到现代预测学为基础的预测理论。

欧洲的纱线、面料协调组织，都是以最终产品作为自己研究流行趋势的主线。在纱线、面料博览会上也都是以成衣流行趋势作为流行的主要内容作为宣传的。上述各协调组织一般拥有众多的成员，如法国的女装协会和男装协会，除了拥有本国的成员外，还有欧洲其他国家及美国、加拿大、日本等国的成员。

在世界范围内，较有影响的纱线博览会有英国的纱线展；面料博览会则以德国的杜塞尔多夫的依格多成衣博览会（分女装、男装、童装、运动装博览会）最为著名；成衣博览会主要有法国巴黎的博览会等。

（一）法国

法国的纺织业、成衣业之间的关系比较融洽。这与他们近几十年来成立的各种协调机构有着密切的关系。20 世纪 50 年代，法国纺织业、成衣业互不通气，中间似隔着一堵墙，生产始终不协调，难以衔接。后来相继成立了法国男装协会、女装协调委员会及罗纳尔维协会等组织。这些众多的协调组织在纺织、服装与商界之间搭起了桥梁，使下游企业能及时了解上游企业的生产及新产品的开发情况，上游行业则能迅速掌握市场及消费者的需求变化。

法国服装流行趋势的研究和预测工作，主要由这些协调机构进行。由协调机构组成的下属部门进行社会调查、消费调查、市场信息分析。在此基础上再对服装流行趋势进行研究、预测、宣传，大概提前 24 个月。首先由协调机构向纺纱厂提供有关流行色和纱线的信息。纤维原料企业向纺纱厂提供新的纺纱原料，然后由协调机构举办纱线博览会，会上主要介绍织物的流行趋势，同时制造厂通过博览会，了解新的纱线特点和即将要流行的面料趋势，并进行一些订货活动。纱线博览会一般提前 18 个月举行，半年之后，即提前 12 个月举办成衣博览会，让服装企业了解一年半后的流行趋势及流行布料，同时服装企业向制造企业订货。再过 6 个月，即提前半年，由协调机构举办成衣博览会。成衣博览会是针对商界和消费者的，展示半年后将流行什么服装，以便商店、零售商们向成衣企业订货。但近几年来，国际上的纺织服装专业展会竞争非常激烈，每年大大小小的区域性和国际性展会多达几百个，有的展会就缩短了间隔时间，一年举办两次发布会。

法国发布 2014 春夏最新流行趋势的“环球之旅”，灵感来自有机生物，倡导慢节奏生活，透明的现实，让时间模糊，具鲜明的历史怀旧感。以本色、裸色、白色为主，采用浪漫的现代花边和厚实的色丁面料，如图 2-5 所示。

图 2-5　环球之旅

（二）美国

美国主要通过商业情报机构及色彩权威机构（专门从事纺织品流行色的机构），提前 24 个月发布色彩的流行趋势。这些流行信息主要针对纺织印染行业，美国的纺织上游企业将这些流行情报及市场销售信息主动提供给下游企业流行的面料——成衣制造业的设计师。而设计师设计一年后的款式时，第一灵感来自面料商提供的面料。这些面料让设计师们挑选，同时面料商也根据市场信息做一些适当的调整，为设计师提供一条龙服务。

除了国际色彩权威性机构以外，美国还有本土的流行趋势预测机构即美国棉花公司。美国的一些成衣博览会和发布会向批发商、零售商和消费者宣布下一季将会流行何种服饰。总之，美国是通过专门的商业情报对纺织品、服装的流行趋势进行研究、预测，帮助上下游企业自行协调生产。

美国棉花公司发布 2012 年春夏流行趋势，其中的一个为“Haunted 魂牵梦萦”主题的流行面料、风格和色彩，如图 2-6 所示。

图 2-6 Haunted 魂牵梦萦

（三）日本

日本是一个化纤工业特别发达的国家，这使日本以一种独特的方式进行服装流行趋势的研究预测，在日本较有实力的株式会社（如钟纺、商人、东阳纺、旭化成、东丽等公司）都设有流行研究所。这些研究所的任务就是研究市场、研究消费者、研究人们生活方式的变化、分析欧洲的流行信息，并根据流行色协会的色彩信息，研究出综合的成衣流行趋势。这些公司得出面料流行的趋势主题后，便在公司内部及业务关系中的中、小型上游企业进行宣传，并生产出面料，再举行本公司的面料博览会，或参加日本的面料博览会，如东京斯道夫（TOKYOSTOFF）、京都的 IDR 国际面料展，宣传成衣流行趋势，并向成衣企业推荐各种新面料，接受服装企业的订货。

服装企业则根据信息生产各类成衣，在通过日本东京成衣展或大阪国际时装展向市场和消费者提供流行时装。

（四）国内流行趋势发布

我国的服装流行趋势研究已进行二十多年，对推动我国服装业的发展、引导文明而适度的服装消费，发挥了积极的作用。我国服装流行趋势的研究已积累了相当的经验，建立了一套既适合我国服装业发展现状，又与国际流行趋势相一致的、具有中国特色的预测方法和理论体系。

预测系统主要包括定性分析、定量参考、交流探索、定性判断等环节。定性分析是预测的第一步，主要要求有关专家运用多思维和创造性思维去体会和分析。为了能随时对流行做出最佳的预测，最好能从各种层次的流行入口（少数特定到一般大众）了解，评估他们对流行趋势的接受情况，并按当时的宏观背景（审美倾向、生活方式、消费观念等）、微观环境（服装相关行业的流行变化、科技新成果、以往服装流行的形态等）做出综合考虑，研究其流行趋势。

在第 17 届海峡两岸纺织服装博览会现场，中国服装协会发布了以“魅力部落”为主题，包含色彩、面料、图案等 2015 年春夏休闲流行趋势，诠释民族和奢华风格，如图 2-7 所示。

流行具有一定的周期性，因此研究其引发和导致流行的前因后果是流行性预测中的重要问题。它包括对过去流行的客观认识、对当今流行的正确判断、对国际流行趋势的综合评价。在此基础上，对市场进行深入分析，调研得出初步意向，再经过纵向、横向服装流通的有关机构进行综合的分析和研讨。

我国流行趋势的预测具体的工作流程为：

第一年十月收集当季秋冬市场情报并与上一次秋冬发布会进行比较，同时收集世界各国流行趋势发布的作品；

十一月提出提案，组织专家委员会论证、分析及主题研讨，确定流行主题；

十二月流行主题的视觉化，比如概念形象、色彩设计、款式设计、纺样设计、面料组织等。

第二年一月样品开发、样衣制作；

二月继续样品开发、样衣制作，设计师考察各种面料博览会，获得第二年春夏色彩、面料信息及其他信息，并逐步将有关信息传递给面料特约生产企业，引导企业进行产品开发生产；

图 2-7　魅力部落

三月举办秋冬流行趋势发布会、专业委员会会员大会、第二年春夏（色彩、面料）流行信息传达会；

四月收集当季春夏流行市场情报，并与上一季春夏发布的信息进行比较，同时收集世界各国的流行趋势发布的作品；

五月提出提案，组织专家委员会论证、分析及主题研讨，并最终确定流行主题；

六月提出主题的视觉化，比如概念形象、色彩设计、款式设计、纺样设计、面料组织等；

七月样品开发、样衣制作；

八月继续样品开发、样衣制作，设计师考察面料博览会，获得第二年秋冬色彩、面料信息及其他信息，并逐步将有关信息传递给面料特约生产企业，引导企业进行开发生产；

九月举办春夏流行趋势发布会、专题委员会会员大会、第二年春夏（色彩、面料）流行信息传达会；

十月收集当季秋冬市场情报并与上一季秋冬市场情报进行比较，同时收集世界各国流行趋势发布的作品。

国内的流行预测小组通过以上流程吸取合理因素和相对一致的因素，从设计素材和具体的造型风格出发，确立其设计主题，根据主题和各要素确定服装产品的造型设计、结构设计、工程流程设计等。

第三节　流行的传播

一、流行传播的理论

（一）滴水理论

滴水理论是流行理论中出现时间最早、传播最广泛的理论，在20世纪初期由社会学家提出。该理论认为流行自上而下传播，是从具有高度政治权力和经济实力的上层阶级开始，依靠人们崇尚名流、模仿上层社会行为的心理，逐渐向社会的中下层传播，进而形成流行。用滴水理论来解释流行的传播过程，正是契合了传统意义上的流行的纵向传播——从上等社会向下层社会辐射。基于19世纪以前的社会环境，齐美尔等学者认为，流行不可能出现在那些“社会融合”功能比“表明差异”更加强烈的社会中。法国路易十六的王后玛丽·安托万内特曾是那个年代的弄潮者。每当她更换新型头饰时，便迅速在贵族乃至平民之中流行开来。当平民百姓有足够的资本开始模仿上层阶级时，流行便开始传播了。

（二）布伦伯格理论

该理论又被称作自下而上的传播理论，它由美国社会学家布伦伯格在20世纪60年代提出。布伦伯格的观点与滴水理论恰好相反，它认为流行源于社会下层，由于强烈的特色和实用性而逐渐被社会的中层甚至上层所采纳，最终形成流行。例如像牛仔裤的流行，即是从年轻人、蓝领阶层等“下位文化层”兴起的。在维多利亚中期的英国，小男孩都穿着类似农夫的亚麻衣服，而女学生则模仿女佣人穿着硬而褶皱的白色围裙，服装的朴实、舒适成为了上层贵族模仿穿着的主要因素。

（三）水平传播理论

水平传播理论提出了一种新型的流行传播模式，认为流行并不单是自上而下或自下而上传播，也可以在各个阶层中水平传播。随着工业化进程和社会结构的改变，在发达的宣传作用下，媒介把有关流行的大量信息同时向社会的各个阶层传播，于是流行实际上在所有的社会阶层中同时开始。这种状态无所谓高低、贵贱、上下，直接按照人们居住生活的方式进行动态传播。例如巴黎、纽约、米兰、伦敦、东京，它们以时尚的造型设计向全球扩散传播着流行，与其他无关。

（四）大众选择学说

大众选择学说是由美国社会学家赫伯特·布鲁默提出，认为现代流行不是人为的刻意因素，而是人们自发选择实现的。他通过观察发现，实际上不存在一定意义上的流行权威，流行的产生和传播是由消费者集团这个“看不见的手”的选择而发展的。为什么世界各地的服装设计师每年会不约而同的推行某几种风格，为什么订货会上购买方的选择会惊人的一致，这就是大众选择的秘密所在，反映出流行传播的心理和文化趋同。

二、流行传播的媒介

服装之所以能在不同的地域和不同的人身上有其特定的流行方式，是因为服装流行的传播所起的作用。传播是服装流行的重要手段和方式，如果没有传播就没有流行，也就不可能呈现出如此多样的着装风格。

（一）大众传播媒体

所谓大众传播媒体是指一些机构（服装设计研究中心、服装设计师协会、服装研究所等）通过传播媒介，向为数众多、各不相同而又分布广泛的公众传播服装的流行信息，使服装的流行传递给有关企业、个人，快速渗入到大众生活中去。这种传播方式可以让更多的人关心和了解服装流行趋势的发展新变化。具体地说，这些技术手段主要表现为以下两种形式。

1. 电视传播业

在现代社会里，人们即使足不出户也可以知道全球每个角落所发生的事情，这应当归功于电视传播业的发展。当然，它也是服装流行的一个重要传播手段。不管在国家电视台还是地方电视台，都有和服装、流行、时尚有关的专栏节目，其主要内容就是介绍时尚、引导流行，通过转播服装赛事，邀请社会名人或服装界专业人士参与节目，进行指导。目前国内对服装流行关注最多、传播资讯最及时的电视栏目就是央视的《东方时尚》。它每一期都直播、转播各种服装界赛事，国内外最新流行发布；介绍下一季将流行的服饰、色彩，指导消费；推出一位设计师，介绍他的生活、设计作品，等等。从这些赛事中人们可以大概了解到今后的服装流行及审美趋势。

电视媒介这种形式使尽可能多的人花较少的时间、资金就可以感受到流行，享受到流行。

2. 出版物

出版物是流行传播中覆盖面最广、最有效的手段之一。自从它诞生以来，流行业的每个层次都在不断努力，创办出了各种在同业间或对消费者发生影响的出版物。这些出版物包括期刊、报纸、书籍、幻灯片、影片和录像带等。

国外出版物是获取流行的最佳途径，它们虽然昂贵却物超所值，尤其当你无法亲自参与国外的时装贸易展示会时更是如此。世界上最早的一本时装杂志是1586年德国法兰克福市一位画家出版的一组手印时装画。一个世纪后，法国才出版了第二本时装书。目前世界上著名的时装杂志《哈泼芭莎》(*harper's bazaar*)、《时尚》(*VOGUE*)等，都有多个国家的版本，内容也不完全相同，但都是以宣传高级时装的最新信息为主，这些消费者流行刊物，也是提供完整信息的一种来源。通过它们可以研究流行市场，解释流行时尚的内幕，了解最新流行的时装以及最有效的穿着方式，产生流行创意和设计灵感。在国内专门登载服装、纺织品流行信息的刊物也很多，如《服装设计师》《国际服装动态》《国际纺织品流行趋势》，都以大量的图片和文字信息记述了当前的和下一季的流行趋势、流行色的预测等。

（二）广告宣传

除了定期出版的刊物，各种海报、招贴、宣传画也是流行传播媒介。各大商场门前或外部都有巨幅的时装海报，而繁华街区的道路两边各种服装广告灯箱比比皆是，再如地铁站、公共汽车站、火车站或机场等地，也是绝佳的信息来源地。不同国籍、年龄与社会阶层的人在此交集，这些服装信息对他们都产生了或多或少的影响。在广告业发达的今天，对商品广告的整体策划，是宣传产品、树立企业形象的一个重要手段。从传播服装流行信息的角度来看，流行的主题是十分抽象的。而真正的趋势是要通过服装面料、款式、色彩来传达，让纺织厂、印染厂、成衣生产商和批发商根据这些流行趋势来组织生产，也让消费者知道下一季的新时尚，指导他们购买。德国依格多时装公司组办的CPD博览会是世界最大的服装博览会，其主题为CPD面料展以及形式多样的专题研讨会，给人们提供了众多真实的信息和指导性的帮助，这些研讨会采用先进的多媒体器材，有国际著名的流行趋势分析专家为听众提供最新的流行趋势，让参观商得以互换信息，共同获益。

这方面的最佳代表是CPD博览会。“呼吸着新鲜的空气，走入时尚的未来”，这是CPD的口号。CPD的组织严而有序，形象新鲜而轻松，充满国际化和时尚感，轻松的形象让参展商和参观商拥有了轻松的心情，而舒适的环境更让他们忘记了商务压力。展馆由伦敦著名环境设计机构统一设计，最吸引眼球的是巨大的电视墙和从天花板垂下的巨幅广告画，他们将CPD的环境之美发挥到极致。随着时装流行信息不断地受到人们的重视，任何从商业街区走过的人，即使他对时装漠不关心，即使他一路上不进商店，也会自然而然地留下什么是新时装的印象，并会在自觉不自觉中提高审美。

（三）时装表演

服装流行作为一种社会文化现象，是通过具体的服装来展示文化的。时装表演是服装流行传播的手段之一，消费者通过观赏时装表演，能够对将要流行的服装趋势和特征有一种直观的了解，使服装流行的文化内涵与消费者的审美观念产生应有的共鸣。

时装表演是在特定的环境下通过着装模特的姿态和表演，来体现服装整体效果的一种展示形式。它起源于西欧，1852年巴黎高级时装的创始人沃斯在布匹商卡杰的建议下，由妻子玛丽和年轻的女店员穿着他新制作的服装进行展示，收到了良好的经济效益。随着经营品种和范围的不断扩大，沃斯又雇用了一些年轻美貌的法国女郎来做模特，为顾客进行服饰展示，这就是最早的时装表演。1906年以后，西欧的一些著名时装店相继成立了时装表演队。巴黎高级时装店协会创始人之一保罗·佩莱特曾率领9名时装模特到欧洲各国首都巡回演出，尽管当时的时装表演既没有灯光也没有音乐，仍引起了很大的轰动。由于时装业的蓬勃发展，模特成为“淑女的职业”。伴随着时代艺术思潮和服装审美观念的变革，时装表演从玩偶模型表演即单纯的服装展示发展到综合性的T型舞台表演艺术，并且日趋成熟。目前的时装表演模式是昂·克雷杰时装店在20世纪70年代首次采用的，以动态打破空间和以瞬间千变万化的色彩图案而延续时间，在舞台、灯光、音乐的配合下，给人一种独特的美的享受。现代时装表演可分为两大类：一类是流行导向型表演（COLLECTION）；另一类是商业导向型表演（FASHION SHOW）。

1. 流行导向型表演

流行导向型表演是指每个流行期收集由高级时装店的设计师创作发表的作品发布会。这种发布会通常每年举行两次，每次都在巴黎、米兰、纽约、东京等地的T台上表演，汇集来自世界各地的著名设计师的新作，并通过成衣商、服装评论家、新闻记者等迅速向世界各地报道和传播，以形成新的服装流行趋势，同时又通过每年两次的成衣博览会，进一步推广和扩大服装的这种流行趋势。

2. 商业导向型表演

商业导向型表演原意是流行的展示或发布会，是以推销服装产品为目的举行的商业性的服装表演。其展示地点多在产品的销售现场或租用的场所，主要是将服装的造型特征、穿着对象及服用功能等，明确清晰地展示给消费者，以此来引起消费者的青睐，促进服装的流行与生产。

（四）名人效应

社会名流由于其显赫的社会地位使得人们对他们的着装打扮分外注意，他们在公众场合的打扮很容易起到广告宣传作用。从另一个角度讲，正因为他们是社会名流，出席各种社会活动的机会较多，为了尊重自己的崇拜者和追随者，他们需要用入时的服装来打扮自己，以求完美的形象，因此自然地成为服装流行的传播者和倡导者。具有个性的名流，经常会在流行界展示出非凡的影响力。如里根夫人钟情于红色系列，穿出了属于自己的风格；杰奎琳·欧纳西斯最令人印象深刻的地方，就是其保守的工作服——宽松长裤、衬衫和战壕外套；迈克·杰克逊这位天赋异禀的流行歌手，将世界观众的眼球吸引于他的流行手套、裸踝裤中。英国王妃戴安娜虽然已经去世，但她一直是世界上最受瞩目的女性之一，她的服饰也一直是电视、报刊以及街头巷尾茶余饭后的话题。人们认为她的着装风格独具一格，不同凡响，世界各地都有她的崇拜者。

（五）影视艺术

电视、电影是一种娱乐载体，同时也是传播服装流行的有力工具，它以动态的方式演绎着各种风格的流行服饰，以强大的视觉冲击力和感染能力影响着我们的感受能力，并间接的影响着人们选择商品时的决定，尤其当电影或电视中的艺术形象令人觉得愉快、震撼时更是如此。

在国际电影展上大放异彩的电影《花样年华》，剧中纷繁多变的旗袍造型令观众目不暇接，充分勾勒出女性的曼妙身姿。影片中身着旗袍的张曼玉亦柔亦忧，举手投足间东方女子的婉约被淋漓展现。一时间，中式服装、旗袍和影片中的配饰令时尚女星纷纷效仿，各种改良后的旗袍风靡一时。

随着电视的普及，电视剧以其亲切自然的艺术形式和强大的阵容征服了观众。特别是近几年来，日韩偶像电视连续剧大量进入我国，剧中人物靓丽的外形和时尚的服装备受青年人喜爱，这些电视剧里的人物不再像早期穿着正式，但是着装自然、简洁、休闲，注重颜色款式的搭配，合乎现代大多数年轻人的标准。尤其在很多电视剧结尾都有服装赞助商的名称。如果这个电视剧的收视率很高的话，那么这个品牌的服装也必定会热销。

影视服装之所以有如此大的号召力，不仅是因为影视艺术是最贴近生活的大众艺术形式之一，还因为影视明星在人们心中有一定的位置，特别是对于那些年轻的追星族来说，明星是他们崇拜的偶像和理想的化身，对于明星的服装更是不遗余力的追求和效仿。因此，影视服装的艺术审美价值，在一定程度上也具有艺术流行的导向性。

三、流行传播的推手

（一）设计师

设计师们经常会到博物馆、画廊或某个特色区域旅行，以获得灵感；设计师们也需要有好奇心以保持对新鲜事物的热情。设计师们创造着时尚，其表现的好坏取决于他们是否能正确地把握流行趋势，并创造出良好的销售业绩，所以更需要把握消费市场。设计师特别是成衣设计师，他们必须仔细观察目标消费者的生活习惯、生活方式、活动范围、兴趣爱好等，消费者身上常常也可以提供新的设计线索。设计师需要具有商业眼光，并有能力将时尚设计变成商业提案。他们是一个品牌的核心人物，他们的设计关系到整个品牌的命运。设计得不好，批发零售商或者代理商都会有埋怨，顾客会不接受，甚至会受到媒体的批评。

在国内，有个奇怪的现象，是采购人员而不是设计师决定服装流行的方向。设计师具体负责款式的流行细节，采购人员把握产品的整体构成。或者服装的款式由老板或流行总监来决定。只有规模较小的服装公司，设计师才有权决定销售什么样的服装。这与国内品牌的成熟度不够有直接的关系。

（二）记者

时尚记者与时尚编辑将流行趋势加以总结并进行推广。设计师、明星、名流等，每个人都是时尚记者与时尚编辑的观察对象，他们评论各种时装作品的优缺点，对明星们的装扮评头论足，借此引起消费者的关注。

时尚记者、时尚编辑与设计师的关系十分密切，各大时尚品牌将产品目录送给编辑，借此呈现出各季服饰的外貌。

（三）零售商

采购人员时下最时髦的称谓是“时尚买手”。时尚买手是连接产品、销售商和消费者之间的桥梁，是一个兼备创造性和理性的“双面人”，是承接设计与销售的纽带。把握流行趋势和敏锐眼光是买手必备的素质，这将指导时尚买手去挑选最新款式的服饰，并展示给顾客。同时，买手也必须是一个组织者，是一个指导如何平衡收支、量化统计及选择购买时间的商家。

采购人员在流行的传播与应用过程中起着举足轻重的作用。在零售王国中，他们可以说是贵族。他们的权力来自于他们手中的笔——大笔一挥，便可签下大量订单，并支持且延续了某种风格的继续流行。他们甚至会指导和规范设计师设计什么样的作品来迎合消费者的口味。

销售人员和制造商在监督着他们的行动，也会倾听他们的意见。他们定期到世界各地参观设计师们的时装发布会。在成千上万的作品中寻找中意款式，签下订单打入市场，或者和其他零售人员一样，带着各种笔记、录像带和幻灯片回到自己的公司，并理清设计师的主要和次要创作主题，然后找出自己的诉求重点，将这些产品打入市场。采购人员必须具备毒辣的流行预测眼光。因为零售业的风险很大，他们只有适时卖出符合流行趋势的服装才能获得利润。

他们在采购之前，会参考预测机构发布的流行信息、报刊给出的建议等多方面意见，再结合自己的专业知识与经验，精挑细选出符合自己公司风格的产品。他们的决定直接关系到产品的销路，继而影响到公司的运营。

（四）消费者

流行的动力就在消费者身上，设计师和业界人士只不过是根据消费者发出的讯息在做反应而已。流行预测专家的角色将越来越像实验室的科学研究者，他们不断地检视、探索、倾听与觉察消费者的需求和期望。现在的消费者是按照自己的意愿做选择，而不是被迫的。他们所需要的流行必须兼顾社会环境和个体需求，必须能够反映他们的生活。

美国社会学家布卢默也认为现在是消费者自己在制造流行的时代，是设计师在适应消费者的需求，现代流行是通过大众的选择实现的。虽然从表面上看，掌握流行领导权的人是创造流行式样的设计师和选择流行样式的客商，但实际上他们也都是某一类消费者或某一消费层的代理人，只有消费者的集体选择，才能形成真正意义上的流行。

流行预测是以消费者需求为前提的活动。通过预测可以确保生产的商品正是大众所需要的。在预测的过程中，了解消费者的需求是非常重要的，它是研究、报告以及执行推荐的依据所在。

当然，流行的推动是相辅相成的。消费者的需求是流行的动力，大规模的流行，还需要媒体大肆吹捧，设计师竞相复制，卖场里铺天盖地的贩卖。这，最终会是大多数消费者所选择的。

第四节　流行报告

一、流行报告的内容

流行调查与分析的不同阶段，都需要针对不同的需要提交相关报告。根据目前国内服装产品的开发过程，流行报告大致分为两种，即反映市场的流行特点与流行程度的报告、产品开发报告。

（一）流行报告的内容

（1）调查主题，可以是关于区域的流行特点、色彩特点、色彩偏好或是面料的流行调查、风格款式、服装配件、相关品牌比较等。

（2）调查目的，例如，区域流行特点的调查可能是为了某个新品牌的专利，亦可以是为了已有品牌的空间拓展等；有关色彩、面料的报告可以成为新一季的产品开发的依据。

（3）调查背景，调查区域人群、文化、经济等背景。

（4）调查地点，有针对性地选择地域、城市或特定地区，常常是特色地区和商业中心区。

（5）调查内容，具体的内容，包括对于调查问卷的整理归纳、访问、拍摄资料说明等。

（6）总结，为此次调查做出结论，提出建议。

（二）关于服装流行趋势调查报告实例

通过对品牌 Burberry，Prada 的调查发现，2012 春夏装的流行趋势大致有：简单大方的款式，具有贵族奢华的风格，颜色多用黑、白、大红还有淡雅的冰淇淋色系、驼色到裸色色调，大面积采用蕾丝、玻璃纱等较挺括的面料等。

时间：2012 年 4 月 24 日

地点：仁恒置地广场，美美百货

调查品牌：Burberry，Prada

1. Burberry

2012 Burberry 春夏装是有标志性的风衣，是对米色军装风的再创造，采用了从驼色到裸色的色调。重点强调了肩部的设计，类似水手绳结的肩部装饰，形成大热的垫肩廓型。如图 2-8 所示。

图 2-8　2012 Burberry 春夏装

2. Prada

2012 年 Prada 以甜美为主题，打造了浅粉色和蓝色、带有大面积的蕾丝或钩编花边的款式，镂空花纹的布料，有的面料上印有汽车和火焰的图案，印花主题引领了新的潮流趋势。衣服的颜色也多为淡雅冰淇淋色，如淡粉、淡黄、淡蓝等。如图 2-9 所示。

图 2-9　2012 年 Prada 春夏装

二、产品开发过程的相关流行报告

报告通常包括以下几点：

1. 产品开发主体趋势报告

通过对国际趋势与国内形势的分析，确定目标。针对特定季节一般提前 4 ～ 6 个月。例如，某品牌某年 3 月、4 月春季的产品，在头一年的 10 月便要写报告，同时在报告会上必须配合主体故事板进行汇报。

2. 产品市场反应以及与竞争品牌的比较报告

公司会要求专门的调查人员每周做出报告。随时报告同类风格品牌的新款式、色彩、价格、促销手段、市场反映等，及时调整对策。

3. 产品总结报告

对上一季产品从售卖策略、款式、色彩、价格、促销等做的全面总结，为新一季产品开发作准备，通常由商品开发部完成。

三、国外流行报告的发布

（一）服装流行发布机构

1. 法国高级时装协会

法国高级时装协会的法文名叫做Comite de Industrie Mode。简称CIM。这个委员会是法国阿尔贝尔于1956年创建的。委员会的宗旨是把色彩、纱线、面料和款式这几个互相独立的行业协调为一体，通过发布流行趋势，引导整个纺织、成衣业走向一体化、时装化。

2. 法装男装协会

法国男装协会是向服装制造商和消费者提供男装流行信息的咨询机构，被称为法国男装的信息源。它的首要任务是预测两年后的男装流行趋势，其次是向客户介绍和推销本会会员、企业的产品。该会将预测的款式、面料和色彩流行趋势提供给各会员、企业，为这些企业提供流行依据，同时每年向各大服装经营商发布的流行信息。各经营商一般在每年的2月购进当年的秋冬服装。所以在前一年的10月就要提前将第二年的秋冬时装流行趋势提供给这些经营商，作为他们的进货指南。该会在国际市场上也有广泛的作用，他们与多个国家的生产部门及客户都有网络联系。

3. 法国女装协会

该会建立于1955年，是法国最大的服装协调机构，也是法国女装业的权威机构。法国女装协会每年向有关部门提供27本流行趋势发布书刊。目前该会已经发展成为国际性的组织。法国女装协会的主要任务是对服装生产、销售等进行全面调查。调查对象是各大服装商店、邮寄购货店、各大企业等。调查所得的数据是用来分析、预测法国两年后的女装的流行趋势。预测结果用英、法两种语言发布。该会的预测特点是，不仅要靠调查数据，还要靠多方面的定性分析；也注重直觉判断和发挥联想，如对体育、影视、舞蹈、戏剧对时装的影响等都有所注意。

4. 意大利纺织服装工业协会

意大利纺织服装工业协会既是意大利全国工业联合会的成员，又是国际认可论坛（IAF）、欧洲协会（AEIH）的成员。该会下属8个协会，总部设在米兰。纺织服装工业协会的任务是负责市场调研、提供流行信息、预测流行趋势、协调全国纺织服装企业、组织全国各厂商公司举办服装展览等。

5. 国际羊毛局

国际羊毛局（IWS）是1937年成立的一个世界性机构。羊毛局通过本身的分支机构，在各主要流行都市邀请当地的流行服装顾问随时提供当地的流行趋势，参加预测流行的研究。羊毛局注重颜色的预测，请全国各地分支单位先分别依据色卡预测流行的颜色，然后召集所有分支单位讨论决定流行色的色卡。

6. 美国潘东公司

美国通过专门的商业情报对纺织品、服装的流行趋势进行研究预测，帮助上下游企业自行协调发展。美国潘东公司的英文简称“Pantone”，1963 年创建。该公司是一家专门研究色彩而闻名全球的权威机构，拥有“国际色彩权威”的称誉。自 1994 年起涉世于流行色的趋势研究、预测领域，每年通过多种途径出版，发布相关趋势信息。主要趋势报告包括《流行色展望》和《潘东时装流行色报告》，潘东公司提供的流行信息主要是针对纺织印染行业的。

潘东公司的著名产品潘东色卡如图 2-10 所示。

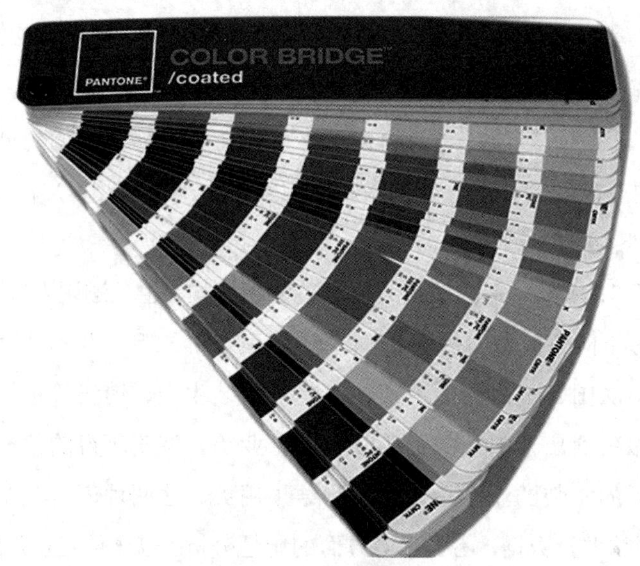

图 2-10 潘东色卡

7. 美国国际棉花协会

美国国际棉花协会主要是对服饰及家居流行的趋势作为长期预测，对流行市场服务的全面性奠定了它在色彩和织布等方面的权威地位。美国国际棉花协会的成员将全部精力投注在三个主要领域上：一是销售概念，每年定期举行两次正式的服装研讨会；二是色彩预测；三是建立永久性的织物图书馆及设计研讨中心。

8. 日本钟纺时装研究所

钟纺时尚研究所（Kanebo Fashion hearanh LTD）是附属于钟纺株式会社的独立核算单位。该所成立于 1978 年 12 月，历史较短，但在国际上同类的机构中，大有后起直追之势。对于时装流行趋势的预测研究是该研究所的主要业务之一，几年来已经取得较好的成绩。例如以国家描述今年最流行的夏装和面料的流行趋向，对指导生产和指导消费都有重大意义。这家研究所对于时装流行趋势的预测，和国际上的惯例一样，分春夏和秋冬两季预报，也有较长时间的预测。

（二）流行发布的时装博览会

每年春、秋两季，巴黎、米兰、罗马、佛罗伦萨、慕尼黑、杜塞尔多夫、法兰克福、科隆、伦敦、苏黎世、巴塞尔、马德里等城市的纺织、时装博览会热闹非凡。世界数十个国家的几千家厂家竞相赴会。权威的机构团体、名设计师也频繁地在会上探讨流行趋势，因此这些博览会也是发布流行趋势的重要场所。

1. PV 织物博览会

PV 织物博览会每年三月中下旬在巴黎开幕，全称是 Premier Viajon（织物博览会）。这是西欧各国新款织物和纺织流行色的权威发布机构。PV 博览会上的展品都是紧扣流行色的主题而陈列的，每组流行色都附有织物小样，每组织物小样达数百种。这些小样反映了未来流行的新趋向。人们可以从中琢磨未来织物的各种色彩构思。很多流行色彩的纺织品在这个博览会上面世不久，就会在西欧各大流行城市的百货公司和时装商店大量出现，PV 影响之大，由此可见，世界各国的纺织品的生产厂、时装公司以及设计师都非常重视 PV 博览会的动向。

2012 年 2 月 14 ～ 16 日，2013 春夏巴黎织物博览会展会上展出的一组波点印花面料，营造出了强烈的视觉效果，如图 2-11 所示。

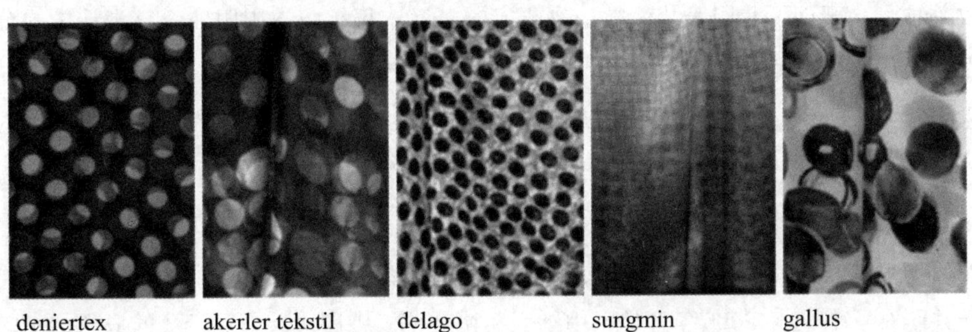

图 2-11　波点印花面料

2. 国际女装博览会

法文为pret-oierer，一年两届，在巴黎举办。女装博览会是在巴黎时装中心的重要标志，各国时装厂商竞相参展。这个博览会展出的展品都是一些设计名作。展出的展品有新创的高档新装，也有适应中等消费档次欣赏趣味、适于批量生产的品种，但是从色彩到面料到时装款式都能够明确地显示出流行趋势。

3. 国际衣料博览会

国际衣料博览会在德国法兰克福召开，也称为法兰克福衣料博览会。每年两届，每届开幕有几十个国家的上千家厂商参展。博览会的展出方式有实物展览，也有时装表演。一些设计师的作品和一些预测机构的流行报告都在这里发表，在开幕期间通常预报下一季节纺织品的流行色、质地、花型等，是国际上规模和影响较大的博览会。

此外，德国柏林、慕尼黑、杜塞尔多夫等地举办的纤维博览会、流行色博览会等均各有特色，展出时序和内容也各有侧重，但都能体现流行趋势。

三、国内流行报告的发布

我国纺织服装流行趋势研究、预测和发布于1985年开始，起步较欧美发达国家和地区晚。通过与国际一流的研究机构、信息机构和设计机构合作，并按照国际惯例和运作方式操作，在广大企业和设计人员的密切合作下，目前我国纺织服装流行趋势发布从内容到形式几乎是与国际同步的，基本上反映了现阶段国内纺织品市场流行的总体特征。流行趋势的公布在美化人民生活、指导生产、引导消费方面，有着十分现实的社会意义。

中国最早的服装流行趋势研究源于1986年经国家科委批准的“七五”国家重点攻关项目，开创了我国服装流行趋势研究的先河。每年由中国服装研究设计中心分期发布国内流行趋势，即发布下一个春夏、秋冬两期的流行趋势，在上海、北京、天津、大连、江苏等地做同步发布，1986年到2000年14年间共发布28次，在国内外产生过一定的影响，并建立起一整套基础研究架构和工作体系。经过边研究、边发布的过程，1990年该项目通过了国家鉴定。2000～2005年，由吴海燕创立的“Why Design”流行趋势工作室，在流行内涵及研究方法上延续了服装流行趋势的课题，一共研发了10次。2006年开始，中国服装协会鉴于中国服装产业经济的成熟、中国服装品牌提升和发展的迫切需求，在原来流行趋势研究的组织架构的基础上对研究内容与程序进行了梳理，以理论与实践互动的方式，延伸原有的服装流行趋势预测研究，并以市场调研、研究团队工作、专家会议、集合品牌发布等方式整合出系统的发布方法，特别是品牌成衣发布与预测发布的手法，扩展了以前的研究范畴，使趋势预测更加市场化、实用化。

1. 中国服装协会

中国服装协会（China National Garment Association, CNGA）成立于1991年，以推动中国服装业健康发展为宗旨，为政府、行业、社会提供服装业相关的各种服务。协会组织的专业服装流行趋势研究和发布机构，结合国际服装趋势潮流，根据中国服装文化的特点，吸纳各种时尚元素，研究出引领服装色彩、款式、风格的流行元素，按每年“春夏，秋冬”两次发布有权威性的、贴近消费市场的流行趋势。

2010年3月28日，在中国国际展览中心（新馆）表演厅，中国服装协会、中国流行色协会、中国纺织信息中心、国家纺织产品开发中心联合发布2011春夏中国服装流行趋势，如图2-12所示。

图2-12　2011春夏中国服装流行趋势

2. 中国国际服装服饰博览会

中国国际服装博览会（CHIC）由中国服装协会、中国国际贸易中心股份有限公司和中国国际贸易促进委员会和纺织行业会共同主办。创办于1993年，每年一届在北京举行。CHIC伴随着中国服装产业的发展而不断壮大，已成为亚洲地区最具有规模与影响力的服装专业展会。

第三章

服装面料的开发管理

第一节　时尚对服装面料开发的影响

一、时尚主宰的纺织服装行业

当服装脱离了基本的保暖、遮体的功能时，时装就应运而生了。进入21世纪，中国的服装业开始步入时尚文化产业的行列，今天我们从时尚带给服装业冲击的视角，重新审视服装产业链中的各个环节，包括服装材料、服装生产、服装营销到时尚信息传播，重新审视服装业在新形势下的运营特点，探讨服装产业运营中的最新变化。

服装产业链的各个环节是相互衔接的，任何一个环节的成功都与其他环节息息相关。其中位于首位的是服装材料。众所周知，“大纺织”的概念包括纤维原料加工、纺纱、织布、染整后加工、服装生产、销售的整个过程，因此服装是与纺织密切相关的上下游关系，服装的原料就是纺织的成品，即面料。时尚对服装面料开发的影响就是时尚对传统纺织行业的影响，时尚对服装业的冲击，也必然引起纺织业的巨大变化。

从全球五大时装之都的发展历史来看，它们都是通过对时尚产业链的整合，塑造了各具特色的时尚经济和时尚文化，而整个产业链的整合，是从服装服饰开始的，然后城市的时尚经济、时尚文化得以发展，最终确立了时尚之都的地位。全球时尚流行先驱法国巴黎，从19世纪中期便领导了整个欧洲乃至全球的时尚设计走向，流行时尚产业为法国创造了庞大的就业市场，带来丰沛的经济收入，更带动了纺织业，包装业，广告媒体、平面设计、展示空间设计等产业的发展。意大利的米兰在2009年被评为世界时装之都，据统计意大利的时装产品占了世界的三分之一，意大利的手工制作、面料、皮革加工在全世界享有盛名。五大时装之都发展起来都有着共同的产业形成条件，它们都是世界纺织业的发达地方，都有着很深的产业底蕴，有的曾是世界纺织中心。五大时装之都的演变，就是我们的未来。未来中国的某个城市极有可能成为具有全球影响力的时尚流行中心。

2008年是中国改革开放30年，中国纺织服装业改革开放30年来的成绩显著，但问题也无法回避，2008年的经济危机，使得纺织服装业贴牌的路越走越窄，做世界加工厂和打工仔的日子越来越难过。中国纺织必将由传统的“温饱型”产业向现代的“时尚型”产业转变。时尚驱动下的纺织业，将要进行大规模的产业结构调整和战略转移，曾经纺织工业很发达的日本、中国台湾都完成了战略转型，把产业链中的低端转移出去，保留高端的时尚产业。

二、绿色环保产品是永恒的流行服装面料

众所周知，纺织服装业在为消费者提供具有实用价值和审美情趣的服装方面做出了巨大的贡献，但也不可否认其存在着严重的环境破坏问题。自2011年开始，绿色和平组织连续发布以“时尚之毒”命名的调查报告；2012年一些非政府组织也发布了标题为《为时尚清污——绿色选择》的调查报告，指责一些服装品牌（特别是国际知名品牌）不采取措施防止其服装产品的供应链在加工过程中向环境排放有毒有害物质，也无法确保其产品中不残留有毒有害物质。这些调查报告将“时尚”与“污”“毒”直接挂钩，引起消费者的广泛关注。

在当今国际市场上，为消费者提供安全的、有利于生态和环境保护的、低碳的产品已经成为一种世界性的潮流，绿色消费也冲击到服装时尚行业。今天越来越多的消费者会关注所购买的服装是否是绿色环保或生态安全的，即服装的原料是否可再生或可重复利用，服装在生产加工过程中是否使用了对人体或环境有害的物质及相关的工艺，服装在使用过程中是否可能威胁人的健康和环境安全，服装在失去使用价值而被废弃后是否会给环境带来新的污染。因此，穿着绿色、环保、健康的服装面料制成的服装是世界性的潮流。

绿色环保是时尚的纺织服装面料的发展方向；绿色环保是时尚的纺织服装面料发展的前提和有力保证。纺织服装面料的时尚化和绿色环保化是捆绑在一起的，在时尚光鲜的背后，绿色、环保、可持续发展成为行业发展的有利支撑。如近年在全球广泛流行的数码喷墨印花技术，它既是满足时尚化、个性化和小批量服饰生产加工的需要，更是符合纺织印染行业节能减排的战略方针，是业界普遍看好的未来纺

织品印花的重要发展方向，是全球推崇的印花加工技术。同时，绿色环保与时尚是相辅相成、相互促进的，从来都不是矛盾的。如果服装面料没有基本的安全保证，不符合国际上如欧盟的绿色环保法规的检测指标，产品就失去了在国际市场上与国际品牌竞争的资格，即使色彩、款式再时尚，也无济于事。时尚既是精神层面的，更是物质层面的，对服装尤其如此，只有绿色环保的服装面料才可能流行。

三、高技术含量的纺织服装面料是时尚的有力支撑

推崇时尚的服装面料，保持低碳、环保的发展方向，需要用创新技术改造传统的纺织服装业，如节能、减排的印染技术，喷墨印花、常温转移印花技术，先进的纺织材料和纺织品再生及循环技术等。只有高技术含量的服装，才能避免被快速抄袭、模仿，外在的东西是很容易抄袭的，而没有多年的积累，没有严格的管理、先进的设备、深厚的基础，内在技术、质量是无法被模仿的。

现代时尚的服装面料，不仅仅表现在花色纹样上，也表现在内在功能上。吸湿发热、轻便保暖、自清洁、防紫外线等功能都是现代人所崇尚的，也是提高生活质量的手段。以纺织服装产业链前端纤维的科技含量提升后端产品的附加值已经成为面料开发的常用手段。

事实上，科技与时尚能够上升到相互促进、相互融合的关系，才是最佳的。在此方面，英国著名设计师亚历山大·麦昆利用数码印花技术设计的面料及服装堪称是技术与艺术融合并相互促进的典范，是数码印花技术为麦昆的设计提供了全新的设计手段，同时麦昆将数码印花技术的艺术表现力充分地释放、表达出来，使之在全球范围内得以广泛流行。

未来的服装面料，将向着时尚、绿色、科技三个方向发展。

第二节　服装面料的开发流程及内容

一、服装面料的开发流程

长期以来，我国的服装面料品种单一，面料开发大多停留在来样加工、来样仿制的阶段，或是单纯注重技术层面的面料开发，无法跟上近年人们消费结构改变的步伐，无法适应现代消费者的需求。如何跟上飞速发展的服装新潮流，开发具有高附加值、高质量、多功能、时尚流行的新产品则显得尤为重要。

服装面料开发是从原料选择、纺纱、织造、印染到化学整理，甚至到纺织品用途的整个工艺过程的设计，包括其中的每一道工艺、产品的设计，是一项庞大的、复杂的系统工程，涵盖了纺织领域的各个环节。这就要求设计人员不仅要掌握从纤维到织物的一系列知识，以及工艺方面（如纺纱、织造、染整）的内容及它们与产品设计的关系，而且要具有将造型艺术、色彩的运用与织物组织融合起来的能力，有较高的艺术欣赏水平，还要有创新的思维想象能力。

服装面料的开发流程与其他产品具有相似性。常规的面料开发流程是，预先研究市场信息、时尚流行趋势并结合新技术、新材料，构思面料效果，确定产品定位，提出面料开发方案。经过论证、可行性研究、方案的筛选，进入到面料的材料与组织结构的运用、工艺设计、确定生产路线与技术指标等一系列面料的具体开发阶段。面料的加工工艺流程、生产路线都确定后，可以进行小批量的试制，在此过程中，需要对试制样品进行质量性能评价、功能检测实验、外观花色的确认，最后通过整体的鉴定与综合评价，为大批量的工业生产提供可靠的依据。经过小试、中试后，所开发的面料投入生产，生产出来的面料进入到市场开发阶段，通过面料的品牌设计、定价、试销、市场反馈信息、经济效益分析等，获得面料改进提高或成熟的进一步措施，如图3-1所示。

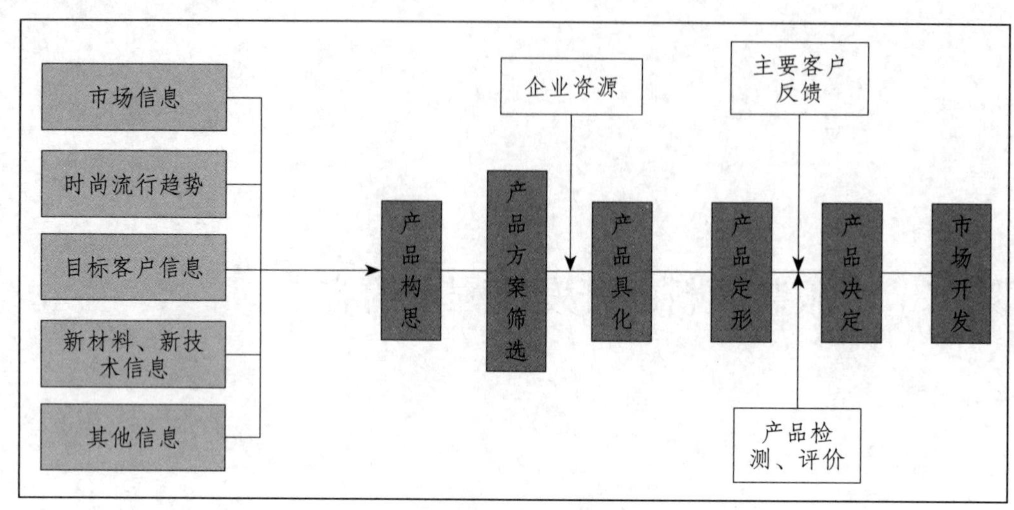

图 3-1 服装面料的开发流程

二、服装面料开发的主要内容

1. 市场调研与设计构思

通过市场调研，了解消费者需求，确定设计产品的档次、风格，以及该产品适用对象、场合、时间等。

2. 色彩、纹样设计

既要根据国际、国内流行趋势及色彩、纹样设计的原则，又要考虑工艺的可实施性，如设备条件是否满足，技术水平是否跟得上等。

3. 原料选用

包括纤维的种类、长度、细度、光泽、形态、物理机械性能等指标的确定。此时应充分了解纤维的结构与特性、优点与不足，从而为产品设计的后续工作做好充分的准备。

4. 纱线设计

包括纱线的粗细、捻度、捻向、单纱或股线、纯纺或混纺纱或交并纱、普通纱线或花式线、纺纱方法、纺纱工艺流程、工艺参数等内容的设计。

5. 织物规格设计

如织物紧度、经纬向密度、织物组织、幅宽、匹长、用纱量等的设计与计算。

6. 织造设计

包括织造前的准备工艺流程、织造工艺参数设计和织造设备的选用。

7. 染整设计

织物的染整工艺流程、各道工序使用设备、所用试剂及工艺参数的确定。

8. 成本核算

9. 成品测试

包括织物服用性能测试、织物感观研究、织物手感测定。成品测试对于该产品的质量评定以及对今后新产品的开发都有着指导作用。

以上各项内容，由于使用的原料、设计的产品品种不同而不同，如棉织物设计内容就比毛织物简单。在以上各项内容设计时，需要考虑的因素很多，而且设计内容的诸方面是相互联系、相互依赖的，要求设计人员全面考虑，综合分析。

第三节　服装面料的开发手段

一、传统的面料开发手段

传统的面料开发手段多从技术层面着手，如成熟的技术、成熟的材料，较多考虑产品的实用性、功能性，可以说多年来我国的服装面料开发就是面料工艺技术的开发，对于面料在审美、视觉上的设计与开发完全依赖于面料的染色、印花等后加工环节。

技术层面的面料开发手段包括材料运用的面料开发、应用新型纱线的面料开发、染整技术主导下的面料开发、功能性面料开发、市场导向的面料开发等。

（一）材料运用的面料开发

是计划消耗掉某种原料或只有几种原料可选择的面料开发。特别是随着化学纤维的飞速发展，各种新型的合成纤维或再生纤维都可能是面料开发的出发点，这时通常按下述步骤设计：

（1）研究原料性能，特别是新型纤维；

（2）构思用途、使用对象；

（3）纱线组合及规格结构设计等；

（4）工艺技术设计（包括工艺流程、工艺参数）；

（5）其他。

（二）应用新型纱线的面料开发

如何合理使用好某种新型纺纱方法的纱线，开发出理想的产品，这时一般以研究纱线结构、性能等入手，其他同上。

（三）染整技术主导下的面料开发

染整技术主导下的面料开发，可以进行色彩、印花图案和附加功能的设计。但传统的面料开发，染整后加工技术与纺织厂之间的联系并不密切，相互间较为独立，故很难对一块面料进行多手段运用、多效果结合的整体效果设计。

（四）功能性面料开发

赋予织物特殊功能的方法主要有两种，一种是赋予纤维以特殊的功能，如在纺丝高聚物中加入某种功能性物质，使之具有抗静电、阻燃、导电、抗菌等特殊功能；另一种是采用化学整理方法，如：防紫外线整理、拒水整理、阻燃整理、防蛀整理等。以往开发的功能性面料主要用于特殊工作场所的职业装、制服，颜色多以中深色调为主，没有花色、没有纹样，唯一的原则就是功能是否实现，为此无论是在原料选用，组织、规格等的设计，还是在整理工艺流程、工艺设备的选择上，都千方百计为织物功能服务。针对所需功能，对纤维、纱线、织物进行开发。

（五）市场导向的面料开发

从计划经济到市场经济，经过多年的发展、成熟，面料加工企业也逐渐重视收集市场信息。但是很多企业的面料开发不能引导消费市场，而是受市场牵制，什么面料好卖就做什么，这样永远跟在市场的后面，加之传统的面料开发过程非常缓慢，等面料开发出来已不再流行。

二、时尚引导下的面料开发手段

在时尚引导下的纺织行业，将逐渐脱离缺乏竞争优势的纺纱、织造业，转而找寻新的行业角色，即从事纺织服装面料的新产品开发，把握纺织行业最具创新性的产品研发环节，从而在新一轮的竞争中占据优势。

（一）以服装品牌主导的面料开发——以“爱慕”品牌为例

爱慕内衣面料的开发已经形成了一套完善的流程。如与国外著名化纤企业密切合作，推出该企业的专用纤维，该纤维及其面料为企业独家买断，面料加工企业无权销售给其他服装品牌，从而保证了服装企业新产品开发的知识产权。如爱慕与日本东洋纺合作开发的腈纶远红外纤维——色拉姆，随后色拉姆内衣上市。这种以服装品牌主导的面料开发，会从服装品牌自身的定位出发，依据品牌的需求开发面料，依据服装的时尚、流行开发面料。

（二）生活方式引导的面料开发

时尚是什么？时尚绝不是衣着的奢华极致，而是情感内心的悦然自在，并映射出新的生活哲学与人文态度，时尚的意义在于表达生活，呈现生活态度。因此时尚导向的面料开发直接受生活态度、生活方式的影响。

1. 运动休闲的生活方式带动运动装面料——功能面料的流行与开发

近年，关注自身健康，休闲、健康、运动的生活方式成为中国民众的主流生活态度，一时间，运动装、休闲装、户外装广泛流行。特别是2008年奥运会之后，运动装企业在中国遍地开花，呈欣欣向荣之势。运动休闲的生活方式导致了大量运动休闲服装面料的开发，如防雨透湿的冲锋衣面料、吸汗快干的凉爽面料、轻便保暖的登山服面料。特别值得一提的是，运动装时尚化是运动与时尚融合的经典案例。当运动与时尚相遇并完美结合的时候，呈现出来的是人与人、人与外界无限沟通的力量。从服装穿着的场合、要求出发，设计面料花色纹样，再到材料选择，运动的科技功能因素与视觉美感进行有机的融合。吸水快干性、防雨拒水性、弹性延展性不可或缺，但视觉冲击力也带来震撼。时尚为运动装、运动装面料打开了一片新天地。

2. 高品位的舒适的生活方式带来超舒适的服装面料

今天人们追求服装舒适，已经不是一般意义上的柔软舒适，而是触觉柔滑、细腻，穿着轻便、适体，视觉效果精致、精美。近年非常流行的莫代尔产品，它能够在内衣领域、夏装领域取代占统治地位的棉花，源于其柔滑细腻的手感。奥地利蓝精公司在为莫代尔（Modal）与莱塞尔（LYOCELL）纤维推广时，并非注重其结实、高强、吸汗等特性，而是从着装触肤舒适感的优势进行宣传，满足了现代消费者的需求。美国国际棉花协会与美国棉花公司联手推广的美棉制品（COTTON USA）所倡导的就是以“天然美棉，真我生活”为主题的优质、健康、时尚的生活方式。此外，羽绒服及其面料的变化也是高品位的生活方式带给服装的又一大影响。我们看到羽绒服在满足了其基本的保暖功能之后，已经走向时尚化和轻便、柔软的舒适化。昆山华阳集团2013年推出的系列羽绒服面料：超轻超薄羽绒服面料、针织羽绒服面料、弹力羽绒服面料、运动羽绒服面料、高端无胆防绒系列，颠覆了羽绒服传统的外观，令传统羽绒服一下跨入时装行列，羽绒服面料也成了时尚面料。羽绒服的时尚化，带动羽绒服面料的手感、花色、功能的变化。

（三）新理念引导的面料开发

时代的变迁，带来新的理念。21 世纪，环保理念引起全球的关注。环保理念影响了我们的生活，影响了我们的着装，也带动了环保服装面料的开发。随着石油资源的紧缺，以石化原料加工的合成纤维不得不寻找新的替代品，如废弃的瓶片材料、废丝、废旧衣物都可以成为合成纤维的新原料。今天，再生涤纶已经成为一个常规产品，利用再生涤纶开发的运动装面料、外衣面料、冬季棉衣在服装领域也掀起了一场环保浪潮。

（四）新技术引导的面料开发

1. 数码印花技术——引发梦幻般面料的流行与开发

数码印花技术——一项发展于 20 世纪 90 年代中期的，集机械、电子、计算机技术于一体的高新技术。随着它的不断完善，为服装面料的印染加工带来了一个全新的概念，其先进的原理为印染加工行业带来了前所未有的发展机遇。特别是随着英国著名设计师亚历山大·麦昆在其发布的 2010 春夏系列的设计作品中（图 3-2）以神奇、梦幻般的设计将高科技的数码印花技术与时尚进行了完美的结合，将高技术手段运用到时尚产品的设计中，表达出了传统印花技术所无法表现的艺术设计美感。这组被称为“冥王星的亚特兰蒂斯”作品有妖异的曲线和漩涡，有美轮美奂的珊瑚群，有五彩斑斓的深海中漂浮的海藻，任何优美的语言都无法描述出艺术家的设计美感，在技术与艺术的融合中，将时尚推向一个更高境界的艺术高度，同时也为技术打开了一片更为广阔的天空。随后，数码印花技术的其他特点也逐渐为人们所认识、了解及运用中，它的准确定位特点、超高仿真效果等还有待于不断挖掘与运用中。在此之后，数码转移印花、低温冷转移印花技术纷至沓来，相信随着这些技术的成熟与发展，会给服装时尚领域带来新的惊喜。

图 3-2 亚历山大·麦昆的数码印花面料及服装设计

2. 激光雕印技术——替代传统加工工艺的新技术

牛仔裤曾经风靡全世界，至今在全球受到了不分性别、不分年龄、不分地域的消费者的喜爱，但是人类为这一爱好也付出了惨痛的代价，牛仔服装的成衣水洗过程给环境带来了极大的污染，如何有效控制和减少牛仔服装生产过程中的污水排放是产业面临的一个新课题。将激光雕印技术应用到牛仔服的面料视觉效果设计中，是现代数字科技、激光技术与艺术设计相结合碰撞出的新手段。激光雕印是用电脑精准控制激光束在织物表面进行高温刻蚀，受刻蚀部位的纱线被烧蚀、染料被分解气化，从而产生图案或仿旧、泛白的水洗整理效果。当激光束从牛仔裤上走过，一条牛仔裤的后整理加工过程就基本完成了，此后只需要普通的水洗去除表面的浮色即可；激光雕印可以直接在三维人体模型上开展工作。该技术不仅大大控制了牛仔服装加工中的废水排放，同时也将为牛仔面料的视觉效果开创新局面。利用数字化激光雕印技术，可以获得精准的定位（图 3-3）、最大程度的个性化图案，图案非常精细。该技术正在大面积地替代牛仔服装的传统加工技术，再现技术与艺术的完美融合。

图 3-3 激光雕印的牛仔裤及花型

（五）新材料导向的面料开发

材料永远是面料开发的主角，新型纤维原料的运用，带给面料新的外观、新的性能、新的亮点。新材料运用、推广非常成功的典范当属莱卡（LYCRA）纤维，杜邦公司在莱卡的运用推广上，不局限在原料阶段，而是延伸到纺纱、织布以及后整理阶段，全面指导下游企业进行含莱卡面料的开发，解决了面料开发阶段出现的各种问题，使得含莱卡纤维的面料开发能顺利开展。同时杜邦公司积极引导莱卡纤维在不同种类的面料中的运用，以获得面料除运动穿着舒适以外的其他性能要求，如莱卡在服装保型性、面料肌理纹样设计上的作用。传统的材料运用式的面料开发大多追求新功能性原料，事实上，满足时尚流行趋势的新原料、满足现代生活方式的新原料必将引发全方位的面料开发。

（六）时尚影响下的面料开发

面料开发受流行、时尚的影响，将更为直接地显现出来。豹纹的流行、苏格兰格的流行，以流行色、流行花型图案引导的面料开发成为方便、快捷获得时尚面料的手段，印花技术呈现出前所未有的重要性。

印花图案从来就是占据着时尚霸主的江湖地位，从未动摇。D&G 推出的蔬菜装系列，将辣椒、茄子、洋葱、西红柿等水果蔬菜图案印上身，在 2012 的服装秀场风头一时无人能及，归功于其生动鲜活的蔬菜水果印花图案（图 3-4）。D&G 用印花图案构建了一个充满情感、传统、文化与地中海风情的时尚世界。

图 3-4 D&G 推出的 2012 春夏系列服装

古老的文化衫在今天也有了更多元的演绎（图 3-5）。原因之一就是富有个性的、独特的印花图案吸引了年轻的消费者，有夸张的人物头像、有神秘的风景图案、有抽象的几何图案、更有荒诞不羁的语言，这是个性的张扬，散发出青春的活力。此外，卷边、破洞营造出的颓废、嬉皮士风格，透露出休闲随意的自然，也是当今所流行的风格。流行元素赋予了传统而古老的汗布以新的生命力。在此基础上，莱卡、莫代尔再融入其中，带给我们一个全新的汗布。

图 3-5　古老的文化衫成为时装（ONLY 品牌的文化衫）

江苏旭荣集团作为国内针织领域著名服装品牌的面料供应商，在 2011 年底以时尚感、流行性、主题化的展示推出了时尚女装面料 2012 的流行趋势。其产品的展示系列化、时尚感强，主题明确（图 3-6），将抽象的流行趋势概念转变为最新的面料产品提供给市场。

图 3-6　2011 年旭荣集团推出的系列主题面料设计

（七）以文化引领的面料开发

服装及其面料承担着传承文化的重任，同时也是文化传承的有效手段。华丽、精致、优美、妩媚、高贵的丝绸是最具代表性的服装面料。丝绸的自身风格、性能特点、蛋白质优势，呈现出与现代纤维所不同的社会价值，这种价值特点不仅表现在自然性、友好性、亲肤性等方面，更是在文化承载上表现出了其他纤维所没有的文化价值，因此近年来，国内丝绸公司开始尝试开发传承中国传统文化特征的、沉淀着历史文化的、具有文化价值的丝绸产品。如云锦在古代丝织品中代表了最高技术水平，位于中国古代三大名锦之首，于元、明、清三朝均为皇家御用贡品。再如南宋的缂丝采用蚕丝通经断纬的工艺制织，为我国名贵的高级丝织艺术品。还有中国民间广为流传的传统产品莨绸凝结了中国劳动人民的聪明才智。这些中国古代精美的丝织品，因其丰富的文化内涵和科技含量，被公认为“东方瑰宝”“中华一绝”，也是中华民族和全世界最珍贵的历史遗产之一。这些宝贵的资源为未来纺织服装面料的开发奠定了深厚的基础，成为纺织服装面料开发的楷模。

传统、严谨、中规中矩、雅致的精纺毛料，呈现出传统的 19 世纪末绅士风格的欧洲风情。如果将传统风格与现代风格进行混搭，风格的组合与冲突混搭出幽默的、奇思妙想的时尚感。

在例外、梁子、江南布衣、爱慕内衣等服装品牌的产品研发中，其共同特点都是在建立之初或发展壮大过程中，逐步在其产品中融入越来越多的文化价值，从中国的传统文化精髓中获取灵感，开发具有传统文化价值的产品。将传统文化植入服装，就给面料提出了更高的要求。

三、时尚引导下的面料开发实例分析

（一）技术带动的流行——超薄、超轻柔面料

10 ～ 15 旦的涤纶长丝、锦纶长丝做经纬纱，面料达到 20 ～ 25 克 / 米 ^{2} 的超薄克重，一件衣服总重量不到 50 克。这一系列的数字，不仅仅是一系列数字，而是超薄面料加工技术水平的体现。当纱线细度越来越细，面料的加工技术难度越来越大，人们克服了这一技术难题，超薄面料才得以实现与流行。

超细的纱线带来了极轻便、超柔软的触觉舒适感；超柔软、超轻薄面料满足了羽绒服、冲锋衣、风衣、防晒衣等服装轻便化的要求；不仅如此，还可以与涂层、复合技术相结合，获得防水、防风、透湿的功能，与功能纤维相结合，获得防紫外

线功能；轻便化面料也因原料资源使用量的减少，符合节能、环保、低碳的要求，成为 2013 年流行亮点之一（图 3-7）。

2013 年底推出的利用轻薄亲肤的面料制作的羽绒服已步入时装的行列，引发潮人追捧。“时尚羽绒”使羽绒服跨越了地域的限制，部分打破了季节的限制，从实用臃肿的保暖装转变成鲜艳亮丽、合体随身的时装，羽绒服实现了华丽的转身（图 3-8）。在一件时尚羽绒服上，同时或分别运用了超轻薄加工技术、数码印花技术、冷转移印花技术、防羽绒钻出技术、涂层技术、贴膜技术、针织羽绒服面料技术等，从而使无胆羽绒服、针织羽绒服成为可能。一款漂亮、美观、合体、穿着舒适的羽绒服就是流行、时尚的象征，是创新技术与时尚流行造就了时尚羽绒服。

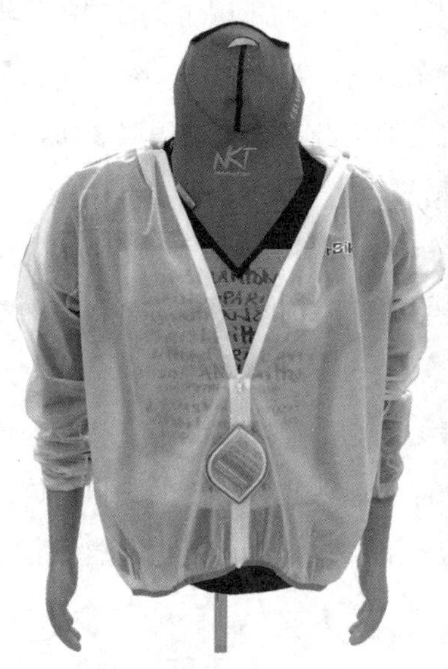

（a）超轻薄的外衣

（b）超轻薄的童装

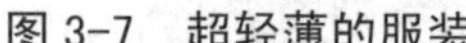

图 3-7　超轻薄的服装

图 3-8　时尚的羽绒服

（二）时尚带动的流行——网眼蕾丝面料

传统的经编蕾丝面料以其精致、优雅的风貌传递出柔美、性感之味；但在新的流行思潮中，除传统风格外，又赋予了蕾丝独特审美、个性张扬的艺术风格，使之成为当下时尚感最强的面料之一。

图 3-9 繁复效果的印花提花网眼蕾丝面料

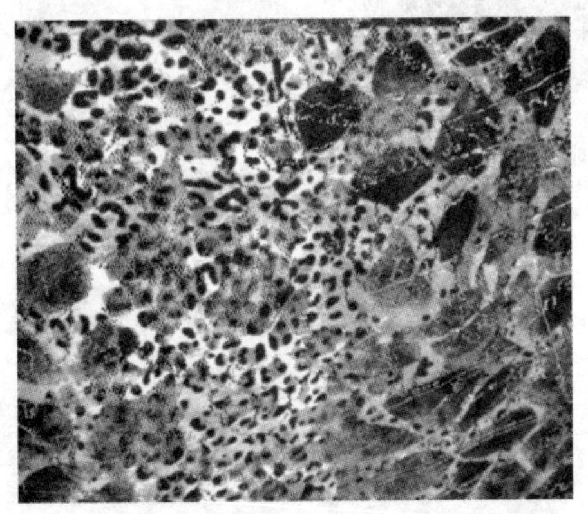

图 3-10 时尚的豹纹印花网眼蕾丝面料

奢华、繁复、装饰性强是当今网眼蕾丝面料的流行特点之一。将印花图案与织花花型相匹配，生产出风格迥异、韵味独特的蕾丝产品，适用于童装、少女装、时尚女装，其花型纹样比以往更加大胆、更加奢华、更加时尚（图 3-9）。一款豹纹印花纹样的网眼蕾丝面料更加性感，也迎合了近年的时尚流行风潮（图 3-10）；立体雕塑感的网眼蕾丝面料是将粗支的毛纱、兔毛纱、麻纱或棉纱等纱线运用到网眼蕾丝面料上，让粗支的纱线形成凸起的、立体的、毛茸茸的或粗犷的花型，与透明、精细的锦纶底布形成强烈对比，形成夸张的造型效果；扎染网眼蕾丝面料与吊染网眼蕾丝面料是将近年流行的渐变效果、扎染效果搬到网眼蕾丝面料上，也别有一番风味；利用网眼蕾丝面料的材料不同，如涤 / 锦 / 氨交织织物，染色性质不同，一浴法上染一种材料或两浴法使不同材料上染不同的颜色。总之网眼蕾丝面料带着些许浪漫、带着妩媚、带着婉约款款而来，令消费者爱不释手。此外还有植绒网眼蕾丝面料（图 3-11）、网眼蕾丝面料复合织物等。将植绒印花技术用于透明的经编网眼织物，使花地形成强烈的对比，增添神秘感；将经编提花网眼蕾丝面料与机织平纹布的复合、与机织毛料复合形成经编网眼复合织物，既为经编网眼蕾丝面料提供了底色，防止透明，又装饰了底布，两者相得益彰。时尚的流行思潮为传统的蕾丝面料带来多元化的面貌。

图 3-11　经编网眼植绒织物

第四节　服装面料的产业加工与流通

一、服装面料的产业链分析

中国纺织服装业在国际上具有明显的竞争优势，得益于中国庞大的纺织服装企业基数，还得益于多元的市场消费结构和成本优势，更得益于上下游产业链的完整性。

但是传统纺织服装业的产业链需要重新整合，紧跟服装行业快速时尚运行体系（“快时尚”）的步伐，既要紧跟时尚潮流，又要价格平民化，同时还要缩短生产周期，这样才能使大众消费者买得起世界最流行的产品，跟得上消费者喜新厌旧的多变满足感，也让模仿者跟不上其产品更新的速度。

以服装面料产业链前端纤维的科技含量提升后端面料产品的附加值，已经成为行业内的共识。如很多大型纺织服装集团公司已经具有较为完整的纺织加工产业链，从纺丝、织造到染整后加工均可在集团内部完成。如福建泉州海天材料科技股份有限公司近年与长春大同有限公司的合作，将产业链向前延伸到纤维用原材料的开发，这正是产业链中具有知识产权的重要环节；向后与服装品牌对接，使得产品开发的目的性更强，也更直接、快捷地得到最终用户的信息反馈。完整的产业链，要求企业具有很强的实力；同时产业链中能使所开发的产品技术含量高、知识产权保护好、充分了解市场、对行业的把控能力强的环节是更加重要的，它将带来一系列的好处与竞争优势。

构造更加合理的产业链。未来中国服装面料产业链将进行战略转型，把产业链中的最底端、低附加值、劳动密集的阶段转移出去，保留高附加值的高端部分，这是必然的发展方向。

二、中国服装面料的产业集群

（一）产业集群的作用及我国服装面料产业集群的形成

产业集群的优势在于相关企业和资源的集中与相互作用，在产业集群里生产要素可以得到最优化的配置，这必然会提升产业集群的竞争力。经过多年的发展，中国纺织服装产业集群已成为推动纺织服装行业可持续发展的坚实基础。产业集群因为集聚了信息资源、服务资源和行政资源，可以在资源配置上给予优化，保证了企业间的相互依存，合理竞争，从而保证了产业的可持续发展。

我国纺织面料产业集群的发展经历了计划经济时期，政府计划经济指导下的产业建立初期，又经历了改革开放后的快速发展时期，各地的纺织面料产业集群初见雏形。20 世纪末，在市场经济资源调配下，中国的纺织面料产业集群已经成长壮大，集群中的产品特色突出，规模效益日益明显，产业与市场互动，使纺织面料产业集群地区逐步成为中国纺织服装产业的重要基础，成为纺织服装产品的主要生产地。今天，产业集群已成为保持中国纺织服装产业在国际竞争优势中的有力支撑。未来产业集群内部的资源共用会更加深入，强强联手，政企互动，多种资源加快整合，将会更大程度地提升纺织服装产业集群的竞争力。只要保住纺织服装产业集群的发展优势，我国纺织服装产业的国际竞争优势就不可动摇。

（二）目前我国服装面料产业集群的发展现状

1. 西服面料加工企业

西服面料的产业集群已形成江苏、山东、浙江几大主要区域，如江苏区域的江苏阳光集团、江苏丹毛纺织股份有限公司、江苏申州毛纺有限公司、江苏鹿港科技股份有限公司、无锡协新毛纺织有限公司、常州三毛纺织集团有限公司、澳洋集团有限公司、华芳集团毛纺织染有限公司等；山东区域的山东南山纺织服饰有限公司、山东如意科技集团等；浙江区域浙江三德纺织服饰有限公司、宁波雅戈尔毛纺织染整有限公司等；此外还有甘肃兰州三毛实业股份有限公司、湖北迈亚股份有限公司、北京清河三羊毛纺织集团有限公司等零星分布的企业。

西服面料主要采用精纺毛料，此类面料的技术含量高、加工技术要求高，产品品质要求高。过去精纺毛料以华达呢、哔叽、花呢等传统产品为主，对产品花色要求不高，但随着男女装的时尚化，特别是女装面料，西服面料的花色要求也越来越高。近年，江苏丹毛纺织股份有限公司就专门致力于女装面料开发，面料的时尚感不断增强，目前已被国家纺织产品开发中心认定为“国家精毛纺时装面料产品开发基地”。

西服面料的产业集群应该在保持江苏、山东的产业集群优势的基础上，进一步突出各自的特色，如山东区域的男装面料开发能力较强，如专门从事男装西服面料的研发优势明显；同时，以兰州三毛实业股份有限公司为基础，带动西部地区企业的发展，逐渐形成西部地区的西服面料的产业集群。

2. 衬衫面料加工企业

衬衫面料产业集群目前主要分布在山东、江苏、浙江、福建等地。山东地区有山东鲁泰纺织股份有限公司、山东鲁丰织染有限公司等；江苏地区有江苏顺远纺织科技有限公司、江苏瓯堡纺织染整有限公司、张家港金陵纺织有限公司等；还有浙江三元纺织有限公司以及福建石狮面料产业集群，天津田歌纺织有限公司等。

3. 针织面料加工企业

针织面料加工企业地域分布相对集中，以浙江、江苏、福建、广东、上海为主要集散地，成为我国针织面料、针织服装高度发达地区。由于针织加工效率高、加工工艺相对较简单、企业规模小，特别是近年针织服装的流行，针织行业在经历了激烈的市场竞争之后，已形成了相比衬衫面料等更为显著的聚集效应，这种聚集效应带来了地域的优势，带来了勃勃生机与活力，使企业在相互促进中共同发展，同时促进了针织行业的发展。不仅如此，在经历了近十年的发展，目前已形成了广东的时尚针织，福建的运动功能服装，浙江的经编针织，上海的高性能、高新技术针织的各具特色的局面。

以广州市嘉美纺织品有限公司、广州冰岩布业、上海美业针织有限公司、上海加图织品有限公司、上海棱枫纺织有限公司以及浙江金峰针织有限公司等为代表的企业专门从事时尚针织面料的设计、开发、生产与销售。这是针织产品中最为活跃、变化最多的一类产品。如广州市嘉美纺织品有限公司产品极为丰富，有纬编针织面料、经编泳衣面料、针织网眼面料、电脑提花、电脑绣花面料，可以对面料进行印花、染色、扎染、烂花（烧花）、植绒、烫金、贴亮片等多种特殊加工处理，此外金银丝线、粗细纱、花式纱的运用，表现材质本身的质感、美感，创造出质朴自然、立体感强、造型多变、具有强烈视觉冲击力的粗犷风格。告别单调表情，多元素、全方位打造时尚、个性、与众不同的风格是其追求的目标。另外还要特别提到的是，时尚针织面料不是纬编面料的专利，原本以功能性产品、装饰布见长的经编织物也已跨入时尚面料的行列。如福建金港实业有限公司，拥有自己的长丝生产企业，从而为本企业经编厂提供原料，开发经编网布、弹力网布、拉毛布、泳装拉架布等几百种经编面料，并采用印花、刺绣、植绒、烫金等手段进行深加工，广泛用于时装、内衣及鞋。

时尚的经编织物成为针织产品中的一个特色产品，经编产品具有广阔的开发前景。

江苏金辰针纺织有限公司、常熟市嘉茂针纺织有限公司、盖奇染织服饰有限公司、浙江嘉名染整有限公司、绍兴奇佳针纺织有限公司等属于针织休闲面料开发的中大型企业。

4. 运动装面料加工企业

以功能、运动装面料见长的福建产业集群、江苏产业集群、浙江产业集群占运动装面料加工企业的80%。如泉州海天材料科技股份有限公司，是一家行业内知名度高、规模大、实力强的运动功能产品开发企业。它有着完整的产业链，有着很强的产品开发的能力，因此是一家很有前景、在行业内有较大影响力的运动功能服装用面料开发企业。

我国的牛仔面料加工企业也主要集中在我国东部和东南部沿海地区，广东、江苏和山东是我国最主要的牛仔面料生产基地，其中广东最大，其次是江苏，再次是山东，辽宁、湖南、湖北、河南、河北等地也分散着少量牛仔面料生产厂家。以黑牡丹集团股份有限公司为代表的北方牛仔面料产业集群；山东岱银纺织集团、如意集团；江苏恒亮纺织有限公司的针织牛仔；广东港纺联（顺德）纺织有限公司、大生牛仔位于牛仔服装的加工地，或许是地域的影响，构成了与北方牛仔面料企业不同的风格，它的牛仔面料更追求时尚感。

此外，我国有河北辛集的毛皮、皮革加工批发集散地。

（三）我国服装面料产业集群未来的发展

未来，我国服装面料产业集群将进一步实现产业结构调整和升级。具体来说，将有以下几个发展方向：

（1）产业集群的发展已经初步形成各自的集群特色，由此营建更加优越的产业环境。产业集群的发展最终将变成区域品牌的建设。未来中国服装面料产业集群的重要任务就是培育自主品牌，打造集群品牌。知名品牌的出现，反过来再突出产业集群的特色、促进产业集群的发展。

（2）各服装面料的产业集群将随着国内外经济形势的发展、变化，进行更合理的配置或转移，从全国范围内来说，将逐渐向西部转移，充分利用西部地区的自然资源和劳动力优势。

（3）服装面料产业集群的国际融合度将得到加强。随着中国经济持续快速的发展，劳动力成本、土地成本等优势正在逐渐丧失。进入21世纪以来，中国经济更深地融入到全球经济一体化格局当中，中国纺织服装产业如果能抓住机遇，将在全球资源配置的新格局中占有一席之地。

（4）在服装产业集群地，继续建立起一批公共服务平台，对促进产业集群健康发展将发挥积极作用。同时其他配套资源也会日趋完备。

三、服装面料的流通渠道

绝大部分纺织品特别是服装面料并非成品，而是半成品，还需继续进行后道的生产加工，因此大多不会直接流通到消费者手中，因此服装面料的流通有其特殊性。从整个行业来看，面料的流通渠道大致有以下几种。

（1）集团公司生产的面料由集团公司下游的服装厂、服装品牌使用。如南山集团，现在已拥有自己的南山服饰有限公司，从事服装设计与加工。最终以服装成品流通到消费者手中。

（2）国外面料企业在国内的销售机构或代理商（批发或零售）。国外面料流通到国内来，需要有进出口权，因此设立国内的代理机构，这样的代理机构可以承担一家或多家国外企业的面料代理。

（3）国内纺织品贸易商——专门从事某一类的纺织品贸易业务。贸易商可以从各地以较大批量组织多种货源，便于下游的服装企业买手采购。贸易商可以直接将商品批发给服装企业买手或批发给零售商，如近年的“麻世纪”。

（4）国内纺织品贸易批发、零售市场——专门从事纺织品销售业务。批发市场大多位于面料生产地，将周边生产企业的面料集中到市场上，由于市场上有来自多家企业的多种面料，服装企业有更大的选择空间，货比多家，而且市场繁荣、人气旺、还能引导服装潮流。我国已在位于长三角和珠三角的浙江、江苏、广东、福建等服装面料生产基地聚集了多个面料批发市场，如江苏吴江的中国东方丝绸市场、广州中大市场、广东西樵轻纺城、石狮面料市场、绍兴柯桥中国轻纺城、杭州的四季青布料市场等大型的面料批发市场。零售市场位于各个城市和街道，便于消费者直接购买。甚至一些服装面料企业在全国建立了销售网店，以便辐射周边地区和零售商。

（5）面料生产企业直接与服装企业间的买卖销售（批发）。由于长期的合作和相互信任，一些面料企业生产的产品专门或独家供给某些服装品牌或企业使用。经过多年的摸索，大型服装面料展会成了下游服装企业与上游面料企业的定货会，搭建起服装与面料企业间联系的平台，这样可以减少中间环节的费用，降低成本。

第五节 服装面料的品牌建设

一、服装面料品牌建设现状

品牌是一个产品不同于其他产品的标志，是产品品质的象征，是企业形象的代表，可以为产品带来极高的附加值，为生产者带来巨大的经济效益和社会效益。

然而，长期以来，中国的纺织服装企业走的是以OEM（代工生产）接受外国时装品牌的加工订单和来样加工的路线。虽然在行业发展初期，这种发展模式为国家争取了外汇，也积累了一些宝贵的生产经验，锻炼了自己的队伍，但是在国内外经济形势大好情况下，企业“疲于奔命”，忙碌于完成国内外（主要以国外为主）订单，而OEM的利润很低，带来的后果是新产品研发不受重视、研发资金投入严重不足、研发人员流失或得不到培养锻炼；一旦国际经济形势不好，订单没了，企业既没有产品、也没有市场，更没有知名度，因为没有品牌。美国品牌价值协会主席拉·莱特曾说过，“拥有市场比拥有工厂更重要，而拥有市场的唯一途径是拥有占统治地位的品牌”。

面料作为服装的原材料、半成品，较少有企业关注到品牌建设。反观国外企业的品牌建设，我们耳熟能详的就有杜邦的“Lycra®”“Sorona®”“Coolmax®”，兰精的“天丝Lyocell”“Modal®”，中国台湾力宝龙的“CoolBest®”、中国台湾远东的“TOPCOOL®”，旭化成的“Bemberg冰霸”，美国长绒棉高端品牌“SUPIMA®”等，都是国际一流的著名品牌（图3-12）。我们注意到，虽然这些都是纤维原材料品牌，它们甚至比面料品牌走得更长、更广。今天这些品牌家喻户晓，是企业经过了几年、几十年的精心培育，才发展起来的。如美国国际棉花协会（CCI）与美国棉花公司携手一直致力于与纺纱厂、织布厂、服装厂和零售商之间的紧密合作，将美棉产品的采购商和供应商匹配起来，建立起全球销售网络，也建立起了美棉“COTTON USA”品牌的形象。

今天，越来越多的中国纺织企业也关注到品牌的重要性，关注到纺织品与终端服装用途之间的密切关系，这些年，也逐步诞生了一批面料品牌，并不断发展壮大。

图 3-12 国际著名纤维品牌

毛纺行业一直走在纺织行业的前列，一系列的毛纺面料品牌脱颖而出。如江苏阳光集团的“阳光”品牌被评为中国世界著名品牌（图 3-13），山东南山纺织服饰有限公司“南山”品牌、山东“如意”（图 3-14），江苏“丹毛”，浙江“海澜”“雅戈尔”等。

图 3-13 精纺毛料的著名商标“阳光”品牌

图 3-14 精纺毛料的著名商标“如意”品牌

山东鲁泰纺织股份有限公司的“鲁泰”衬衫面料已经稳稳地占据了棉纺织行业的龙头地位。在麻纺行业，湖南华升集团打造的“华升·自然家族”品牌，掀起了麻时尚消费潮流。在原料领域，“Cooldry”品牌是泉州海天材料科技股份有限公司开发的众多品牌中的一个（图 3-15），“Cooldry”经过几年的培育，已经成为消费者熟知的知名品牌，未来将进一步成熟、发展，在运动服装面料上发挥更大的作用。

图 3-15 泉州海天的“Cooldry”品牌

二、中国服装面料品牌未来的发展

在品牌建设初期，借助国外知名品牌的名牌效应，利用国外大型企业稳定、优质的产品质量，推广自己的产品，继而积累企业的知名度，扩大企业影响力，这也不失为一方良策。福建泉州海天材料科技股份有限公司借助于美国杜邦的“Sorona”（植物源生物基材料）生物技术，推出了“Corntec”品牌产品。同时，服装品牌、面料品牌、纤维品牌捆绑营销，相互借力，支持发展，才能造就多赢的局面。此外，一个品牌的成熟发展，需要不断地经营、维护，任何一个品牌都不可能有永久的生命力，只有不断创新才能造就一个品牌更加持久的生命力。如杜邦的“Lycra”“Coolmax”品牌近年的新产品不断，“Lycra”的系列产品有“Lycra soft”“Lycra T400”“Lycra beauty”“Lycra sport”；兰精公司“Modal”品牌衍生出的系列产品有“Micro Modal”“Micro Modal AIR”“ProModal”等。

越来越多的国内知名面料企业已经意识到，要实现产业的时尚升级，争夺产业链中的时尚话语权，就需要与时尚产业携起手来，使面料品牌与高端时尚产业紧密结合，从而达到面料开发与服装设计创意的契合，引领服装的时尚潮流。当然，中国服装面料企业的品牌建设还有很长的路要走。

第四章

服装产品开发与定位战略

在服装产品严重同质化的时代，如何通过准确的品牌定位和产品开发来与竞争对手形成差异并满足消费者的需求，如何在产品和风格上形成企业不可替代的独特竞争力，已经成为服装企业在市场上立足的“第二生产力”。

第一节　市场调研

服装产品开发与定位战略的第一步是对服装市场环境、消费者、竞争品牌及流行趋势等开展调研分析，在此基础上才能选择品牌准备进入的目标市场，并进行产品定位。

一、消费者调研

选择目标市场就是选择消费者。社会中的每个个体都是服装产品的消费者，服装品牌应该选择哪些消费者作为目标市场，这些目标消费者喜欢什么样的产品，购买行为有什么特征等，这些问题在品牌企划前必须详细掌握。

现代营销观念告诉我们，在供过于求的当今社会，欲在市场中取胜，首先必须深入了解市场，了解消费者。只有这样，才可能设计生产出消费者喜好的产品、才可能让消费者在决策时选择本品牌而非竞争品牌。

要了解消费者，需要对消费者的以下六方面特征进行分析：

（一）社会文化特征

个体的存在首先体现为其社会性，分析消费者的社会文化特征就是分析其所处的文化群体、亚文化群体、社会阶层、家庭地位等。社会性对消费者的购买行为起到限制、约束作用。

1. 文化群体

每个个体都处在某个文化群体中，不同文化群体的价值观念、行为准则和风俗习惯不同，如中国文化群节俭、保守、内敛，而美国文化群开放、自由、享受，因此，中国的服装风格较为正统、规范，而美国的服装风格较为个性、休闲。

2. 亚文化群体

在大的文化背景下，存在许多亚文化群体，他们具有自己的信仰、态度和生活方式。常见的有地理亚文化群体、职业亚文化群体等。比如我国的北方和南方、沿海和内地就形成了特征差异较为明显的地理亚文化群体，南方、沿海城市消费者喜好追逐流行，消费行为较为成熟；北方、内地城市流行速度较慢，消费行为较不成熟。

3. 社会阶层

社会阶层是指一个社会的相对稳定和有序的分类，是由于人的职业、收入、教育等方面存在差异而形成的。不同社会阶层的个体，其衣着、说话方式、娱乐爱好等很多特征都不同，尤其在消费水平、消费结构、消费偏好等方面存在明显差异。因此，在现代消费社会中，个体的消费行为特征、消费物品的类别、消费价值取向等逐渐成为社会身份地位的象征，而且各个社会阶层的成员在长期发展过程中，已形成了某些具有自身特征的消费模式。例如，占社会成员较大比例的中产阶层，其象征符号是房子、车子、股票、笔记本、健身、名牌、旅游、咖啡、西餐、文化等，而欲进入该阶层的人们就会努力追随和模仿这种消费模式。因此，服装品牌企划必须研究目标消费者处于哪一阶层，从而创造、引导这一阶层的消费模式，那么，相应的个体就会主动选择成为该品牌的消费者。

4. 家庭

社会中每个个体都处在一个家庭单位中，家庭对于个体的消费影响极其深刻。一项调查发现，在服装购买决策中，男性中三分之二的人自己的服装由自己购买，16.1％的男性其服装由妻子购买，8.8％的男性与妻子或家人商量购买；而女性中将近90％的人自己的服装自己购买，由丈夫为其购买的仅占2％；在童装购买中，40％的母亲会考虑孩子的意见并结合其他因素，30％的母亲主要根据孩子的意见购买，不考虑孩子意见的仅占9.1％；而大童服装的购买中67.7％的决策依据是孩子的意见。

（二）个人特征

个人特征主要分析消费者的年龄、性别、职业、收入、学历、居住地、个性、信仰等特征。

1. 年龄

年龄是影响服装消费的最基本的因素。处于不同年龄段的消费者因其成长的经济、社会和文化环境不同，其现实的生活方式、经济状况、消费观念、价值观念、行为习惯不同，因此其消费模式和购买行为特征存在较大差异。在市场分析时，必须根据年龄细分市场。

2. 性别

目前的服装消费市场均按性别分为男装市场和女装市场，两性对于服装的需求差异较大，而且消费模式差异较大，因此不少服装品牌企业只进行男装或女装的生产销售。

女性在购买服装时，对服装的面料、款式、色彩、价格等细节较为关注，决策易受感情的支配，喜欢从众与炫耀，因此，服装品牌的价值定位、销售人员的表情语调评价、卖场的设计等产品外在因素对购买决策影响较大。近年来，女性购买服装不再仅仅追求每件衣服的质量，而是更重视搭配，以至于一个人身上可能同时穿着高级时装品牌的产品和批发市场淘来的服装。女装市场空间越来越大，但要求服装品牌多样化，有个性化特征。

相比起来，男装市场简单得多。男性购买服装，自主性强、更理性，购买频率较小，因此强调服装的做工。另外，很多男性购买服装主要为了“面子”，因此，男性购买服装更注重品牌。

3. 职业

不同职业的人群已逐渐形成一个个亚文化群体。他们具有相似的收入水平、教育程度、生活方式，且工作的相近性使他们相互影响，因而逐渐形成相似的消费模式、消费观念、购买行为特征。比如，教师选择服装多注重大方庄重、舒适方便，而文艺界人士则更注重服装的时尚和个性。

4. 收入

收入是影响个体购买力的重要因素。消费者收入指消费者在一定时期内（通常按年计）的所有货币和非货币收入的总和。消费者收入的水平反映了经济发展水平，但不能直接反映消费需求特征，还需对个人的可支配收入、可任意支配收入以及储蓄、信贷水平进行综合考察。

个人可支配收入是指个人收入中扣除直接负担的各种税款（如所得税）和非税性负担（如工会费）之后的余额。

个人可任意支配收入是指个人可支配收入中扣除维持生活所必需的支出（如水电气费、食品支出等）和其他固定支出（如分期付款）之后的余额。这些收入可用于购买非必需用品或储蓄，这部分收入的多少是影响消费者购买力和消费支出的决定因素。可任意支配收入越多，对高档、时尚、个性服装的需求就越高。

5. 个性

个性是指人在先天遗传因素的基础上，在社会条件的制约影响下，通过人的活动而表现出的稳定的心理特征的总和。个性对服装消费偏好和购买行为都有很大的影响。例如，根据个性可将消费者划分为外向型和内向型的两类：外向型消费者开朗、热情、善于交际，服装消费偏好与购买决策易受外界因素的影响，且喜欢暖色调、色彩艳丽、对比强烈、大花纹的设计，并对服装有强烈的装饰倾向；而内向型的消费者沉默寡言，善于思考，购买决策不易受外界因素的影响，喜欢冷色调的、对比弱的、小花纹的设计，重视服装的协调性。另外，根据购买决策的理智与否，可区分出理智型、情绪型、意志型三类消费者；根据购买决策的独立能力，又可将消费者分为独立型与依赖型两类。

除以上因素外，还有个体的学历水平、居住地和信仰等个体特征要素也会不同程度的影响个体的服装消费模式。

（三）生活方式

生活方式是指人们根据自己的价值观念安排生活的模式。包括消费者的活动、兴趣和观念，即消费者的AIO（Activities，Interests，Opinions）。人们在选择服装时多遵循TPO原则，即根据时间、地点和场合来搭配和选择服装，因此，生活内容不同、兴趣爱好不同、价值观念不同的个体，其着装的特性也不同，即选择的服装品类、款式、色彩、材料、品牌等都不同。

与过去相比，现代生活的特征是休闲时间大大增加、生活内容丰富、生活趋于多元化，且越来越重视自身的健康、享受、文化等方面，因此，服装品牌企业应根据目标消费者的生活方式确定定位，确定产品的特性。

（四）购买意识

即了解目标消费者作出购买决策的影响因素，通常通过消费者市场调研可以获取此信息。影响消费者服装购买决策的主要因素有品牌名称、生产商、卖场服务及环境、流行性、设计、廓型、色彩、材料、尺寸、品质、价格等，但针对不同消费者、不同产品类型，这些因素的重要性会有所不同。例如，一般来说，价格对于低收入群体最重要，款式对于中等收入群体最重要，而品牌对于高收入群体最重要；女性消费者相对更注重产品的流行性以及卖场环境和服务，而男性消费者对品牌和品质更为看重。

影响消费者购买意识的主要因素，也正是服装品牌可以着重创造竞争优势的地方。例如，对于内衣产品，消费者最看重材料的环保和保健功能，若内衣品牌在此方面创立优势，那么在市场的取胜就相对比较容易。

（五）价格认可

即了解消费者可接受的价格范围。目前，服装产品的定价并非采用成本定价策略，服装产品的价格往往高出成本很多。如今的服装产品给消费者带来的精神价值远远大于物质价值，而精神价值难以估量，因此，目前市场上同类产品的价格差异很大。但价格毕竟是影响消费者购买的重要因素，价格太高，销量就会很小，而价格太低，单位产品的利润也会很低。所以，在消费者调查中务必要了解目标消费者对于该品牌产品的价格认可范围，以此为依据，在价格与销量之间取得平衡，从而实现利润最大。

（六）购买行为

为使消费者更快捷、更简便地得到更好的产品和服务，服装品牌企业需了解目标消费群体购买服装产品的习惯，包括购买时机、购买场所、购买方法、购买动机等。例如，网络购物这种购物形式具有省时省力等很多优点，受到许多商务人士的欢迎，消费者开始提出量身定制、送货上门等新的服装购买需求。

基于目标消费者不同的购买行为习惯，服装品牌可制订相应的渠道和推广策略。为更好地进行产品设计，需了解消费者选择本品牌服装的着装场合、穿着频率，以确定服装品牌的产品组合和生产量。

二、竞争品牌分析

尽管市场规模很大，但不少服装品牌未必能在市场立足或者获利，这是因为市场不仅由消费者构成，而且充满了很多竞争对手。对于竞争品牌的分析，将帮助企业确定竞争方向和竞争战略，以便更好地取胜于市场。

（一）影响竞争的力量

服装品牌总是面临各方面竞争力量的威胁，正确面对这些挑战，才可能在激烈的市场竞争中获胜。任何企业在行业领域内，都会受到五种竞争力量的影响，即：现有的竞争力量、潜在的竞争力量、替代品竞争力量、供应者竞争力量、购买者的竞争力量，如下图所示。服装品牌应综合考虑这五种竞争力量，以确定市场的结构吸引力。

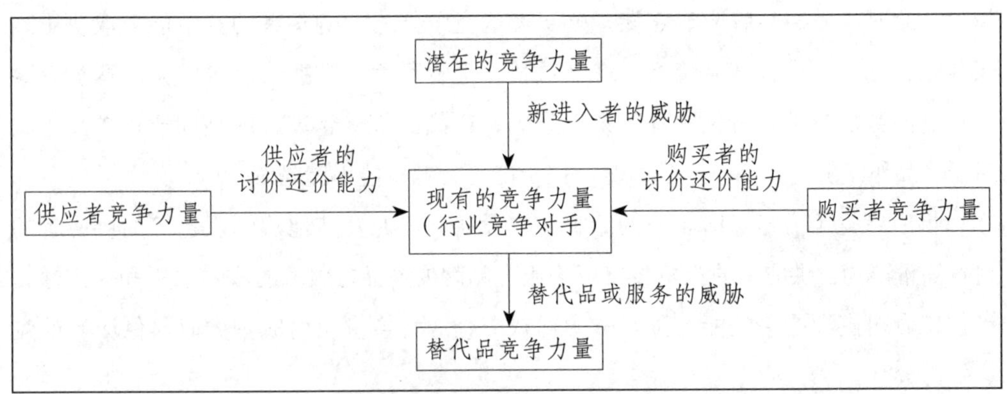

图　影响竞争的五种力量

现有竞争力量，即行业竞争对手，是与本企业提供的产品或服务类似，并具有相似的目标市场和相似价格的企业，特别是指处于同一战略集团内的竞争者。例如，运动服饰品牌中，来自美国的Adidas、Nike与中国的李宁等品牌互为现实的竞争者，他们之间的竞争最为直接，对于企业的影响也最大，因此是分析的重点。具体分析方法见本节第二个问题的阐述。

潜在的竞争力量，是指行业内新建企业或其他行业的老企业转产后加入本行业的新竞争者。服装是生活必需品，又是时尚消费品，其消费量越来越大、更新频率越来越快，这就吸引了很多潜在竞争者进入服装市场，以致服装行业竞争加剧。对于市场的原有品牌来说，要关注这种变化，注意掌握潜在竞争者进入市场的核心优势，从而制订相应的竞争战略。而潜在竞争者进入市场时须注意该行业已形成的规模经济、产品差异、资金、渠道、成本、政策法规等方面的进入门槛，在具备条件并创建新的竞争优势后，再参与竞争。

替代品竞争力量，是指那些生产的产品在功能上能替代原有产品的企业。替代产品的面世，会直接影响原有产品的销量、价格和生命周期。如今，新纤维、新面料、新产品、新技术不断涌现，使得替代品竞争的威胁越来越大。例如，由于羊绒材料的获得越来越难，而仿羊绒材料的出现，不仅可模仿真正羊绒材料的舒适性、手感等，且具有环保等更多功能，可以想象，未来羊绒市场将不仅是羊绒材料的市场，替代品——仿羊绒材料将可能占据市场的主要份额。与替代品竞争最好的方式是全行业一起采取行动，调整价格，调整经营策略。

购买者竞争力量的形成，是基于买方总是企图以较低的价格、较高的产品质量和更多的服务实现成交这一事实的。购买者压价的能力越强，企业的压力和威胁就越大。此时，服装品牌应认真衡量购买者的竞争能力。购买者的竞争能力取决于购买数额、选择余地、产品价格、产品质量、理解程度、掌握信息等因素。购买者购买产品的数额越大、可供选择的余地越大、产品的价格越高、产品同质化越严重、对于产品越了解、掌握信息越多时，议价能力、竞争能力就越强。

供应者竞争力量，即企业的原材料、设备、能源及其他营销服务等的供应者的讨价还价能力。供应者的竞争直接影响服装品牌的产品、服务的成本水平和稳定性。当供应者对资源的垄断能力强、资源稀缺、企业转换供应商成本大时，供应者的竞争能力较强。

（二）行业竞争对手分析

五大竞争力量中，现有的竞争力量即行业竞争对手对于品牌的影响最大、最直接，因此，服装品牌要对行业竞争对手作详细的分析。分析的基本步骤如下：

第一步，了解行业内有多少品牌在提供的产品、价格、针对的目标市场三方面与本品牌相似或相同，并列出这些品牌的名称。注意认真考察竞争品牌的这三个特征，尽量缩小竞争品牌范围。

第二步，收集市场信息，了解这些竞争品牌的发展历史、目前的业绩水平、产品组合、产品价格、分销渠道、促销方式、服务方式等，从而总结这些竞争品牌的发展战略。收集竞争品牌内部信息，了解他们的人、财、物和技术实力，以及对市场的应变能力和自我发展能力。

第三步，收集竞争品牌最新的关于发展目标、战略方向的研究和宣传资料，预测竞争品牌的发展趋势。

第四步，对比分析，掌握本品牌与竞争品牌各自的优势与劣势，从而确定未来本品牌重点针对的竞争者及自身欲实现的竞争地位。

可将这些信息放入表格内，便于横纵向的对比研究（见表 4-1）。可以在表中以红色标出“战略重点”，以蓝色标出“品牌劣势”。对于竞争品牌的分析将作为制订品牌竞争战略的基础。

表 4-1 竞争品牌信息分析表

品牌名	历史	业绩	产品	价格	渠道	促销	服务	品牌实力	发展战略	发展目标	……
本品牌											
竞争者 A											
竞争者 B											
竞争者 C											
竞争者 D											
竞争者 E											
竞争者 F											
……											

（三）确定竞争地位及竞争战略

根据竞争品牌分析，服装品牌必须具体情况具体分析，结合自身实力、目标，来确定竞争战略。

1. 根据竞争地位确定竞争战略

品牌在市场中竞争地位不同，其竞争战略也不同。

（1）市场竞争地位分类。根据在市场中所占的市场份额及其战略的先进性特征，可将品牌在市场中的竞争地位划分为市场领导者、市场挑战者、市场追随者、市场利基者。

市场领导者：指在相关产品市场上市场占有率最高的企业。

市场挑战者：指在市场上市场份额仅次于市场领导者的企业，其有能力向市场领导者和其他竞争者发动进攻，以夺取更大的市场份额。

市场追随者：指市场份额远远小于市场领导者的企业，其在营销战略上模仿或追随市场领导者，以避免与市场领导者或其他竞争者的正面激烈竞争。

市场利基者：指行业中的小企业，其专心致力于经营被大企业忽略的某些细分市场，并通过专业化经营来获得最大限度的收益。

如运动服饰市场上，Adidas、Nike 等国际品牌占最大的市场份额，属于市场领导者；而我国的“李宁”通过多年的努力，终于紧跟这些国际品牌，成为市场挑战者；另外，我国近几年涌现出安踏、361° 等品牌，他们在市场上一直努力维持一定的市场份额，属于市场的追随者；除此之外，一些小品牌进入登山鞋、帆布鞋等小规模产品市场，成为市场的利基者。

（2）市场领导者战略。市场领导者在市场上表现已经最好，他们的目标是不断超越自己，保持领导者的地位。其制订竞争战略有三个基本思路：保护市场份额、扩大市场需求、提高市场占有率。

保护市场份额：保护品牌目前的市场水平，最有效的策略就是不断创新。可通过强化战略，增强产品和品牌的自身实力，构筑牢固的防御工事，以防止竞争者入侵；也可采取保护战略，增加辅助型产品或品牌，从而提高品牌整体竞争力。例如，Adidas 在 20 世纪 80 年代创建了两个副品牌，一个主要经营过去的经典产品，另一个经营新研发的具有高端技术的产品，而原品牌针对更为广泛的目标大众提供所需产品。副品牌与原品牌共同在行业中建立领导者地位；可采取对抗战略，当有强力的竞争对手出现时，先发制人，通过降价或提高服务水平等，保护本品牌；而当竞争对手已做出攻击时，采取正面或侧面的反攻战略，保护自己；等等。

扩大市场需求：市场需求扩大时，受益最大的就是市场领导者，因此尽力扩大市场需求，即使市场份额不变，也可实现业绩提高。可通过市场扩张或市场渗透，在新市场或原有市场发掘新的消费需求；也可改变消费者产品使用频率的观念，扩大产品使用量，来增加市场规模。例如，国际品牌进入中国后，价格总是阻碍消费者购买的一个关键因素，因此，某些时候可通过适当降低价格来进行市场渗透，从而提高竞争力。

提高市场占有率：通过提高产品质量、提高服务水平、加大品牌推广力度等方式，抢夺其他竞争对手的市场份额，从而提高本品牌的市场占有率。

（3）市场挑战者战略。市场挑战者为争取第一的地位，会不断向竞争者发动进攻，以获取更大的市场份额。

市场挑战者发动进攻时，首先，要确定向哪一类型的竞争者挑战。可选择的进攻对象有市场领导者、同规模但经营有问题的品牌、小规模品牌三种。这三种对象中，市场领导者攻击难度最大，但攻击成效也最大，而小规模品牌攻击难度最小，攻击成效也最小，因此，根据品牌自身实力和目标，确定攻击的对象。

其次，确定进攻的战略。对选定的进攻对象进行深入分析，掌握其优势和劣势。若本品牌实力较强，可选择直接攻击其劣势或在对象的优势方面实现超。若实力较弱，可先在进攻对象不作为战略重点的方面发起进攻。比如竞争对象若在此段时间内不太重视二、三线市场，那么此时本品牌先占领这一市场，在该市场站稳脚跟，然后进入一线市场进行正面进攻。

要注意的是，进攻方向不应选择价格等易于模仿的方面。

（4）市场追随者战略。市场追随者主要的目标是保持现有的市场份额，随着市场的发展稳定获利。这并非易事。服装市场是个变幻莫测的市场，产品更新频率高，款式、色彩、面料随流行趋势、季节和区域而快速变化，不能在一季或两、三季把握这种变化，就意味着产品积压、品牌为消费者遗忘。因此，市场追随者在经营过程中，一方面要把握市场的总体变化，另一方面还应确定少数几个重点模仿对象，派出众多信息情报收集人员，收集这些对象品牌的产品设计、营销策略等方面的经验和变化，然后建立快速反应机制，进行快速模仿，以保证本品牌的市场地位。

（5）市场利基者战略。市场利基者的目标是，选择一个理想的目标市场进入，从而获利。如今市场竞争日益激烈，若某个市场有利可图，就会马上吸引很多的竞争对手，市场利基者要想长久地在这一市场保持较高的获利，必须注意两个方面。

一是选择理想的利基市场，即这一市场必须具有一定的规模、发展潜力，但这一市场由于其特殊性，实力较强的竞争对手不会感兴趣。只有这样的市场，利基者在首先进入市场后，方可通过专业化和建立良好信誉防御竞争者的进攻。

二是进入利基市场后应选择专业化的战略。利基市场较小，为提高其获利能力，可通过特殊的产品或专门的服务等专业化，为消费者提供独有的产品，从而提高自身的附加利润，且某方面的专业化能够提高该市场的进入门槛，防止竞争者入侵。

2. 服装品牌可选择的几种竞争战略

（1）建立严格管理的分权组织结构。现代服装品牌企业的营销网络系统逐渐庞大，系统管理和系统效率提高成为难题，建立严格管理的分权组织结构将帮助企业创建新的竞争优势。

（2）增加附加价值。消费者对于服装产品的需求不仅体现在物质方面，如今更多地体现在精神、文化方面，因此，通过品牌形象的塑造、良好服务的提供等增加产品的附加价值，满足消费者的社会、心理需求，可提高品牌的竞争力。

（3）产品类型专门化。即生产一类型的服装产品，在产品类型上做到专业化，以形成竞争优势。比如仅生产西裤或衬衫等。

（4）顾客类型专门化。为特殊顾客提供所需的服装产品，形成顾客类型的专门化。比如针对特殊体型顾客或特殊需求档次的顾客提供产品。

（5）经营方式专门化。即在产业链上选择某个环节进行专门化经营，如产品设计或产品生产，与链上其他企业协调发展。

（6）集中于地理区域。服装消费者由于所处地理区域不同，消费特征差异很大，服装品牌可集中资源在一个地理区域经营发展，从而获利。

第二节　产品定位

在对服装品牌所处的市场环境作了综合分析后，就可确定服装品牌将要进入的目标市场，并在此基础上进行产品定位。服装产品的设计风格是指所有设计要素——款式、色彩、材质、配饰等形成的统一的、充满魅力的外观效果，它具有一种鲜明的倾向性，能在瞬间传达出设计的总体特征并产生强大的感染力。

一、市场细分

在进行服装品牌企划时，必须将整体市场划分为若干个细分市场。细分的原因在于消费需求存在差异性和相似性。消费者由于所处的经济、社会、文化等背景条件不同，心理素质和价值观念也不同，购买服装的动机、需求的质与量差异明显，所以为了更好地满足消费需求，服装品牌必须考虑消费者之间的差异，这就是市场细分的必要性。虽然个体之间的需求都存在差异，但由于消费群体的需求还具有一定的相似性，这就构成了市场细分的依据。

市场细分实际上就是分析确定消费者需求的差异性和相似性，按照求大同存小异的原则，将一个错综复杂的市场划分为若干个部分（每一个部分就是所谓的细分市场），减少各个部分的内部差异性，使其表现出较多的同质性。

（一）市场细分的方法与程序

1. 市场细分的方法

市场细分的关键在于确定细分变量。通常采用的变量有地理因素、人口因素、心理因素和社会因素等。而消费者往往在这些变量上都存在大大小小的差异，所以要细分市场，依靠一个变量往往很难实现目标。对于新兴市场，利用一、两项要素进行市场细分或许可以满足企业需要，但在成熟市场中，则需要利用多项变量细分市场，服装品牌才可能在激烈的竞争中找到比较有利的位置。根据细分时选用的标准的内容、数量、难易程度，市场细分的方法分为以下三类：

（1）单一因素法。即选择一个因素对市场进行细分。

（2）综合因素法。即用两个或两个以上的标准，同时从多个角度进行市场细分。

（3）系列因素法。即采用两个或两个以上的标准，分层次进行市场细分。具体操作时，首先选用某个标准细分市场，从中选择某个分市场作为大致的目标市场，然后再利用另一个标准对之进行细分，层层深入，逐次细分，市场越来越细化，目标市场就越来越明确具体。

2. 市场细分的程序

市场细分的程序可分为五个步骤：

（1）界定市场范围。根据品牌欲进入的市场范围和品牌产品适合的顾客范围，首先界定准备进行细分的市场范围。

（2）选择细分变量。根据对消费者特征的详细分析，确定导致消费者需求和购买行为出现差异的主要因素作为细分变量。

（3）组织实施调查，初步细分市场。针对确定的细分变量，组织消费者调查，收集消费者在这些变量上体现出的实际数据和特征，根据这些差异性的数据、特征，按照确定的细分变量进行初步的细分市场。

（4）评价和检查初步细分结果。了解初步细分后的各市场间是否存在较明显的差别，分析判断原来的细分标准是否合适。另外，要判断细分后的市场是否已经清晰具体，是否需要再度细分或合并。

（5）分析和估计各细分市场的规模和性质。细分市场结束后，要对各细分市场的潜在销售量、盈利能力、竞争状况和发展变化趋势等进行分析和预测，为品牌选择目标市场提供决策参考。

（二）市场细分的实施

在此以女装市场细分为例，介绍服装市场细分常用的细分变量和细分方法。

1. 年龄细分

根据年龄，可将女装市场细分为少年、青年、中年、老年等细分市场。不同年龄段的消费者因不同的生理条件、经济状况、兴趣爱好，对服装的需求差异较大。

因其所经历的社会时期不同，所形成的生活观、价值观不同，这也会直接影响到她们对服装审美、价值的判断与选择。因此，服装品牌企业应掌握女装市场的年龄结构、各档次年龄占总人口的比例以及不同年龄消费者的需求特点。

2. 人生阶段细分

女性的一生，从出生到死亡可分为：婴儿、学龄前、入学、离校、结婚、生子等几个阶段。不同阶段的女性承担的社会责任和扮演的社会角色不同，导致对服装的需求特征不同。女性工作前往往无独立购买能力，受家庭、所属群体的影响很大，服装品类以校服、运动服、休闲装为主，色彩明快鲜艳，充满朝气。工作后结婚前，有了自己的收入，又无过重的经济负担，十分重视个人形象，服装款式新潮时髦。新婚期，家庭经济较为宽松，类似于参加工作但没结婚时的情况，比较讲究穿着。对服装需求很大。子女婴儿阶段，家庭经济负担较重，对服装支出下降，但儿童服装消费量增加。子女学龄阶段，家庭收入水平逐步提高，对服装支出有所回升。子女就业和结婚阶段，家庭收入增加，服装消费量增大。老两口阶段，家庭经济收入宽裕，服装讲究舒适方便。

3. 生活场景细分

生活场景是指人们生活所处的环境。出于礼节、从众等方面原因，为了使自身与周围环境相和谐，人们通常会在不同场景下穿着不同类型的服装，如上班时穿套装，休闲时穿牛仔裤，参加婚礼时穿礼服等。生活场景粗略地可分为工作、休闲、运动、典礼等四类，更细致地可分为正装、礼服、交际服、商务服、逛街服、校园服、健身服、运动服、休闲服、旅行服、便服、家居服、纺织品 13 个子市场。

4. 价格细分

价格是常用的细分标准，大致可分为高档、中档、低档三个子市场。最近，日本和美国又兴起了新的更细的分类：国际著名品牌、高档品、中档品、大众品、廉价打折品。

5. 季节细分

我国各地区四季变化明显，不同季节着装差异较大，通常将季节划分为春、夏、秋、冬四季，或初春、春、初夏、盛夏、晚夏、初秋、秋、初冬、冬等市场。季节细分要根据市场所在地区的具体气候特征来确定细分为哪些市场。另外，节假日消费越来越受到关注，于是，在季节划分时，新增加了一个假日市场，主要包括五一、十一、春节等法定节假日。

6. 品类细分

女装类产品品类繁多，可分为大衣、套装、裙装、裤装、针织衫、厚运动服、休闲健身运动服、内穿服装、家用纺织品等市场。

7. 时尚意识细分

根据消费者对时尚的敏感程度和接受程度，分为前卫的、时尚的、中庸的、落伍的、保守的五个市场，不同市场需求的服装风格差异很大。

8. 品牌风格细分

根据品牌所体现的时尚形象，可分为女性化的、男性化的、时髦的、传统的、优雅的、奢华的、浪漫的、活泼的、成熟的、可爱的等细分市场。也可以根据时尚度高低，分为时尚度低、时尚度中、时尚度高等子市场。

企业应当根据具体市场的特性，选择适当的变量进行市场细分。例如，在对白领职业女性的女装市场进行细分时，通过消费者调查发现，影响消费者购买的主要因素是价格和风格，于是采用这两个变量来细分市场，即可得到细分结果，见表 4-2。

表 4-2　白领职业女性的女装市场细分结果

低档、时尚度高的市场	中档、时尚度高的市场	高档、时尚度高的市场
低档、时尚度中的市场	中档、时尚度中的市场	高档、时尚度中的市场
低档、时尚度低的市场	中档、时尚度低的市场	高档、时尚度低的市场

（三）市场细分的原则

为了保证经过细分后的市场能成为企业制订有效的品牌经营战略的基础，市场细分必须遵循以下原则：

1. 可衡量性

细分的市场必须是可识别和可衡量的，即细分得到的市场不仅范围要清晰，而且能大致判断出该市场的规模。

2. 可占领性

细分后的市场必须是企业可进入并能有所作为的，而非可望不可即。考虑细分市场的可占领性，实际就是分析企业在该市场实施营销活动的可行性，如是否能经过一定的渠道将产品转移到顾客手中等。

3. 盈利性

细分后的市场，不仅要保证企业在短期内可以盈利，而且要保证企业可以获得长期的收益，即细分子市场不仅有一定的规模，而且要有一定的发展潜力。

只有具备以上三个特性的细分市场，才是有效的，才可能作为目标市场选择的依据。

二、选择目标市场

市场细分后，面临很多子市场，每个子市场特征不同、营销机会不同、对企业的要求也不同。此时就需要品牌结合自身的优势劣势和企业目标，选择其中一个或几个市场作为目标市场，然后有针对性地经营。只有这样，服装品牌才可能满足消费者的需求。

（一）目标市场选择策略

选择目标市场，事实上就是选择目标消费者。选择目标市场的策略主要有以下五种：

1. 单一市场集中化

即只选择一个细分市场，如白领女装市场中，某服装品牌仅选择高档且时尚度高的市场作为目标市场。这种策略的优点在于，可在该市场领域中集中优势建立牢固的市场地位，但经营风险较大，一旦该市场发展不好，整个企业都会受到影响。

2. 选择性专业化

即选择进入几个不同的细分市场，如北京市知名女装品牌“白领”通过对女性市场细分，发现无论哪个年龄段，都有很大规模的消费者偏好中高档且时尚度适中的服装，于是选择了每个年龄段市场中的中高档、时尚度中等的市场部分。这一策略便于规避经营风险，但由于各子市场特征差异较大，对于企业经营能力和水平都提出了较高的要求。

3. 产品专业化

即企业同时为几个细分市场生产和销售一种产品。如著名的美国运动服饰品牌“匡威”为男性、女性所有成人消费者提供时尚的帆布鞋这一种产品。这一策略的优点在于，可帮助企业形成在该产品上的生产和技术优势，在该领域树立形象，但该产品一旦出现替代产品，企业将面临极大的危险。

4. 市场专业化

即企业集中满足某一特定顾客群体的各种需求。如某些国际高端品牌，只为世界上数量极少的、偏好经典优雅的贵族人群提供一系列产品，包括各种场合穿着的服装和服饰配件等。这一策略对于条件要求非常苛刻，所针对的特殊顾客群体必须具有一定的稳定性。

5. 市场全面化

即企业全方位进入各个细分市场，为所有顾客提供他们需要的性能不同的系列产品。只有实力雄厚的大型企业选用该种模式，才能取得好的效果。

（二）目标市场选择的依据

目标市场选择的五种策略，各有优缺点，分别适用于不同的场合和条件。企业在选择时，通常要考虑以下因素。

1. 企业的资源和实力

如果企业实力雄厚、资源充裕，具有较高素质的生产技术人员和经营管理人员，则可以选择多个子市场进入，反之，宜采用单一市场集中策略或专业化策略。

2. 竞争对手采取的策略

企业采取何种目标市场策略，往往要视竞争对手的情况而定。服装品牌最好避免进入竞争对手密集的子市场。

一般而言，服装品牌选择目标市场时，应综合考虑自身、竞争对手以及市场等因素，权衡利弊方可做出决策。

三、目标市场定位

市场定位，是20世纪70年代美国学者艾维·李提出的一个重要的营销概念。所谓市场定位，就是品牌根据目标市场产品竞争状况，针对消费者对该类产品某些特征或属性的重视程度，为本品牌产品塑造强有力的、与众不同的鲜明个性，并将该形象生动地传递给消费者，求得消费者的认同。目标市场定位的实质是使本品牌与其他品牌严格区分开来，使消费者明显感觉和认识到这种差异，从而在消费者心目中占有特殊位置。

（一）目标市场定位方法

服装品牌进行目标市场定位的方法主要有以下几种：

1. 根据产品特色定位

即根据构成产品的某些特色因素进行定位，如款式、做工、价格、性能等。如保暖内衣品牌进入市场后，选择的定位都是针对高度保暖这一特点进行的。

2. 根据产品使用场合和用途定位

即根据服装所适用的生活场景进行定位，服装品牌可基于这些基本的生活场景（如工作、休闲、运动、旅游、居家、学习等）和通常的着装方式进行创新改革，引导新的生活方式。如“利郎”品牌所推出的“简约而不简单”的商务休闲男装，就因为提出在正式场合的一种新着装理念，而受到消费者的欢迎。

3. 根据使用者的类型定位

即根据产品的使用者类型对品牌进行定位，往往这一定位都能体现出该使用者的突出形象特征。如很多为职业女性设计的服装品牌都定位于“简洁而优雅”。

4. 根据竞争者定位

即根据竞争者的定位，采取对着干的定位法或避让定位法，来确定本品牌的定位。如在内衣市场竞争激烈的情况下，很多品牌开始采用避让定位法，“婷美”定位为塑身内衣。

通常来看，现代的服装品牌在定位时，更多是在生活方式或文化等方面进行的。因为，品牌不再仅仅是识别的工具，而逐渐由于突出的个性、带给消费者的精神利益而成为消费者购买的理由，服装产品逐渐成为消费者生活和个性的象征，消费者对于服装品牌的要求越来越高。如今，能体现目标消费者生活方式、甚至能引导生活方式改善的服装品牌越来越受到欢迎。

（二）目标市场定位步骤

为准确进行市场定位，企业往往将定位建立在自身的优势方面。定位最终的目标是让消费者认可，因此，最好还要将定位准确地传达给目标顾客。目标市场定位的基本步骤如下：

1. 调查研究影响企业市场定位的因素

调查了解影响消费者购买此类产品的重要因素，然后考察在这些因素上，消费者对于本品牌和竞争品牌的评价、印象，最后，找出对本品牌发展、定位有利的因素。

2. 选择定位策略

在上面确定的定位因素上，结合品牌自身特征和优势，选择定位的策略，确定定位的理念。

3. 准确传播品牌的定位理念

企业做出定位决策后，应采取有力的宣传手段，将品牌的定位理念准确传播给消费者，为品牌推出产品做好铺垫。

四、产品风格定位

及时准确地把握消费者的生活方式是服装产品风格定位的关键。生活方式研究可以帮助企业准确描述消费者的生活轨迹和消费态度，透过消费者个性特征的表面去深入了解他们的动机、需求、喜好、品牌意识及品牌忠诚等，从而进行准确的服装产品风格定位，建立独特的品牌个性。

一般来讲，服装产品风格定位的过程分为四个步骤：

（一）确定品牌企划中的核心理念

服装企业应遵循品牌企划的基本战略，确定各种核心理念。有了这些理念，品牌企划才能够整体向前推进。

（二）进行市场细分

研究消费者如何花费时间，他们在社会中的行为、兴趣和观念以及他们对相关产品的志趣与偏好，并在此基础上进行科学有效的市场细分。消费者的活动包括工作、嗜好、购物、娱乐、美容、健美、度假等；消费者兴趣包括服装、家居装饰、时尚、媒介、音乐、食品、休闲、运动等；消费者观念是指人们对自己和社会政治、经济、文化、教育、商业、产品以及未来的看法和观点。

具体到服装市场的消费者研究，其生活方式主要体现为以下内容。

1. 服装意识

对服装的关心度，款式、面料、色彩、纹样等方面的偏好，搭配观念，品牌偏好，服装产品偏好，化妆品偏好，购买能力、购买场所及购买时间等。

2. 家居装饰

对家居装饰的关心度，偏好的装饰风格，购买能力、购买场所等。

3. 时尚态度

时尚敏感度、时尚接受度、时尚影响力等。

4. 媒介接触

对电视、广播、报纸、杂志、网络、体育赛事、交通工具等信息媒介的接触状况，以及各媒介对他们的影响程度。

（三）确定目标市场

从规模、发展前景、吸引力等角度对各细分市场进行评价，并结合服装企业自身的目标和资源，确定一个明确的消费群体作为目标市场。

（四）描绘目标消费群体

在明确目标市场之后，服装品牌还必须清晰地向人们展示该品牌为哪种生活方式的消费产品品牌风格。

消费者的认同和共鸣是服装品牌风格定位的关键。服装品牌的风格要与目标消费者的个性、气质及生活方式相一致，即提供符合上述目标消费群体需要的设计和产品。

从服装品牌风格定位的过程可以看出，成功完成品牌风格定位的关键在于找准目标客户群并准确描绘目标客户群。

第三节　市场预测

市场预测作为一种专门的理论和技术，是商品经济高度发达和科技商品迅速发展的必然产物。随着我国市场经济的确立与逐步完善，市场预测工作也普遍地得到了重视。所谓预测，是指在市场调查的基础上，根据过去和现在的已知因素，运用已有的知识、经验和科学方法，去预计和推测事物今后可能的发展趋势，并做出定性和定量的估计和评价。

一、服装市场预测的种类和内容

市场预测，从最终结果来说，就是预测市场需求（从企业的角度来说，就是预测市场销售）。其主要内容包括：展望市场发展趋势，制订营销策略；分析市场信息，进行商品策划（包括服装价格、产品组合、促销方式、分销渠道的选择等）；目标利润的预测，风险利润的对比；流行主体的预测等。不论是需求还是销售，都表现为一定产品、一定地区、一定时间的需求或销售。这样，市场预测就可以按产品层次、空间层次、时间层次划分为不同的类型。

（一）按产品层次划分

按产品层次划分，市场预测可以分为单项产品预测、同类产品预测、分消费对象的产品预测和产品总量的预测。

1. 单项产品预测

即对某单项产品（衬衫、西服等）按品牌、规格、档次等分别预测其市场需求量。

2. 同类产品预测

即按产品类别（如服装按针织品、纯棉、纯毛类等）预测市场需求量。

3. 分消费对象的产品预测

包括两种情况：一是按某一消费对象（如女大学生、儿童等）需要的各种产品进行预测；另一种是按不同消费对象所需要的某种产品的花色、款式、规格进行的预测。如运动套装，不仅可以按男装、女装进行预测，还可以按老年、中年、青年及胖、中、瘦体型分别进行预测。

4. 产品总量预测

就是对消费者所需求的各种产品总量进行预测。

（二）按空间层次划分

按空间层次划分，市场预测可以分为国际市场预测、全国性市场预测、地区性市场预测、当地市场预测以及行业或企业市场占有率预测等。

（三）按时间层次划分

市场预测的产品层次和空间层次，都受到时间层次的限制，即进行市场预测所得出的市场需求量，必定属于运动时间内某地区对某商品的需求量，如果没有时间界限，这种市场预测就会失去实际意义。按照时间层次，市场预测可分为近期预测、短期预测、中期预测和长期预测。

二、服装市场预测的程序与方法

市场预测工作应遵循一定的程序，以便更有效地为决策工作服务。进行市场预测不仅需要掌握必要的资料，而且需要运用科学的方法。市场预测的方法很多，据统计有上百种之多，其中使用广泛且有效的约 20 ～ 30 种，经常使用的有十余种。服装市场预测常用的方法大体归纳为三类，即直观预测法、时间序列分析法和相关分析法。

（一）直观预测法

直观预测法也称判断分析预测法，是由预测人员根据已有的历史资料和现实资料，依靠个人的经验和综合分析能力，对市场未来的变化趋势做出判断，即以判断为依据做出的预测，这是一种定性预测方法。

1. 综合销售人员意见法

即通过听取销售人员的意见预测市场需求。销售人员包括基层企业的营业员、推销员及有关业务人员。销售人员最接近市场，比较了解顾客和竞争对手的动向，熟悉所管辖地区的情况，能考虑到各种非定量因素的作用，较快地做出反应。通常这种方法的最终预测结果，用期望值即加权平均值表示。

2. 专家意见法（德尔菲预测法）

专家意见法是一种有组织的专家集体判断法，于20世纪40年代由美国的兰德公司首创和使用，在50年代以后盛行。最初用于军事技术计划执行情况的预测，后被广泛应用于经济预测。

其预测步骤：①主持单位编制调查提纲，拟订征询调查题目；②组织10～30人的专家小组；③主持单位将背景材料、征询题目和一些注意问题分别发放给被调查者（被调查者之间没有信息沟通）；④各位专家根据自己的分析做出初步的判断，并将预测结果返回给主持单位；⑤主持单位将初次调查结果经过分析和调整后，把重新拟定的征询调查题目再次分别发放给各位专家，请他们提出预测意见。如此反复几次，在广泛征求意见的基础上，形成最后的预测结果。

采用这种方法需要注意的是，专家们是背对背地进行预测，避免人为因素的影响，以便做出较为客观的预测。

3. 调查分析法

调查分析法是根据市场上某种商品的供求状况和消费者购买意向的详细调查来预测其销售状况、销售量和销售额的一种专用方法。

调查分析一般从以下方面进行：①调查商品本身目前处于产品寿命周期的哪个阶段；②调查消费者的个人情况，如职业、年龄、收入、文化背景、个人兴趣爱好、生活方式等因素；③调查竞争对手的情况，如竞争对手的销售区域、市场占有率、销售额等；④调查国际、国内的销售环境和发展趋势。

（二）时间序列分析法

时间序列分析法就是将经济发展、购买力增长、销售变化等同一变数的一组观察值，按时间顺序加以排列，构成统计的时间序列，然后运用一定的数学方法，使其向外延伸，预计市场未来的发展变化趋势，确定市场预测值，这是一种定量预测方法。

这里仅介绍两种适用于服装产品预测的方法，即简易平均法和季节指数法。

1. 简易平均法

简易平均法是用一定观察期时间序列的数据求得平均值，以平均数为基础确定预测值的方法。这种方法简便易行，不需要复杂的模型设计和数学运算，是市场预测中最简单的定量预测方法。

简易平均法有很多种，最常用的有算术平均法、几何平均法和加权平均法。这里只介绍算术平均法。

算术平均法是，设观察变量有 n 个观察值 X_1，X_2，…，X_n，则以这些观察值的算术平均数作为预测值 X。

算术平均法的优点是计算方便。当预测对象并无明显长期变动趋势和季节变动时，采用此方法的预测结果令人满意。缺点是，所有观察值无论新旧在预测中一律同等对待，这是不符合市场发展的实际情况的。为了克服此缺点，在预测中给每个观察值以其重要性判断赋予不同的权数。这就是加权平均法。

2. 季节指数法

季节指数法是以市场的季节性周期为特征，计算反映在时间序列资料上呈现明显的有规律的季节变动系数，达到预测目的一种方法。

周期性演变的经济活动是常见的事情。尤其是四季服装的市场需求变化，往往受季节影响而出现季节性变动规律。掌握季节变动规律，就可以利用此变动规律来预测市场需求（销售）量。

利用季节指数法进行预测时，时间序列的时间单位或是季或是月，变动循环周期也就是 4 个季或是 12 个月。季节指数预测目标某季或某月受季节影响而引起的周期性变动比率。预测中用季节指数修正没有考虑季节影响的预测值才是该季或该月的预测值。因此用季节指数法进行预测，在考虑用什么方法计算季节指数的同时，必须考虑没有季节影响的预测值该用什么方法计算。计算季节指数法的方法很多，本节只介绍其中一种，即平均季节指数法。计算方法如下：

某年各季平均需要量＝当年市场销售量 /4

某季市场需要量的季节指数＝（某季的市场销售量 / 当年该季平均销售量）×100%

某季需要量预测值＝（预计年需要量 /4）× 平均季节指数

（三）相关分析法

相关分析方法也称因果分析法，是指现象之间存在着的内在联系，且是不确定的因果关系。我们将这种内在联系用数学模型来表达，并分析其相关的性质及密切程度，由此来预测产品市场需求量和发展趋势的方法。因果分析法适用于中长期预测，其方法有多种，这里重点介绍回归分析法。

我们把现象之间确实存在的依存关系，但又是不确定的依存关系用一个数学模型把它表现出来，并通过具体方法求出方程式，这种反映不确定关系的方程式被称为回归方程式。所谓回归分析法是指在确定了自变量值后，通过方程式来分析自变量与因变量之间的数量变化，并利用方程式求得因变量的估计值或预测值的方法。回归分析法中，根据自变量的多少可分为一元回归和多元回归；根据变量之间的关系可分为线性回归和非线性回归，又称线性相关和非线性相关；在线性相关中，根据变量之间相关的方向又分为正相关和负相关。

三、服装市场流行预测

服装的流行作为一种社会现象，其影响的因素很多，而社会文化、经济等因素是最重要的因素之一。因此，服装流行预测带有许多不确定性，服装流行理论对服装流行预测有很大影响。国际上有很多著名的服装流行预测机构，如美国的“第一视觉”“色彩箱”“这是哪里”等，国际上一些服装集团每季都向这些机构购买流行预测的商业情报。中国也先后建立了一些流行预测机构，如中国服装协会、中国流行色协会等。

对于国内服装市场预测，除了及时收集国际流行信息，掌握国际市场发展趋势以外，还要根据国情，对国内市场进行大量、系统、科学的调查。调查的主要内容是：

（1）某一地区的人口构成，包括民族、年龄、性别比例、受教育程度、宗教信仰、就业情况等。

（2）某一地区的消费者购买力，包括收入总额、支出总额、消费结构、消费者生活方式、消费者消费心理特点等。

（3）某一地区内消费市场的基本情况：销售方式；服装色彩、面料、款式的演变过程及发展趋势；纺织品、辅料和配件的演变过程及发展趋势；各大类服装制作工艺的演变过程及发展趋势；各大类服装包装体系和展示形式的演变过程及发展趋势；各大类服装的价格体系演变过程及发展趋势。

服装市场流行的预测都是在对这些收集的资料进行分析之后得出结论的。因此，企业必须做好市场调查工作。

第五章

服装产品开发流程管理

服装产品的开发模式按照不同的主导方式可以分为三种，分别是以企划为主导的产品开发、以买手为主导的产品开发和以设计师为主导的产品开发。以买手为主导的产品开发模式要求企业对市场反应迅速，大部分快时尚企业采用这种模式；以设计师为主导的产品开发模式依赖设计师的创作，其产品风格相对小众，企业规模不大。服装商品企划就是服装企业为了实现营销目标，采取最为有利的场所、时间、价格、数量，将每一季节的服装商品推向市场所拟定的计划和管理方案。以企划为主导的产品开发模式以服装商品系列的企划为主导，既能对市场做出快速反应，又能够对自己的特色系列产品进行针对性的营销，采用这种产品开发模式的企业具有较大的规模和一定数量的系列产品，管理模式成熟，具有专门的企划部门负责数据分析、市场研究、商品企划等工作。

第一节　以企划为主导的产品开发流程

一、以企划为主导的产品开发流程内容

服装市场进入了以消费为主导的时代，顾客本身成为消费市场真正的驱动力。以企划为主导的产品开发模式侧重消费者分析和市场研究，能够对销售数据及时做出反馈，修正产品的开发生产，从而保持价值链活动中的战略环节的优势，确保企业的核心竞争力。以企划为主导的产品开发流程包含五个重要的关键环节：商品企划、产品设计、样衣制作、批量生产和产品销售，如图 5-1 所示。

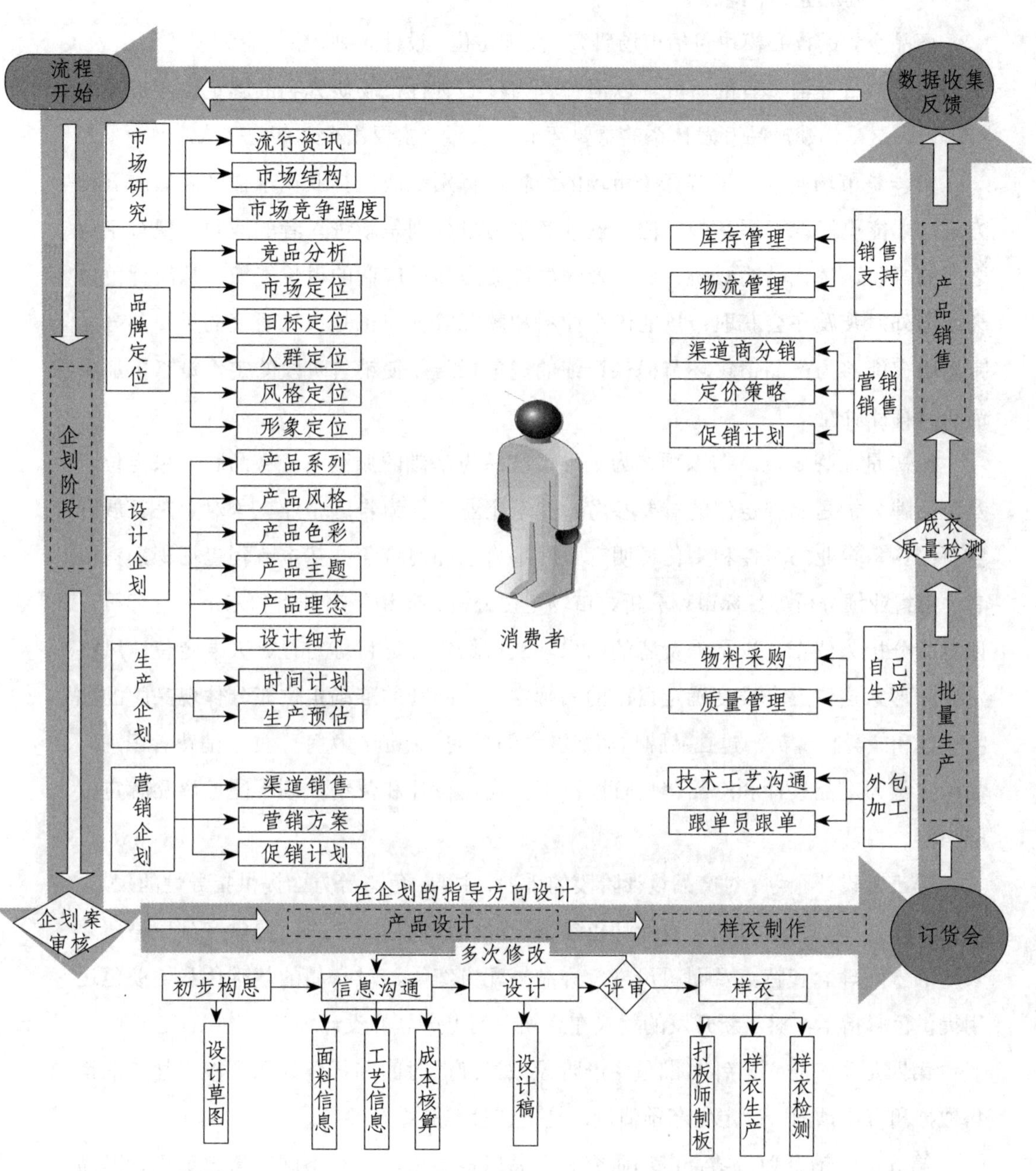

图 5-1 以企划为主导的产品开发流程图

（一）商品企划阶段

商品企划的核心模块包括市场研究、品牌定位、设计企划、生产企划和营销企划。企划始于对目标消费者的研究，以消费者为核心进行市场研究和品牌定位，指导生产销售，这是构建产品开发体系的重要环节，该环节主要由企划部门完成。

第一是市场研究。了解竞争市场的结构，特别是决定行业竞争强度高低的五种力量，才能更好地把握品牌定位。五种竞争力量分别是新进入者的威胁、现有企业之间的竞争、替代品的威胁、购买者的讨价能力和供应商的讨价能力。从流行色协会或国外时装发布会获取市场的流行面料和款式等资讯也是市场研究的重要部分。市场研究能够为产品销售环节提供详细的竞争报告，使销售阶段的定价策略更加灵活和具有针对性。

第二是品牌定位。在以顾客为主导、产品为基础的原则下，做品牌形象定位。竞争品牌分析是品牌定位的重要参考，竞争企业的行为告诉企业竞争对手是否展开竞争；竞争企业的个性和文化说明竞争对手喜欢如何竞争；基本流程包括识别竞争者、销售业绩分析、目标市场分析、市场定位分析、营销策略分析和未来目标分析。以竞品分析为依据，满足消费者的需求，从市场定位、目标定位、人群定位、风格定位和形象定位五个维度确定自己的品牌定位，品牌的准确定位充分体现品牌的独特个性和差异化优势，建立品牌与消费者之间长期、稳固的关系，便于消费者识别。品牌定位为产品设计和产品销售阶段指引方向，设计和营销计划不能偏离品牌定位的指向。

第三是设计企划。对产品设计阶段的系列、主题、色彩等方面提供指导性的规划，是设计师创作的指导方向。设计师也参与设计企划的部分工作，提供产品风格所要表达的生活理念和特点及面料风格、饰品搭配方案等，对产品的基础色和辅助色运用提供色彩指示，对于新开发的款式在企划中列出产品的设计细节。

第四是生产企划。针对批量生产阶段做详细的时间和任务计划，根据往年的销售数据和市场预测，确定生产预估量，是生产管理的重要参考。

第五是营销企划。结合市场研究和产品风格定位，面对不同销售渠道进行产品规划和营销方案的设计。营销企划是促进产品销售的重要准备工作，在不同的时间，根据竞争对手的促销方式，做出针对性的促销方案，抢占市场份额。

企划方案需要经过总经理和各部门的主要负责人一起审核（部门负责人具有专业的知识和丰富的经验，如设计总监对设计的色彩和主题更加敏感），对提案中的有争议的内容进行讨论并修改。审核通过后，设计师根据企划提案中的方向设计产品，采购、销售等部门也会根据提案进行相应的准备工作。

（二）产品设计阶段

设计是产品的灵魂，没有主题引导的产品是散乱的个体，商品企划是设计工作的前期准备和设计基础，为设计师天马行空的想象提供了方向，这样设计师设计出来的系列产品才具有秩序化的美感。

设计师在参与商品企划的时候，头脑中已经开始形成初步的设计构思。当企划提案完成后下达设计任务，设计师根据商品企划中的各个主题情境，将成熟和尚未成熟的构想，运用设计草图的形式表现出来，经过一段时间的沉淀和重新思考，把符合要求的草图挑选出来，绘制出正式的设计稿。

设计师要和各个部门沟通，才能正确把握产品设计的具体细节要求，这样为以后设计稿的顺利评审做准备，例如从制造部能够了解到新的材料工艺等要求，从销售部能够获取最新的畅销款式信息。表 5-1 是设计师需要沟通的部门及相应的内容。

表 5-1　设计师沟通的部门与内容

部门	信息内容
采购部	最新的面料信息
销售部	畅销的面料和款式风格
制造部	工业制造工艺限制等要求
技术研发部	新材料工艺和板型信息
陈列部	橱窗陈列和产品手册需求
视觉营销部	公关和平面宣传
工程部	灯光和门店设计
财务部	产品成本核算信息

设计稿完成后，需经过设计总监、企划部、市场总监、技术部等相关部门负责人组成的评审团评审，评审时设计师要做好修改意见记录，并经过意见方的仔细确认，以便经过修改后的设计稿再次进行评审时能够顺利通过。初次评审结束后，设计师有一定的设计修改时间，但必须在规定的时间内完成设计稿的修改，尽快进入二次评审，甚至是三次评审阶段，设计稿通过评审后进入下一个环节。

（三）样衣制作阶段

样衣制板是设计稿进入样衣制作环节的前奏，设计稿通过打板师，才能制作成样衣。设计师交给打板师的设计稿，一般是以技术数据完备的样衣生产通知单的形式下达。样衣生产通知单，包括成衣款式正面图和背面图、工艺细节标注、设计说明、产品名称、商品编号、号型规格、面料、里料小样、设计师签字、交稿日期等信息。

打板师要按照设计图纸中的板型要求进行结构设计，必须经过设计师的签字确认，倘若纸样不符合设计师的设计要求，打板师要与设计师协商修改，直到符合设计师的要求。

样衣样板确认以后，根据设计图纸中的工艺要求进行样衣实物制作。样衣制作完成后，需要经过设计师的确认，如果不符合设计师的要求，需重新修改制作。

样衣还要经过一系列的审核检测。首先是工艺质量检测，比如缩水率、色牢度、有毒物质成分等均需符合国家的质量检测标准。如果企业从事出口贸易业务，还要交给第三方质量监督检验中心检测，出具一份权威的质量检测报告书。检测不合格的产品，返回制造部按照标准要求改进，重新生产。其次是板型和设计的评鉴，由于制作工艺达不到设计稿中的效果，或者实际生产过程中，生产成本超出了预算，需要重新修改设计稿，这种情况不经常出现。样衣检测评审合格后，就进入了批量生产的环节。

（四）批量生产阶段

为了缓解企业现金流的压力，减少库存，企业管理部要慎重地确定批量生产的数量。产品订货会中，代理商、经销商、卖场销售主管等对产品的反馈是重要的参考因素，结合前期的市场调研和企划提案对销售的预测，就可以拟定正式的生产通知单。具有柔性生产线的企业，他们能够灵活地确定生产产品的数量和不同产品的组合。

制造部收到生产通知单后，安排相应的生产线，产品的质量和交货日是影响产品销售的重要因素。服装是季节性的产品，如果企划、设计、面料采购等前面流程耗费时间过长，那么要在规定的交货日期内完成生产任务对制造部来说是一个巨大的考验，所以具有一套成熟的生产管理体系是必不可少的，它可以确保产品质量和生产效率。

如果企业采用外包加工的模式，产品质量、次品率、交货日期等有很多不可控的因素，跟单员要频繁地与代工厂家沟通，确保产品能够及时地进入市场。部分企业已经开始加强供应链的管理，采取相应的政策补贴，培育代工厂，协助代工厂解决工艺难点，降低成本，提升工厂效率和质量。

（五）产品销售阶段

服装产品检测合格，经过运输、扫码等流程进入仓库等待销售，库存管理是重要的环节，缩短存货周期，可以大幅度地降低库存成本，提升销售业绩。目前常见的有两种库存模型，定量库存管理法和定期库存管理法，它们的共同特点就是针对所有的库存物资进行适当的控制，确保库存记录准确可靠，使库存量处于合理水平。

服装商品投入市场，需要经过渠道商分销，部分服装企业采用自营店直销的方式，部分企业采取经销商代理销售，也有企业两者皆有。随着网上购物的迅速发展，电商已成为销售的重要渠道。产品营销将品牌形象传递给消费者，并最终实现产品的销售，营销部门结合不同的渠道特点，按照企划案针对不同的系列产品采取相应的营销策略。

产品销售会产生大量的数据，数据的及时收集和反馈是一项非常重要的工作。在大数据时代，随着数据挖掘技术的不断进步，数据逐渐成为企业的核心竞争力。比如提取不同产品面料的销售数据，获得畅销面料的信息，为设计部门提供参考；分析销售数据，能够预测近期的销售量，提前向工厂发送补货生产通知，防止缺货现象；企业甚至会把产品的销售量和该产品负责人的绩效关联，以此激励员工的工作效率。销售产生的数据也是下次企划的重要依据。

二、企划为主导的产品开发流程的特点

企划为主导的产品开发流程适用于具有一定规模，拥有多个子品牌或产品线的企业，企业面临比较激烈的竞争环境，在细分市场具有一定的话语权。处于转型期的企业也可以采用这种产品开发流程，将品牌和风格重新定位，获取新的消费者，抢夺市场份额。

（一）设立企划部门或配置专职的企划人员

以企划为主导的产品开发流程的企业需要设立企划部门或配备专职的企划人员负责企划工作，专业的市场调研人员也必不可少。针对企划的五个核心模块，相应的人

员必须掌握市场调研、品牌、设计、生产管理和营销的基本技能知识。企划部门的总负责人最好具备设计和管理两方面的丰富经验，才能协调好品牌、设计和营销等的企划工作。

（二）重视市场研究

对于决策者来说，信息越丰富，信息内容越准确、越细致，越能够帮助其进行准确的判断。在我国除部分大型企业外，大多数服装企业没有配置专业的市场调研人员，信息提供多来自一线营业人员。由于营业人员在信息调研和市场预测方面的非专业性，决定了深层次信息的非准确性。而产品开发人员对流行趋势、销售动态、市场变化等信息掌握不足，仅凭感觉决定开发产品的款式、数量和花色，势必导致产品定位偏离消费者实际需求。因此以企划为主导的产品开发流程的企业必须进行充分的市场研究，设置专业的市场研究人员或与权威的咨询机构合作，使得企划的指导性更强。

（三）流程强调计划性和部门间的配合

服装新产品开发的计划性体现在两个方面，一是时间上的计划，二是各项指标的设定。一般情况下从调研与计划开始到新产品的上市约需一年时间，所以常常会出现两季的产品开发同时在操作，但又处在不同阶段的情况，因此需要严格做好每一季产品开发的时间安排，对流程中各环节制订明确的日程表，编制详细的计划书，使各项工作都具有可操作性。指标的设定是指预先制订好目标营业额、平均库存量、库存周转率、生产销售比等量化指标，并与绩效挂钩，使后续的工作能有章可循、有的放矢，最后以此作为考核员工工作完成情况的根据。新产品开发不是某一个部门独立完成的工作。它需要策划、设计、生产、销售、客户等团队的协同合作，各个部门既要在决策者统一协调下执行各自计划方案，又要得到充分的自由，只有这样，新产品开发工作才能有序地展开。

（四）以信息化为支撑的高效管理模式是其运行的保障

企划阶段是整个流程的核心，对销售数据、市场反馈等信息的真实性、准确性、及时性的依赖性强，这必然要求企业必须具有完善的信息管理系统。销售数据、流行信息、市场份额等信息必须通过信息系统快速地反馈到企业的决策层，并智能化地处理相关分类数据，为企业领导提供决策支持。高性能集成化的 ERP 资源管理系统是必不可少的，目前以SAP为代表的企业资源管理方案解决系统能够提供商务智能、信息管理、企业资源规划等功能。企划工作的精细化管理需要多个部门协调工作，信息系统为资源的优化配置提供支持。

以企划为主导的产品开发模式是以企划部门为核心，信息在设计、销售、采购等部门双向传递，高效的执行和反馈是流程按计划顺利进行的保证，设计管理、供应链管理任何一个环节的松懈都会影响产品的上市，所以高效的管理模式是以企划为主导的产品开发流程良好运行的重要保障。

（五）优秀的设计团队必不可少

以企划为主导的产品开发流程的服装企业不一定要有一名非常优秀突出的设计师，但是优秀的设计团队是企业必备的智力资源。设计团队既要负责单个产品系列的设计，又要负责不同产品风格搭配符合整体的品牌定位，设计团队是企划工作执行中的重要一环。

三、企划主导的服装产品开发流程实例

白领是北京白领时装有限公司的专属高级女装品牌。北京白领时装有限公司成立于1994年，立志于打造东方艺术风格的高级成衣，其业务主要涉及高级女装设计、生产与销售以及饰品、鞋包、家具、杂志等辅助性时尚产品的运营，旗下运作“White Collar”“Shee's”“K-uu”“Gold Collar”等知名品牌。经过20年的潜心经营，白领已经成为中国高级成衣的领军品牌，在标新立异的时尚行业中引领潮流风尚，是中国时尚趋势的风向标。

引领时尚新概念的白领，其品牌定位于文化、时尚、一流。文化，强调的是通过服务、产品系列化和店面形象等载体而呈现出来的一种文化质感，使之树立在消费者心里，并融入白领品牌含义之中。时尚，坚持与国际时装界的时尚潮流同步，并挖掘中国时装在独特文化环境中的时尚消费潜力。一流，白领品牌无论产品品质、服务水平、品牌形象、销售业绩等皆是一流，并以国际一流品牌的标准来要求自己。白领通过品牌定位以及与定位相吻合的工作目标，为顾客提供优良的产品和优质的服务。

历经变革，白领进行了流程再造，目前采取了先进的以企划为主导的产品开发流程，如图5-2所示，能够对市场动态做出迅速的反应，把握消费者的需求。在这

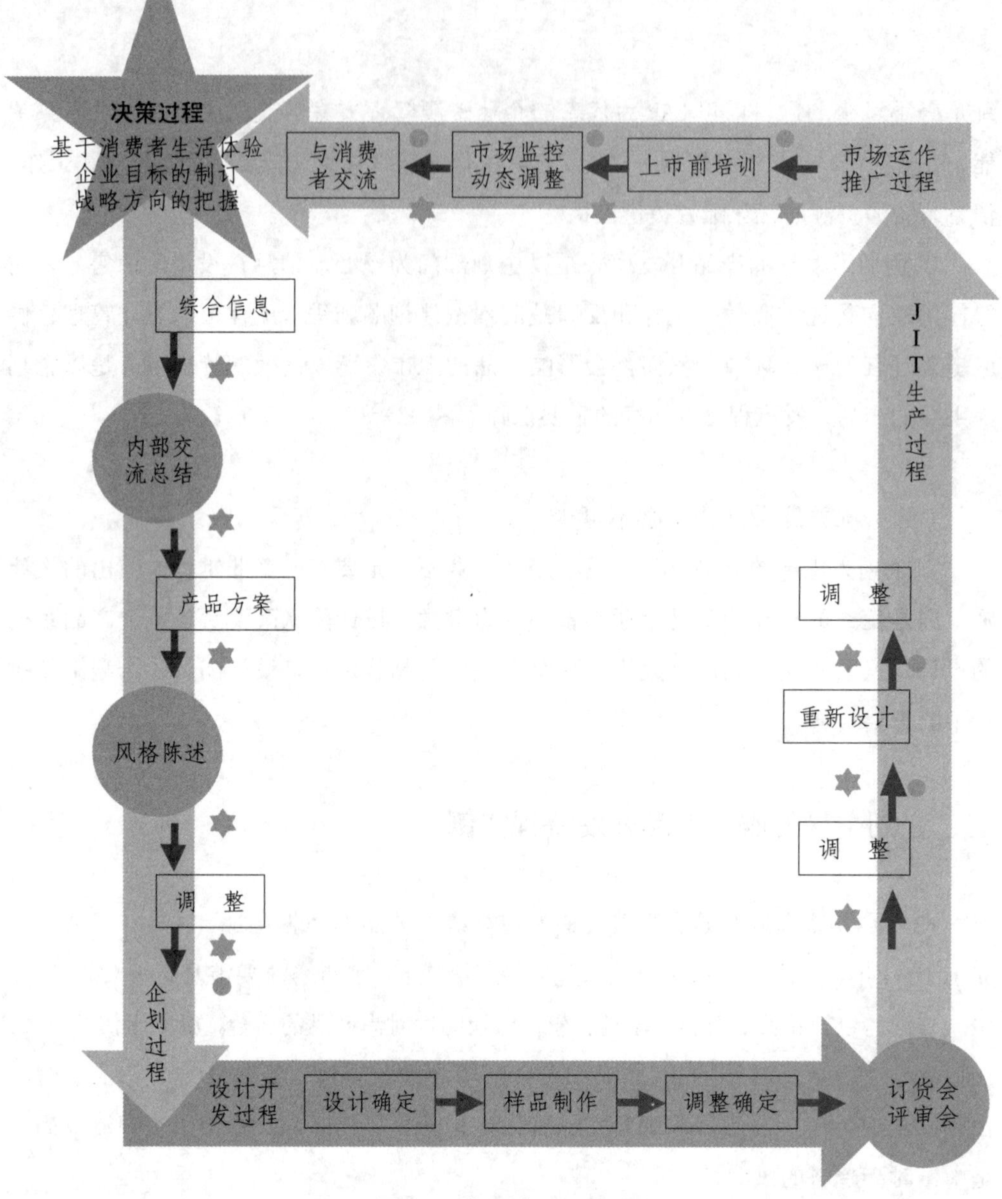

图 5-2　白领产品开发流程

个过程中，企划部门负责产品的整体企划，设计和研发部门负责款式设计、面料采集、样衣制作、面料落单、确认生产等工作。而企划过程与设计开发过程的最终确认都需要企划、设计、研发和营销部门负责人共同参与。生产过程主要由生产部门负责。市场投放过程则需要设计、销售部门和配送中心的通力合作。

白领非常重视市场调研，在企划阶段做足了功课。白领深度调研了处于新经济转型时代的中国市场，提出企业经营的目标及追求就是能够打造出立足中国本土，走向世界的一种服饰文化，将更多中国文化理念带给世界、影响世界，同时也将先进的世界服饰理念和趋势引入国内，使中国的服饰文化真正在全球化中有本土特色。正是这种在深度调研下的精确定位使得白领在风云变化的时尚潮流中屹立向前。

以企划为主导的产品开发模式，侧重消费者研究，因为顾客本身是市场真正的驱动力，白领深谙此道。白领的营销文化实际上就是一种服务顾客的文化，白领不断研究消费者的兴趣、愿望，并快速地处理和反馈，不断地满足他们，逐步与消费者建立一种忠诚的关系。例如白领公司通过长期的市场调查和柜台服务，对目标消费群人体尺寸进行了精确地把握，坚持针对消费者的生活进行设计的原则，如对不同年龄、不同职业、不同生活状态下女性服饰三围尺寸的独到处理，使白领服饰衣装状态更加满足消费者舒适美体的需求。围绕白领目标消费群体的衣着生活方式、生活场景进行产品开发，白领公司与国际著名面料厂商开发出了法兰绒羊毛可水洗面料，满足了消费者对高档服装便利性消费的要求。白领每年有 40 个系列的产品投放市场，每个系列按每款做 6 件样衣，每样做 4 个型号，以一款 24 种规格的比例进入市场，将一些服装厂商的产品一款为千人的服务方式，变成了数款为一人，从而对服务对象进行了最精确地把握。

白领整个产品开发流程的理念和理念背后的技术支持，都是正如其领军人物苗鸿冰所说的无法复制的“隐性知识”。其中有两点尤为突出：一是国际化的组合，二是理性的设计操作。国际化的组合体现在从设计团队到服装面辅料等制衣的每一个环节：意大利的面料、奥地利的扣子、德国的里衬、中国台湾和中国香港的配饰。白领与供应商的合作是紧密的。国际面辅料供应商不仅仅把每季最新的产品带到白领，为其订货作参考，还会提供为白领专门设计的面料。甚至对于长期合作的面料供应商，白领会在企划阶段就将设计风格、思路、图案传达给面料商，面料商根据白领的企划进行设计和研发，这些面料不仅是白领独有的，更是完全符合其企划，符合其顾客需求的。理性的设计操作体现在几位主设计师，个个性格冷静、内敛，遵循企划阶段的指导方向，剔除与品牌定位风格不符的设计元素，白领的理性是渗透进骨子里的设计精神。在白领的产品中，绝对没有毫无利益的矫情，更不可能有违背客户意愿的偏好固执。透过这一套套高级成衣，看到的是敏锐冷静的设计师为事业有成的顾客精心打造的生活必需品，甚至是工作中无往不利的战衣。

此外，白领从 20 世纪 90 年代起就将高科技管理手段引入企业管理，为其产品开发在软硬件方面提供保障。白领构建了企业资源管理系统（ERP），并获得了巨大成功，全球供应链系统会将白领各种不同信息反馈到分布在全球的供应商那里，并要求他们与白领同步，使企业快速反应体系（JIT）得以实现，现代化的非传统服装行业之管理手段使得企业迅猛发展。白领的组织架构也更加扁平化，如图 5-3 所示，这些都为白领以企划为主导的产品开发模式提供了保障。

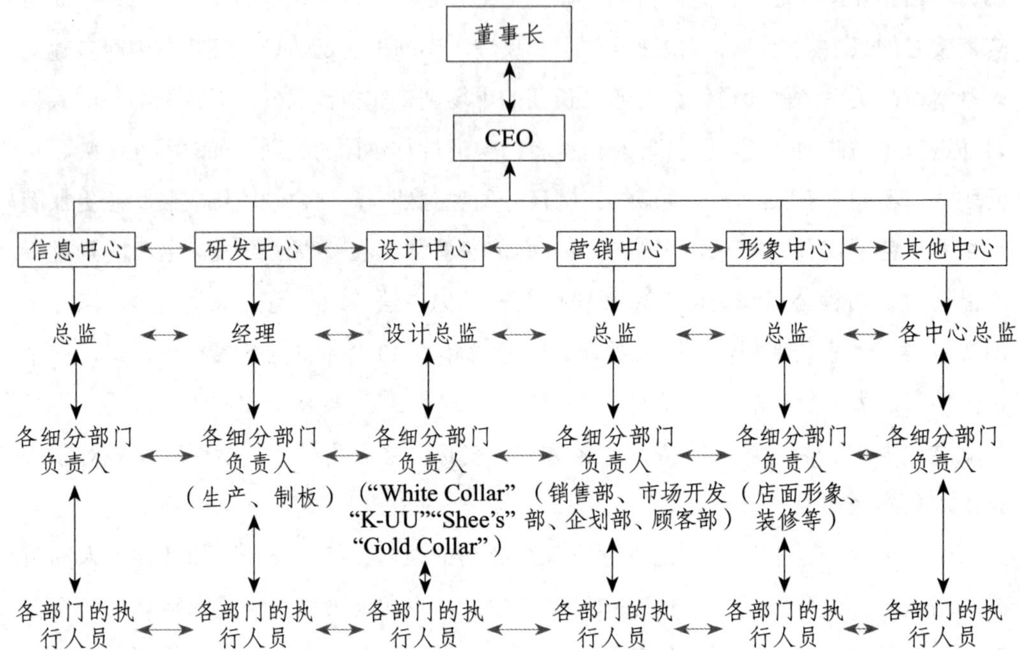

图 5-3　白领的组织架构示意图

第二节 以设计师为主导的产品开发流程

一、关于设计师主导的服装品牌

设计师主导的服装品牌，主要包括两类，一类是由设计师个人投资兼顾产品设计、经营、销售的服装品牌，主要由市场中的设计师品牌构成；另一类是由企业投资聘请社会上知名的设计师，以设计师的知名度推广产品、以设计师主导产品设计的服装品牌，主要由市场中的高级时装类品牌构成。

区别于其他服装品牌，设计师主导的服装品牌特点在于，以设计师强烈的个人风格或设计理念为主导，强调个性化、原创性、小众化。

中国设计师主导的品牌自1993年中国服装设计师协会成立开始发展；1994年杭州的设计师品牌“JNBY”创立；1996年广州设计师品牌“EXCEPTION”创立，14年时间发展到了全国60家代理店的规模，拥有30万名忠实的VIP客户，遍布全国30个主要城市；同样还有同年创立品牌“天意”的梁子。另外，还有一类是高级定制的设计师品牌，如郭培的“玫瑰坊”、陆坤的“上海唐”。在2000年之后设计师主导品牌明显增多，比如王一扬的“素然”、陈翔的“德诗”、邹游的“This is YOU’ZClothing”、卡宾的“Cabbeen”、施杰的“杰施”、罗峥的“欧柏兰奴”等。另外，众多新锐服装设计师开始创建以街边店或集成店形式存在的设计师品牌，如张达的“没边”、陆民和CAN的“STUDIO P.I.”、徐燕辉与丁宁的“MATCHBOX”等。

随着本土个性化市场规模日渐扩大以及本土设计师经验的积累，设计师主导的服装品牌逐渐进入稳定发展甚至快速上升阶段。但是，设计师主导的服装品牌由于其个性化、小众性，往往经营不善，导致消费者不买单，没有市场规模，品牌生存艰难。

意大利牛仔品牌Diesel，由设计师任周·洛索（Renzo Rosso）创建，是典型的设计师品牌。创建之时，恰逢世界能源危机，柴油（Diesel）成为珍贵能源，设计师希望该品牌也像柴油一样，即以Diesel命名品牌。品牌成立之后，从产品开发到品牌推广，完全由任周·洛索主导完成，以致其产品到广告无不出人意料，特立独行，给人耳目一新的感觉，借此，Diesel很快抓住市场，并成为世界瞩目的奢侈品牌之一，如图5-4所示。

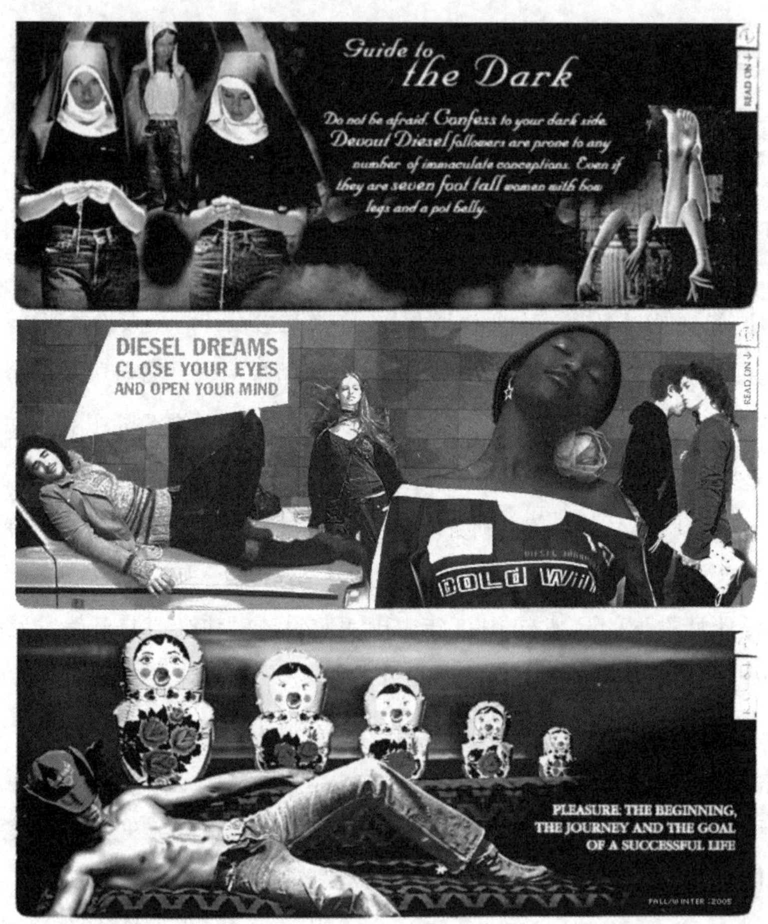

图5-4　Diesel系列宣传海报

成功经验告诉我们，设计师主导的服装品牌成功与否，取决于两方面：一是设计师本人，设计师必须有较高的素养、丰富的经历和经验，以及独特的个性，设计师的个性即品牌个性；二就是产品，设计师主导的服装品牌必须对设计理念、设计手法不断创新，对待产品像对待艺术品一样精雕细琢，才能得到小众群体的认可和追随，才能获得持久的生命力。

二、设计师主导的服装品牌产品开发流程

设计师主导的服装品牌产品开发不同于成衣品牌，由于其品牌定位鲜明，且小众定位，因此每季产品开发的起点都是源于品牌的风格定位和市场变化，尤其是VIP顾客的需求变化。

如图5-5所示，设计师主导的服装品牌产品开发流程，主要包括设计创意确认，设计任务和设计方向确定，面料和款式设计开发，评审，样衣制作，评审，面料订购和款式、板型、工艺调整确定，生产和投放计划制订，投放市场等过程。

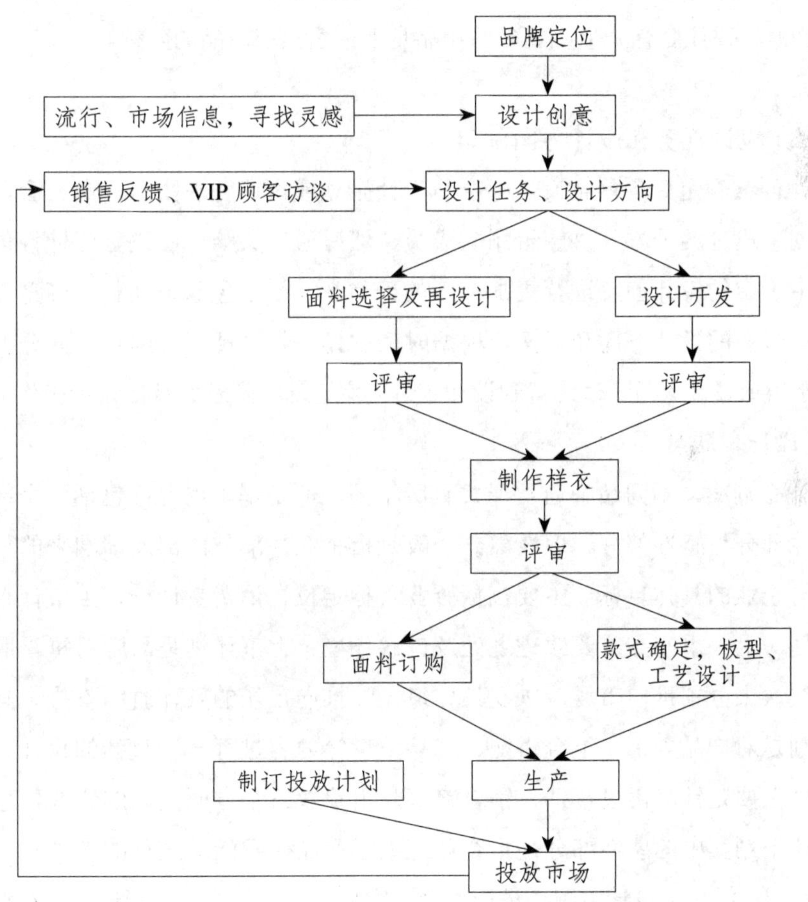

图5-5 设计师主导的服装产品开发流程图

（一）设计创意

对于任何服装品牌的产品而言，创意都具有举足轻重的意义和作用，任何程度

的创意活动都有助于帮助目标受众人群更好地识别品牌服装的产品。原创产品所特有的差异性有利于给品牌带来差异性，品牌则可通过差异性来塑造其品牌的精神文化理念。

原创性对于设计师主导的服装品牌来说更是至关重要，因为这是用来将其与时尚品牌服装相区别的重要因素。

每季到来之前，品牌的首席设计师往往基于品牌定位和市场反馈信息，进行想象联想，寻找灵感，并不断地否定、肯定之后，形成最终的想法，也就是当季的设计创意。

当然，为更好地维系消费群体和品牌的稳定发展，每一季的作品并非全部都是全新的创意，往往会有一半或更多的作品是上一季热销商品的延续。

（二）设计任务和设计方向确定

设计创意确定后，首席设计师会与设计企划或设计管理团队一起开会，首先会将设计创意通过各种方式讲解给团队成员，然后通过头脑风暴进行延伸性创意，将第一步中确定的设计创意进行更加深入的诠释，并给出色彩、面料、廓型、细部结构设计等方面的设计方向和元素。根据时间安排，将设计任务细化，并分派给每一个设计小组或设计人员。最终得到设计企划方案，这将是后面具体设计操作的基础。

1. 设计企划案

设计企划案，不同品牌通常形式有所不同，但是基本内容都包括两个部分，分别为理性部分与感性部分。理性部分一般是指企业外部与内部反馈回来的相对客观的信息与企业的具体目标，主要包括企业目标定位、消费者调查、上市计划、产品大类规划、上一季产品需要改进之处及气候环境。上市计划是品牌对每季服装应该以几个波次来分别推向市场，以及具体每一波推向市场的具体时间安排。具体产品大类规划是对产品类别、组合搭配、产品数量等内容进行一个整体的设计。上一季产品改进主要是针对由设计师、销售终端与消费者三个方面反馈的修改信息来进行的。设计企划案中的感性部分是指企业对下季产品研发活动进行的各种与产品设计相关的设定，它包括设计主题、设计理念、廓型、产品风格、色彩选择、花型图案、面辅料搭配以及改进之处等内容。感性部分主要是企划小组以企划阶段的理性部分为基础对研发产品的设计元素来进行整体规划。

2. 设计资源

需要注意的是，企划方案设计确定时，需要大量的信息资料的帮助，我们把这些信息资料，统称为设计资源。设计资源对于服装品牌来说就是指可以帮助设计师产生新的灵感和创意，对品牌服装的理念风格的延伸具有建设性的指导作用，让设计师能够以最快的速度了解最新的色彩、面料、廓型等各方面资讯。根据以上的定义可将设计资源分为四种类型：

① 消费信息：反映消费者意愿的信息。

② 流行信息：反映市场流行的信息。

③ 生产信息：直接针对服装产品开发而言的信息。

④ 合作信息：指各种与自身品牌运作有关的外部合作方面的信息。

相对于设计工作来说，设计资源的获取应该是辅助工作，但是设计资源的重要性，要求品牌必须配备专业的人员和团队，同时辅以专业的硬件设施和软件技术，来完成此项工作。

（三）面料和款式设计开发

不同于其他品牌，设计师主导的服装品牌不仅要求款式原创，往往面料也要与众不同。因此，企划案确定之后，首先要到面料供应商处挑选适合的面料，根据需要对面料进行创新、再造，试制后进行评审，通过之后再进行批量订购或加工。

面料创新开发的同时，设计部门根据企划案进行款式设计，这一过程主要通过绘图的形式完成。设计好的款式通过第一次评审，通常少数会被淘汰，更多的可能需要修改、调整之后，进入下一阶段。

1. 设计管理

服装品牌从灵感、概念到实物的完成是一个复杂的过程，特别是对于在品牌理念和模式下的服装来说，它除了要体现服装本身的时尚和美观，还需要将品牌文化精髓和情感诉求这样的无形价值转化成可以产生经济效益的有形价值。这个过程不是一个部门能够单独完成的，而是需要多个部门相互协调合作才能产生设计概念与设计结果相一致的最理想的产品，我们把这种在设计领域相互协调合作的活动称为“设计管理”。设计师主导的服装品牌，对于概念和文化体现，以及对品牌定位与品牌执行的偏差率要求做到最小，因此对设计管理工作的要求比一般品牌服装更严格。设计管理的主要职能分别是组织、企划、领导、协调和控制。其中协调职能与设计之间有着直接联系且对设计成果有着直接影响，是维系各类设计参与人员的纽带，也是确保服装设计工作取得成功的必要措施及衡量服装设计管理优劣的一杆标尺。

2. 设计沟通方式

目前服装品牌都很重视公司内部设计群体之间的沟通和交流，但在沟通方式上各有不同。例如在设计过程中，设计总监与设计师之间需要不断地交流彼此对产品的理解和感觉，避免不必要的分歧和矛盾。在这个过程中，国外服装品牌的设计团队通常采用头脑风暴或是草图研讨法来分享相互之间的想法，这种形式的沟通频率为设计总监与设计师之间至少每周一次，设计组长与设计师之间则会进行更为频繁的不定期交流。国内服装品牌常用的方式是由设计总监下达设计任务，在设计初期会统一召开会议讨论设计方向，但在接下来的工作中，则大多是设计组长与设计师之间的小会议，频率也大多为不定期。与国内的沟通方式相比，国外的理念传达更为明确和直接，避免了设计方向的偏差和主题风格的迷失。

面料和款式的设计开发阶段至关重要，往往时间紧、任务重，因此，合理的组织结构和工作方式将有效地保障设计任务按时完成。

（四）评审

整个产品开发过程中，为避免浪费，通常进行两次或两次以上的评审。评审主要是对设计师设计的作品进行筛选，通过的产品将进入后面的生产和市场投放阶段，因此，评审至关重要，一旦有误，将影响当季企业的利润。

为了保证评审结果的有效性，需要组建优秀的、合理的评审团队。通常评审团队会包括生产、营销、设计、采购等各部门的管理者。对于设计师主导的服装品牌，首席设计师对作品往往有总决策权。

（五）样衣制作

评审通过的款式可以开始制作样衣，俗称“打样”。服装品牌在产品打样阶段，主要是指产品设计款式的打板与制作样衣阶段，包括初样、单色全款和全色全款三个部分。每一部分都是根据前一步骤来进行的，这个过程也是筛选的过程，将那些不符合要求的产品款式剔除。初样是对单品进行打板制样，如果符合要求，才会对该单品进行单色全款打板制样，然后接下来进行全色全款的打板制样。如果品牌针对国内外两个服装市场，在打板和制作样衣时，还需针对国内市场、国外市场分别制作标准体型样衣，因为不同地区的体型特征有较大差异，标准体也不尽相同。打板制样时，通常以中间体M号型为准进行。有时，为了展示服装产品的形象，还要针对模特的体型打一个模特样。

（六）生产并投放市场

样衣制作并通过评审后，产品开发工作基本完成，接下来直接订购面辅料，尤其是需要再加工的面料，需要更久的订购周期。同时，产品开发部门进行款式和板型、工艺的最后调整，并要形成书面文档留存。

在此阶段，很多品牌会召开订货会，根据订单情况确定各款式的生产量，并结合各波段的投放计划，制订生产计划。如果是外加工，需要对整个生产过程进行跟踪指导，以保证产品品质。最后投放市场。

三、产品开发流程管理

对设计师主导的服装品牌而言，产品至关重要，故产品开发流程管理成为品牌管理的重要工作之一。设计师主导的服装品牌产品开发流程管理的目标在于，周期短、产品开发准、原创作品丰富。实现目标的关键在于以下三方面。

（一）产品开发流程

产品开发流程本身是否合理、高效，关键在于开发流程各环节之间的衔接是否通畅。流程各环节的衔接关系，主要指信息流、物流在各环节之间的通畅与否。例如，产品开发过程中，首席设计师首先确定了创意的主题、方向，这一信息是否能在各环节得到很好地表达、理解，将影响到产品开发的准确性。物流在产品开发过程中，主要体现在配合产品开发、生产的所有辅助材料，包括产品设计时所需的信息资源是否能及时、充分地获取，样衣制作时面料样品是否到位，生产时面辅料是否到位等。

因此，设计师主导的服装品牌在进行产品开发流程管理时，务必通过组织结构或工作方式的调整，保证信息流和物流的通畅，这将是流程管理工作的重心所在。

（二）产品开发组织结构

产品开发部门的组织结构并非规模越大越好、结构越细越好，各品牌应根据自身情况进行具体设计，但要遵循一个原则，产品开发部门组织结构的规模、复杂程度应与目标市场的规模、复杂程度一致。比如，品牌发展规模越大，市场区域范围越广，消费人群的需求差异就越大，那么相应的产品开发部门组织结构就应该增加其复杂度，增加专业的需求分析人员或部门，同时部门设置应该细化，设置针对不同需求人群的开发团队或部门。这一点对于设计师主导的服装品牌非常重要，因为其小众定位，顾客就是品牌生命力所在。

（三）各环节的工作方式

产品开发过程中，各环节的工作方式和工作制度决定每个分解的工作任务是否能够高效完成。设计师主导的服装品牌，产品开发过程中需要的不仅是严谨的工作制度，更多的是自由的、便于创意的工作空间和工作方式。

创新是设计师主导的服装品牌立足的必要条件之一，那么创新就不应该只在产品开发时被强调，而应该作为一种品牌文化渗透到品牌的各个环节，包括工作室环境、工作方式、工作制度，甚至人际交往方式、沟通方式等。因此，一间可以随时了解前卫、潮流的流行信息的工作室，一个供所有人畅所欲言的沟通平台，一条鼓励创新的奖励制度等，将是设计师主导的服装品牌必须为员工提供的。

第三节　以买手为主导的产品开发流程

时尚买手就是服装的专业买家，他们以取得利润和满足消费者需求为目的，负责从服装生产商或服装批发商等供应商手中挑选服装货品，然后由服装零售商销售，是联系服装供应商与服装零售商之间的桥梁。在欧美，服装产业是一个买手驱动的产业，买手不仅沟通了时装生产者与消费者，还可以平衡市场上的供需情况。买手还可以整合时尚资源，使商品链更有效益。在发达国家，不论是零售企业还是品牌专卖店，都由买手确定每一季服装的风格、上市时间，甚至决定每个式样服装尺码的数量搭配等细节。

在中国，伴随着服装企业与品牌运营模式的改变，企业的组织结构、产品开发、产品生产、产品供货、店铺销售、物流系统和信息系统等都发生了很大的变化，服装贸易模式出现了新的格局。许多服装品牌企业或者网络原创品牌也开始由设计师主导变为由买手团队主导的经营模式。买手成了服装产业非常活跃的重要因素。

不同的公司对于时尚买手有不同的要求，但是所有时尚买手会针对特定的公司、特定的产品市场选择一系列的产品。因此，买手是贯穿服装产业链的活跃要素，参与的环节很多。

一、买手具体的市场行为

（一）准确把握目标市场

时尚买手有必要熟悉产品的目标顾客群，这样才有益于商品的销售。无论是在品牌创立之初还是品牌风格相对稳定的发展期，买手都需要经常到竞争对手的服装店去了解产品的价位、消费者的特征、款式的风格和时尚程度等信息，都需要对市场规模、目标消费群等问题进行细致化的分析，多角度定位品牌，以此为参照来采购物品。例如，国际品牌 ZARA 对品牌战略的定位是“买得起的快时尚”。作为一名合格的买手，需要对品牌所服务的目标人群有清楚的了解，包括目标人群的年龄、收入、职业特征、兴趣爱好、购买习惯等信息。买手对产品的选择应该从目标人群的需求出发，而不能根据个人的喜好来判断产品。买手可以通过市场调研获得关于目标顾客群体的相关信息。

（二）流行预测

买手的工作内容之一是为下一季进行流行预测，找到合适的产品范围并确定其潜在消费者。对于买手来说，具有流行预测能力非常重要，大部分的服装从设计到开发，再到生产会花费几个月的时间，因此新一季产品的理念通常要提前一年进行规划。买手需要提前预测出消费者的购买倾向。幸运的是，流行预测不再仅仅是一种简单的猜测，在预测过程中，买手可以参考大量的资料。虽然买手所预测的种类和程度有所不同，但他们必须把下一季流行趋势中最核心的部分预测出来，以供消费者在购买服装时参考。买手主要是通过观察各种流行信息来进行流行预测，而非凭空编造。流行信息中包含服装款式、型号、细节、装饰、面料和颜色。

有关流行趋势预测的信息源主要包括以下三种：

（1）流行趋势预测刊物。了解流行趋势的一个便捷方法是购买专业杂志，一般这些杂志属于月刊，主要关注服装面料和颜色，同时还有一些款式信息，在一些代理商或者主要服装原产地城市都可以买到。这些杂志主要发布近期的基本流行趋势，能为大多数买手提供一定阶段的基本流行信息。互联网在流行趋势中也起到越来越重要的作用，它的优势在于可以快速为消费者提供流行信息。1988 年，世界时尚资讯网建成，该网站提供了一系列服装的预测信息，它不仅要发布流行趋势，还为时尚买手提供一系列实用信息，如制造商目录、世界各地服装商店地图、大量的设计师作品系列等。世界时尚资讯网已经成为许多公司主要的流行趋势预测来源。

（2）服装博览会。服装博览会通常 6 个月举办一次，其范围覆盖所有的服装产业。买手会根据自己的产品和潜在市场的情况参加相关产品的交易会。

（3）设计师作品系列。设计师每年会开两次服装发布会，其作品主要分为两大类，即高级服装和成衣。目前，高级服装展已不再是流行风向标的主要信息来源，相反，成衣展越来越有影响力，每年秋冬季和春夏季的服装展仍然是流行趋势发布的主要形式。

（三）参与设计环节

在买手出现之前，企业的产品开发部通常是组织设计师进行产品的开发设计，这一过程表现为一种孤立的单一模式，几乎不与其他部门配合。而这样的产品设计开发也极容易造成产品与市场需求的脱节。买手出现以后，通过对目标市场和流行趋势的准确把握，买手们将这些信息与设计师进行沟通，设计师根据这些信息进行产品的开发设计，就可以避免产品与市场需求的脱节，使产品能够很好地满足消费者的需求。

（四）联络供应商

买手几乎每天都要和供应商联络，尤其是要花费较多的时间与供应商的设计或销售部门的代表进行交流，也可能会直接与本国或国外公司的设计师或服装技师联系。买手与供应商应建立诚实、可信与相互尊重的关系，买手要能迅速而且专业地回复供应商的电话和邮件，能够及时看到制造商发布的关于样品及成本预算的信息，尤其是当供应商有自主商标时，买手还要参与产品的研发过程。基于互利互惠的目的，与供应商建立较强的合作关系就显得尤为重要。许多成功的买手曾强调由于对供应商的信赖，使得他们的买卖非常成功。高效的买手会保持与供应商的联络，并随时告知有关产品的新趋势和新动向。

（五）制订服装采购计划

服装采购计划所参考的两个主要信息源分别是上一季度零售商的销售数据和后一季度的流行预测信息。对于零售商的潜在顾客群，要充分考虑这两个因素，紧紧抓住可能是顾客所认同的流行趋势。在制订服装采购计划时，服装买手需要对以下方面进行规划，其中一些需要商品部门进行指导：服装的数量；不同种类服装所占比例（高档与低档服装所占的比例或时尚款式与传统款式所占的比例）；特殊服装款式；每款所提供的面料及色样；每款服装的成本价；每款服装的销售价；整个采购范围中服装以及个别种类服装所能提供的尺寸大小；每款服装的制造商；每款服装的订单量。

（六）制订商品计划

商品计划是指对商品管理流程中的商品订购（进货 / 补货 / 退货）、商品陈列、商品销售等要素所做的全面策划。商品计划的主体是以顾客为导向的，通过提供商品或其他服务满足顾客需求，这是制订商品计划的根本出发点。买手通过对目标顾客群和流行趋势的准确把握，需要制订符合企业需要的商品计划，包括年度、季度、月度的商品计划的制订，使本企业的服装能够引起顾客的兴趣，确保产品畅销，实现获取利润的目的。通常买手甚至要承担起决定上游供应商以及商品调配的具体工作责任。

（七）监督生产和物流（跟单）

一旦买手确定某一种服装款式，就要与制造商商量决定生产的数量和产品的物流问题。在产品正式生产之前，买手需要和制造商就服装的款式、质量、面料、色样、边饰等生产问题和运输、仓储、配送、入库等物流问题达成协议，制造商根据协议进行生产。在生产过程中，买手要担负起监督和跟踪的职责，确保整个生产和物流过程严格按照双方达成的协议进行。另外，买手在确定最初的订单量时，有时会过于谨慎，导致零售商的产品处于脱销状态，潜在的销售利润也会随之下降。此时，买手就会考虑向最初的服装制造商进行再订购，但这个过程存在较大风险，因为二次订购的服装上市过晚就会造成错过最佳销售期。买手如果能够参与并监督制造商的生产和物流过程就可以有效地降低此风险。

（八）终端推广

所谓终端，即产品销售通路的末端，就是产品直接到达消费者手中的环节，是产品到达消费者完成交易的最终端口，是商品与消费者面对面的展示和交易的场所。在确保进货顺利的前提下，买手要与市场营销部门联系，告诉他们如何制作宣传册，如何进行市场推广活动等。买手还要告诉店铺内的员工，如何进行店铺设计，我们的货品趋势是什么，要传达给顾客什么样的消费理念等，确保买进来的货品能够在终端推广环节全部卖出去。

（九）收集销售数据与处理问题

买手通常至少一周回顾一次销售记录，以了解某一服装系列的销售情况。销售部门也会对上一个销售季进行总结，以便得知产品是否畅销。对销售额进行回顾之后，买手会对顾客的喜好有更多了解，从而便于规划下一季服装的采购。买手要能够从以前的历史销售记录中获取一些有价值的信息，以便确定下一季服装的款式。这些销售信息可以从采购部门或销售部门得到。对于买手来说，能够正确判断出以多大程度和以何种方式对畅销款式进行改良，才能使其在接下来的销售季中延长销售周期是非常重要的。因此，作为买手需要深入商店中，了解服装销售不好的原因，避免在下一个销售季中出现同样的问题。

（十）总结全盘经验，再接再厉

当一个销售季节结束时，买手需要检验并总结经验，以便于下一季度的工作安排。他们要回顾总结哪些款式好卖哪些款式不好卖，还要分析同行店铺的销售情况；对往年和目前的市场销售数据进行分析，发现畅销品和滞销品存在的规律，并提出修改意见。

二、买手主导的产品开发实例：韩都衣舍

韩都衣舍由山东韩都衣舍电子商务有限公司全资经营。韩都衣舍品牌创立于2008年，专注于互联网上品牌运营，目前集团旗下有七个子品牌。韩风快时尚女装品牌是韩都衣舍旗下的第一品牌，公司旗下拥有百余位专业的时尚选款师和设计师，并在韩国拥有分公司，同800余家韩国时尚品牌保持密切的、全方位的合作关系。以产品款式多、更新快、性价比高而迅速赢得都市时尚人群的信赖。图5-6是韩都衣舍买手小组人员构成。

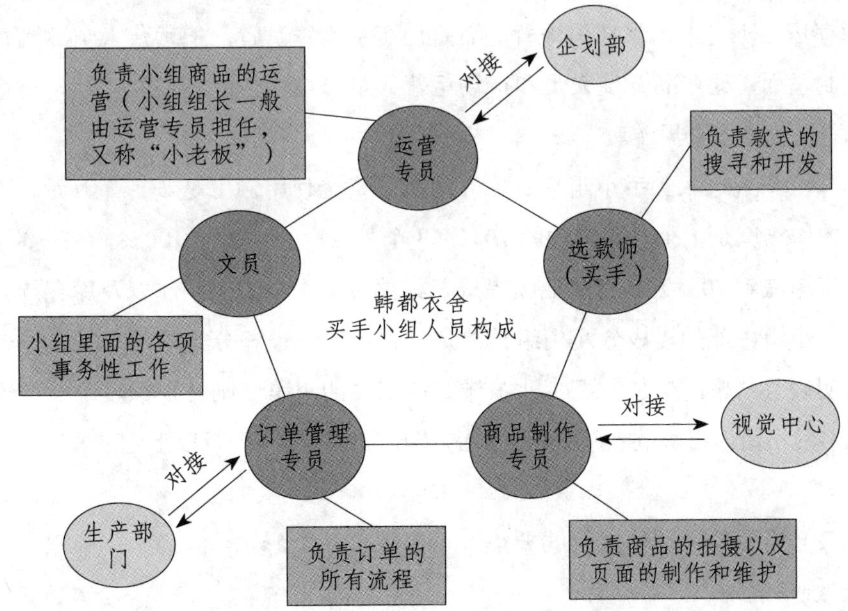

图5-6 韩都衣舍买手小组人员构成

（一）韩都衣舍买手制度

1. 管理考核

每 3 ～ 5 个小组产生一个主管，每 3 ～ 5 个主管产生一个部门经理。对部门经理和主管的考核，部门销售额占 50%，后进小组或者新成立小组的成长速度占 50%。

2. 小组权利

公司规定最低定价标准，具体产品定价、生产数量、具体款式、促销时机和价格等，全部由小组自己决定。

3. 小组分工

目前韩都衣舍有 5 个产品部，100 个买手小组。每一个产品部内，所有产品品类是齐全的，但是每个小组有自己专业的品类，比如有专门开发女仔裤的小组，有专门开发连衣裙的小组。

4. 部门协调

企划部负责协调产品部各个部门，做产品规划，即公司每年、每季产品开发的规则，规定上货波段和下市节奏，然后分配到各个产品部，落实到每个产品小组。为了避免小组间的恶性竞争，设立企划部对品牌整体风格进行把关，同时协调各个小组之间的利益冲突。在产品部和市场部之间，企划部相当于中间的桥梁。

5. 库存压力的分散

库存压力不是由销售部门来背，而是由买手小组负责，把运营人员放到每个小组的编制里面，让产品开发人员和市场运营人员形成紧密的利益共同体，有效避免恶性库存，提高库存周转。

当一个新人进入买手小组后，每人的初始资金使用额度是 2 ～ 5 万元。本月小组资金使用额度是上个月销售额的 70%（3 个月以内的小组是 100%，4 ～ 6 个月的小组逐步递减到 70%）。有关业绩提成是根据各个小组的毛利润以及库存周转率计算而来，小组内部的提成分配由组长决定，报部门经理和分管总经理批准。韩都衣舍有着明确且严格的奖惩制度，业绩排名前三名的小组奖励特别额度；业绩连续排名后三名的小组，将解散重新分组。排名按 6 个月内和 6 个月以上划分。

（二）买手制管理和执行的要点

1. 统一规划

必须有一个把握市场和产品结构的部门作统一的规划，并及时跟踪库存结构的健康程度。韩都衣舍的企划部就起到了这样的作用，通过精准的数据分析和对行业的预测，做全盘的产品规划。

2. 买手小组的自主性

韩都衣舍的买手拥有很大的自主性，在企划部的协调下，由买手小组自己决定款式、数量、下单时间、上架时间等。

3. 买手的培训和小组复制

在韩都衣舍的体系内已经培养了很多优秀的买手，所以买手小组可以很快复制出更多的买手小组，成熟的买手可以申请成立新的买手小组，这样循环地复制下去，可以确保在企业内部拥有充足的买手人员。

4. 稳定大品类，拓宽新品类

韩都衣舍切准了韩风这一个大品类，在保证韩风女装的市场份额快速增长的同时，依靠买手小组的快速复制，又拓展了男装、童装、中高端女装和中老年服装等细分品类的新品牌。

三、买手专业人才的培育

有关统计数据表明，国内目前有专业买手的服装企业不足10%，而目前在岗位上的时尚买手大多数是由设计师、设计总监等转型而来。根据美国一所时装设计学院的统计，没有经过系统训练的买手要初步达到买手的基本要求，至少要花费5年的实践时间。由于买手的工作日程是灵活多变的，所以要求服装买手要多才多艺、灵活变通。图5-7是服装买手胜任力模型图。

基于服装买手胜任力模型图，成熟的买手应该具备以下基本能力。

1. 积极的行动力

当一个市场的热点话题或是某一个人气店铺出现时，买手必须能够做到立即闻风而动，到实际现场用自己的眼睛亲自去确认。

2. 具备敏锐的时尚嗅觉

服装属于时尚商品，掌握时尚流行趋势的知识是成为买手最基本的条件。因此，买手需要学习和了解尽可能多的时尚行业知识，阅读大量的时尚杂志，研究各种不同文化背景、不同地域、不同时间段的流行趋势，让自己尽可能地熟悉时装市场的发展情况。此外，买手还需要熟悉所有的顶级时尚零售商，了解并调查他们对各自品牌时尚买手的要求。

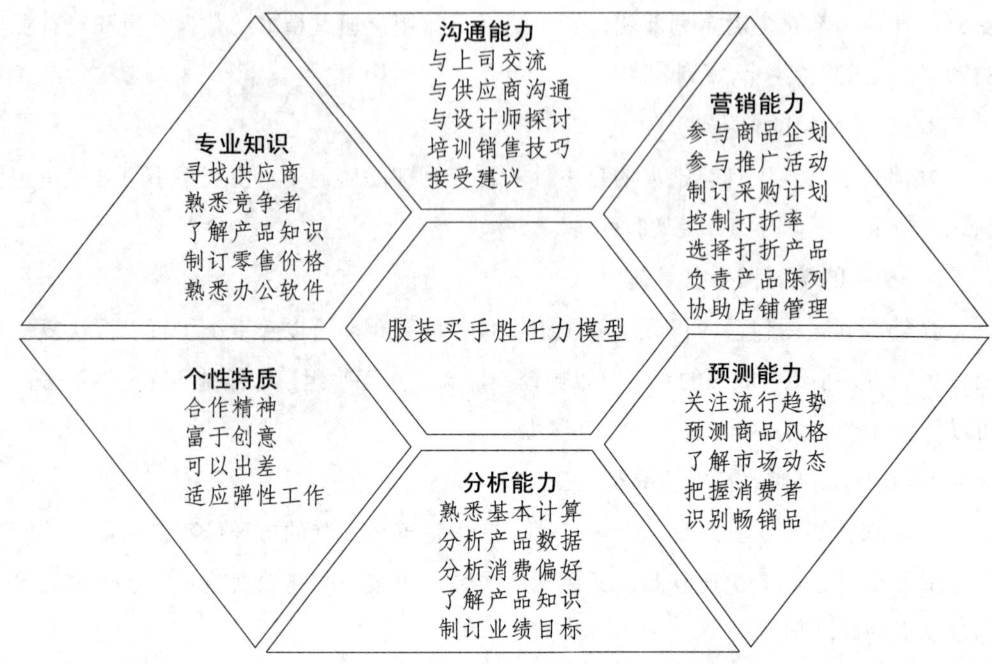

图 5-7　服装买手胜任力模型图

3. 专业商品知识

买手需要具有系统的专业知识体系，只有具备专业知识，才能够使买手深入分析商品款式风格、面辅料运用以及种类与数量。因此，买手需要掌握有关材料、颜色、尺寸和洗涤注意事项等专业知识。

4. 具备较强的工作能力

作为专业买手，需要具备极强的工作能力，包括良好的沟通能力，因为买手要与供应商建立长期有效的联系，让其能够提供充分的货品。另外，买手还需要具备快速决策的能力，当供应商所提供的货品不能适应产品需求时，需要买手能够快速做出决策。最后，买手还应当具备承受高强度工作的能力，因为买手需要经常在世界各地挑选商品、采集流行信息、进行采购谈判，经常出差并且保持与各方面的沟通联系，因此将会承受较大的工作压力。

5. 信息收集分析及预测能力

以往销售情况和数据是决定未来产品风格和结构变化的基础，买手需要掌握信息收集和数据分析能力。对于买手来说，阅读和分析报表是他们每日工作的核心内容。专业的服装买手需要收集消费者的动向、供应商的动向以及时尚流行的款式、颜色、材料的信息并做出有效的数据分析。

6. 出色的协调能力

买手通过设计师、陈列师、店长、导购、物流以及上游供货商等的多方协助，推进工作的执行力度。也就是说，达成与周边相关部门工作的协调才是重点，才可能达成最终的目标，因此，出色的协调能力也是不可或缺的条件之一。

中华英才网人力资源部统计分析也显示，作为一个买手所必备的专业知识需要涉及市场、财务、统计分析等。在买手型企业特征越来越明显的服装行业，买手这个职业必将成为服装行业的黄金职业。

第六章

服装设计规划

服装设计规划决定品牌将向目标消费者提供哪些产品以及什么样的产品，而产品又是影响品牌与消费者关系、影响品牌成败的关键要素之一。因此，服装设计规划绝非设计师的艺术创作，而必须按照科学的设计流程、遵循总体设计的原则，完成每件产品的每个细节设计以及产品的组合形式设计。

第一节　服装设计规划概述

一、设计规划的意义

在服装企业，可能会有多种原因导致产品开发与实际的市场需求之间存在不同程度的脱节，使销售成本增加、库存产生、企业利润下降。

服装设计规划正是基于这一现象，通过流程优化，将各销售季的目标细化、清晰化，然后分解目标任务，从主题到款式，再到色彩、材料，按序进行，保证每一步工作都是围绕目标实现进行的，保证每一步工作的准确性。

服装设计规划的重要意义在于：

（一）真正满足消费需求

消费者对服装的需求越趋向多元化，由理性的产品消费越趋向感性的品牌消费。对同品类服装选择的感性因素包括款式、结构、色彩、面料、图案等。服装设计规划必须以目标消费者的心理诉求、生活习惯及方式、生活理念及价值的分析为基准，及时捕捉获取及预测时尚流行趋势、价值取向、文化潮流等信息，承载于服装产品中满足消费者需求。

（二）保证企业经营目标顺利实现

服装设计规划的任务是提出一套整体计划和方案，把与产品有关的各个环节的具体任务统筹起来，针对每季和每波段服装商品运营所做的系统性规划，有利于保证企业经营目标的顺利实现。

二、设计规划前的准备工作

服装设计规划前，首先需要做的就是信息收集工作，即市场调研、流行趋势预测与分析、销售数据收集分析等。所有这些准备工作的目的就是为了让企业充分地了解顾客的当下消费需求和对服装的购买趋向，从而有针对性地确定产品的设计风格。

流行趋势瞬息万变，当前消费者对时尚潮流的感触和模仿紧追其后，企业产品设计和上货的速度以及销售过程中补货的速度是否可以满足顾客在一个季度里对流行时尚四次、五次甚至更频繁的需求，能否以合理的价格、最快的速度把市场反馈回来的消费者信息形成产品去满足他们的购买需求，是服装企业盈利的关键。

对消费者需求的把握依托于对信息的获取和利用。比如快时尚品牌代表 ZARA 始终把顾客的关注和最新市场潮流放在最重要的位置。ZARA 有大量的时尚观察员分布在酒吧等时尚场所，并出席各顶尖品牌的发布会，收集最新时尚信息，并及时向总部汇报。店铺经理通过掌上电脑了解最新的产品是否可以被预订，在 24 小时以内，所有的在公司内部的数据订货表格会被传送到每个店的掌上电脑上，内容包括新款的图片和产品描述，也包括款式完成时间，即款式到店时间。正是如此全面、及时的信息收集，保证了服装设计规划的准确性。

总的来说，服装设计规划前需要收集的信息有：本季的销售目标、本品牌上季产品的销售数据、最新的市场需求、流行趋势等。基于对这些数据的分析，得到当季产品主题的设计方向、款式数量比例、色彩设计方向、面料选择范围、主要廓型、细部结构特点等，这是具体产品开发工作的前提。

三、设计规划的内容

服装设计规划的工作内容，就是通过对以往同期的市场销售情况进行调研整合，同时对应全球资讯和近期销售情况并结合竞品情况，确定下一季度产品的流行方向、主题、发展概念，同时把品牌定位、品牌理念、品牌形象等通过总体设计贯彻到产品中，形成服饰产品的独特价值。概念产生以后，产品的系列、颜色、面料也得以确定，下一步就是确认板型、打板、准备辅料，然后是制作样衣、试装、改板，最后是准备生产。

具体来讲，服装设计规划的工作内容是用文字、图表和数据的形式表达下一流行季节的产品概貌，包括系列的定位和主题、款式的设计要求和数量、完成日期，并建立款式、色彩和面料设计元素素材库，为设计方案的实施提出参照要求和目标。

第二节 服装商品主题规划

为满足消费者多元化、差异性的需求，品牌服装通常以系列产品的形式推向市场。系列产品通常具有主题明确、风格集中、搭配方便等特点，不同系列产品之间要求相互关联、共同完成各季市场所有需求。为便于交流，产品系列往往有一个形象化的名称，这就是主题，比如“水粉朋克”“复古风潮”等。有些企业也会多年推出同样主题的系列产品，比如某职业女装品牌每年夏季都会推出“高贵”“优雅”“休闲”三大主题系列，只是每年会给予各主题新的内涵来应对市场变化。

主题规划领衔于整个服装商品设计规划，要求以品牌定位为基础，反映当季流行，满足顾客需求，既要准又要全。

一、主题是什么

主题是通过某种艺术形式表现出来的蕴含在产品系列中的主要设计思想和设计灵感的出发点。主题通常是在品牌定位或经营理念的基础上，受不同灵感的启发产生的。

时装品牌通常每季推出一个核心主题，然后再细分为几个子主题，从而形成几个服装系列。时装品牌的主题通常以各种设计风格命名，如巴洛克风格、新古典风格、复古风格等；有时也会以设计师捕捉到的自然元素或社会文化现象命名，如水、中国元素、西双版纳等。

成衣品牌通常首先对产品架构进行分类，然后给予各类别产品一个主题。如某成衣品牌将产品分为新潮品、畅销品和长销品，新潮品和长销品数量占比较小，分别给出一个主题，畅销品数量占比较大，再细分为公事场合、私人场合、社交场合，然后给每个场合一个主题。各成衣品牌分类方法有所不同，但操作形式比较类似，主题通常从当季的国内外流行预报中获取。

二、主题从哪儿来

通常设计师可以从以下方面获取灵感，进而形成新的主题。

（一）情感意念物化

（1）以大自然的形象为素材。经提炼，在设计组合上利用自然物的音、义、形等特点，表达特定的情感意念，使自然形象的本来意义升华或变异，成为一种有意味的设计形式。

（2）以姊妹艺术的感应及服装材料的启迪为素材。绘画、雕塑、建筑、音乐的形式以及花卉、景色、面料质地、性格的体现等，其线索特征是“求同性”，以其相同的内在力结构、同质同构或异质同构，来获取创造源泉。

其中，寓意、象征和想象是重要的表现手法。寓意是借物托意，以具体实在的形象寓指某种抽象的情感意念。而象征则是以彼物比此物的方法。想象是思想的飞跃，是感情的升华，想象使现实生活增加内容，使具象成为抽象。

（二）来自他人的经验

设计中可以借鉴他人作品的某一局部、某一表现手段。借鉴即为“拿来”后再结合，也就是“打破一种和谐重新塑造一种新和谐”。他人作品的各个局部是其整体和谐的组合因素，取其局部就必须像果树嫁接一样，使其成为新整体的有机部分，构成新的秩序。全部拿来是抄袭，不和谐的再结合便是失败。

（三）民族服饰的内涵和民间服饰的引导

复古的倾向和传统精华的继承都可成为佳作或时尚。中国民族服装中富有机能性的要素和独特的装饰要素可以被国外服装设计师所吸收，同样，我们的民族服装也可不断地去吸收国际服装中的先进因素。

（四）文化发展、社会和科技更新变化带来审美观念对衣着服饰的冲击

这种线索常常隐藏在文学作品、哲学观念、美学探求等意识形态之中。比如，“二次世界大战”时，人们衣着的改革受到社会变更的影响；当“生命在于运动”的口号遍

及天下时，运动装、休闲装也成为一种风尚，如此种种无不体现出创造需紧密联系时代。

服装的创新集中地反映出设计师的艺术造诣和全面修养，但创新不可走脱离生活和远离服装设计本质的路，为突出个性而重视觉效果轻现实需求或重画图轻制装技术，这些都是不可能胜任服装设计工作的。

三、主题规划的重要性

主题规划之所以成为各服装品牌设计部的常用方式，是因为服装企业发现创意已成为高附加值的来源，而确定主题的过程则是将创意集中化、具象化的过程，因此这个环节显得格外重要。

鲜明的主题为设计师团队指出了明确的设计方向，为整个设计过程理清了思路，便于设计团队分工合作。在设计开发工作结束之后，主题还为将来的产品销售、订货会、零售商店、推广海报和杂志奠定了良好的推广基础。

主题对于整个设计团队有指导和限定的作用。首先，主题就像大海中的灯塔，引导着整个设计团队，所有的设计都将围绕主题产生，设计团队可以根据主题分配任务，既可以根据主题划分为不同的设计组，也可以根据主题制订相应的任务进度、根据主题来划分开发时间等。其次，每个主题从风格、色彩、款式和设计手法上规定了设计的方向，设计师可以根据主题来开展联想，选择最为恰当的设计元素。这样的指引非常必要，因为每个季节都有很多资讯，设计师容易感到混乱和无所适从，有了主题大方向的限制，设计师的创意就不会违背品牌的精神。

没有主题引导的产品之间没有联系，只是散乱的个体；而根据主题设计出来的系列产品具有秩序化的美感。产品上市后，消费者会从不同主题系列中感受到发现差异的惊喜，又可以从同一主题系列产品中感受易于搭配的便利。同一主题的产品可以形成整体的气氛，便于零售陈列。当然，主题在具体的产品开发中是可以进行局部调整的。最初的设计概念模糊而笼统，在进入到一定的设计阶段时，就会发现最初确定的主题可能不够准确，或者不够流行，或者不够新鲜。随着设计思路的明朗化，可以对不尽如人意的主题进行调整，使整体产品结构更为完善。

四、主题规划的流程

主题规划通常包括三个步骤：主题确定、主题诠释、要素提取。

（一）主题确定

企业中，主题确定至关重要，往往由企业的规划或设计部门的主管人员完成。

1. 核心主题的确定

确定主题的过程是复杂而充满变化的，最重要的是从前期收集的大量素材中筛选出属于本企业或本品牌的独特设计风格。每一年、每一季世界流行趋势在变，消费需求在变，收集到的素材或者主题的内容丰富多彩，什么才可以作为本品牌这一季的主题，那要围绕品牌的定位和品牌发展需求来确定。比如，美国后起之秀安娜•苏（ANNA SUI）非常擅长在纷乱的艺术形态里寻找灵感，每季的主题也各不一样，但它却凭借一直贯穿始终的复古和绚丽风格深深吸引着全球众多的消费者。

2. 系列主题的确定

在确定了核心主题后，要确定数个系列主题。系列主题数量不固定，通常根据品牌资源和定位来确定。若品牌团队较为强大，定位较宽，系列主题数量可以较多，如ZARA品牌定位为“无风格”，认为只要是流行的，就是ZARA的，而且企业设计团队规模较大，因此每季系列主题数量较多，可以达到6～8个，甚至更多。而至于规模较小的服装企业，则一般只会设计四个左右的系列主题。

系列主题应该是相互关联而又各不相同的。如中国十佳设计师吴飞燕2012春夏服装主题为“花语”，其系列主题分别是“玫色韵动”“蓝色雅漾”“性感娇媚”和“橙色韵律”。这四个系列主题各不相同，但很明显是按照“花”的不同色彩进行划分得到的。再如，某服装品牌将系列主题定为“清新、理想、闲适、享乐”，各主题内容完全不同，但这刚好是其目标消费群体的四种生活形态。

在确定系列主题时，还应适当考虑各季中一些特殊的月、周、日。如遇到元旦、春节、圣诞、七夕等节日时，应考虑设计与节日相关的系列主题。

（二）主题诠释

主题确定后，应对各主题进行诠释，找到体现主题的方式，然后从图片、文字等多角度进行说明，以便设计人员理解。

如对2008/2009中国服装设计趋势中的“简”主义进行诠释——简单、简约、简洁的设计并不是一种稍纵即逝的时尚，而是人类长期探索后重新找回的一种乐观的人生态度：一个多雨的城市，一个安静的女人。侧耳聆听雨声，清新的泥土味迎风飘散。突然间，所有的喧嚣都被置之脑后，一切显得如此清新，心中的渴望被无限释放，犹如脱胎换骨。她张开双臂，尽情拥抱这个充满惊喜、愉悦的动人世界。

主题诠释的过程是一个联想、想象的过程，围绕品牌定位和流行文化，对主题进行内涵的挖掘，然后再物化为具体的图片和文字。在绘制产品设计主题诠释图后，可将其制成展板，悬挂于相关部门的重要位置，特别是设计部门。这样可以起到警示的作用，保证设计和其他相关工作都依据统一的标准和方向。

（三）要素提取

从主题诠释图中的图片和文字中，提取色彩、面料、廓型和细节等设计元素。如 2011/2012 秋冬流行主题之一“浪漫主义”，对其诠释：浪漫主义重视民间艺术、自然以及传统，主张以自然的环境来解释人类的活动，包括了语言、传统、习俗。浪漫主义是 2011/2012 的秋冬色彩，飘逸的裙摆如雪花般下落，温度在纤维与肌肤间流动。但与过往不同，在物质充裕的今天，人们抛弃了铺张主义，而追寻服装的单纯性：自然、舒适、保暖。人们需要的，或许仅仅是一件布衣，再加上一点儿低调却巧妙的设计，就充满了浪漫而幸福的感觉。然后以图片展示，最后从图片中提取色彩元素，如图 6-1 所示。

提取得到的要素将是后面具体设计的基础，这样大大保证了设计的准确性。

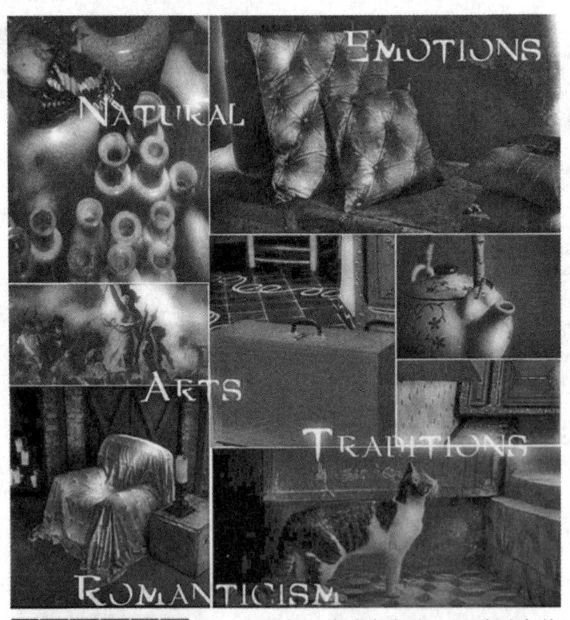

图 6-1 设计要素提取图

第三节　服装商品款式规划

服装商品款式规划主要完成两个内容：款式设计数量和配比规划表、款式设计元素图。

款式是国内服装从业人员用来描述服装的廓型与细部结构组合所产生的造型特征。款式在服装上的体现可分解为两个部分，即廓型与细部结构特征。款式规划就是要根据前面规划好的主题，确定当季款式设计使用的主要廓型和可用的领型、袖型等细部结构特征，为后期款式设计提供基础的设计元素。

一、产品设计数量和款式配比规划

（一）产品设计数量规划

即确定一个销售季节中要设计的款式总数。通常，企业规模不同、销售季节划分不同，产品设计的数量也会有所不同。

企业规模越大，单个专卖店面积越大，需要设计的产品数量就越多。

目前销售季节的划分有很多种，可以按自然季节将一年划分为春、夏、秋、冬四个销售季节，也可按市场需求进一步细分为六个或八个销售季节。如六个销售季节分别为春、初夏、夏、秋、初冬、冬；八个销售季节分别为初春、春、初夏、夏、初秋、秋、初冬、冬。销售季节的划分与品牌投放的地理区域有关，若投放的区域为我国南方，那么夏季划分可适当细致，冬季划分适当粗略些。销售季节划分如果非常细致，每个销售季节的产品设计数量可适当减少。

另外需注意的是，产品设计数量一定要大于市场投放数量，因为设计的产品中总会有一定的比例不符合设计或生产条件而被放弃。

表 6-1 给出中等规模服装企业在一个销售季节中各品类产品通常设计的数量。

表 6-1 产品设计数量表

服装品牌类别	投产数量	设计数量	倍率	说明
女装、休闲装	150 ~ 200	300 ~ 400	2	女装、休闲装要求款式多、变化大
男装、运动装	60 ~ 100	90 ~ 150	1.5	男装、运动装款式相对单一，更强调工艺
童装、针织装	100 ~ 150	200 ~ 300	2	童装、针织装设计空间广、元素多
内衣	30 ~ 100	45 ~ 150	1.5	内衣款式简单，更强调面料、功能

另外，企业通常在一个销售季分几个波段或批次投入产品，此时，还应确定具体波段或批次投入的款式数量或比例。如将冬季分为初冬、深冬两个阶段，可根据以往的销售经验，给出各阶段的款式数量比例，初冬 60%、深冬 40%。

（二）款式配比规划

即确定所策划的商品款型的构成比例。包括三个方面：

1. 确定产品构成比例

即对所策划的商品整体中主题商品、畅销商品、长销商品所占的比例进行决策。

服装品牌进行商品规划设计时，通常将商品分为主题商品、畅销商品、长销商品三大类。其中，主题商品表现品牌某季的理念主题，突出体现时尚流行趋势，常作为展示的对象；畅销商品多为上一季卖得好的商品，并融入一定的流行时尚特征，常作为大力促销的对象；长销商品是在各季都稳定销售的商品，受流行趋势影响小，通常为经典款式和品类。

三类商品的比例，应根据品牌和目标消费者的特性设定。如某时装类品牌，针对的目标消费群体主要是大都市的年轻消费者，他们追求时尚，易于接受新产品、新流行，因此主题商品比例可稍大。但通常情况下，为保证市场销售的稳定性，我们一般设计较大比例的长销商品或畅销商品，主题商品比例则最小，图 6-2 为常用比例。

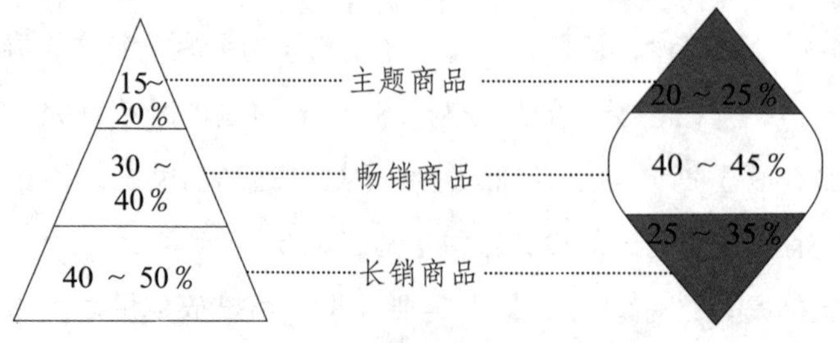

图 6-2 服装商品构成常用比例

2. 确定服装品类构成比例

即确定裤装、针织品、裙装、套装、夹克、连衣裙、大衣等所有品类产品的款式数量占品牌当季款式总量的比例。新品牌可根据目标消费群的穿着习惯和竞争品牌的经验，确定品类构成比例。已有品牌，可根据上一季或上一年的同一季节服装品类的销售构成比例，适当调整品类的生产构成比例，如图 6-3 所示。

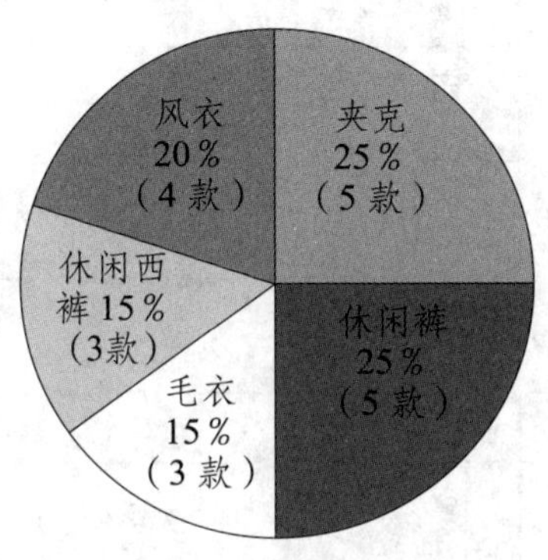

图 6-3 服装品类构成比例

3. 确定各品类下属的商品款型比例

在一个品类下，通常不会只有一种款式，如冬季的裙装这一品类下，可能有“正规型”“浪漫型”两个款型。在此阶段，须根据消费需求，确定各款型的比例，如对于职业女性，正规型的裙装需求较大，可设计 60%为正规型裙装，40%为浪漫型裙装。另外，在此阶段，须确定各个服装品类下各种款型服装的风格，见表 6-2。

二、廓型与细部结构规划

（一）廓型规划

廓型（Silhouette）是指服装的整体外形轮廓，它是构成服装的最重要的因素之一。从较远的距离外观察一件服装，廓型比任何细节都更早映入眼帘。如图6-4所示，廓型给人的第一印象，对于传达服装总体设计的美感、风格、品位有巨大的作用。每一季的时装发布会中，通常都会推出全新的廓型或旧廓型的变形，这往往成为该季流行趋势的焦点和特征。

表 6-2 服装各品类构成比例及款型

产品类别	款数	布种	生产款号	款式提示			零售价（元）	订单数（件）	交货安排（打）			
				款式名称	颜色	码数配比			3	4	5	6
牛仔裤	4	13.75A	R9PA810	直脚型五袋款	3	24-36	120	2400	100	100		
		弹力布	R9PA811	弹力直脚型五袋款	1	25-36	160	3600	300			
		12A	R9PA818	小喇叭五袋款	3	24-36	140	3600	150	150		
		12A	R9PA510	小喇叭五袋款	1	24-31	140	960	80			
休闲裤	6	108×58	R9DD909	防皱前斜插袋	5	27-38	150	3600			150	150
		128×60	R9DD906	防皱前插袋	5	27-38	180	3600		150	150	
		128×60	R9BD905	前无打折\插袋	5	27-38	150	3000		150	150	
		128×60	R9HD601	中低腰防皱	4	25-30	140	2400		150	150	
		斜纹布	R9FD602	前双斜插袋	3	24-34	120	719	60			
		108×58	R9HD606	前小标袋\无耳仔	6	25-30	100	3600			150	150

注：1. 根据销售数量、款式来平衡款式在季节初期、后期推出市场。
2. 根据价格来制衡销量及平衡款式。
3. 产品类别还有针织类、机织类等。

图 6-4 服装廓型图

1. 廓型的分类

服装廓型的设计变化蕴涵着深厚的社会内容。例如：第二次世界大战期间，经济萧条，女性穿着俭朴方便的军服式服装颇为流行，其轮廓特点就是平肩、短裙、裤装。第二次世界大战后，法国设计师迪奥的新造型（New Look）以女性细腰宽臀的优美外形轰动欧美，一扫战争的阴影。纵观中外服装发展史，服装的变迁是以廓型的变化来描述的，如图 6-5 所示。由此可见，流行款式演变的最明显的特点就是廓型的演变。

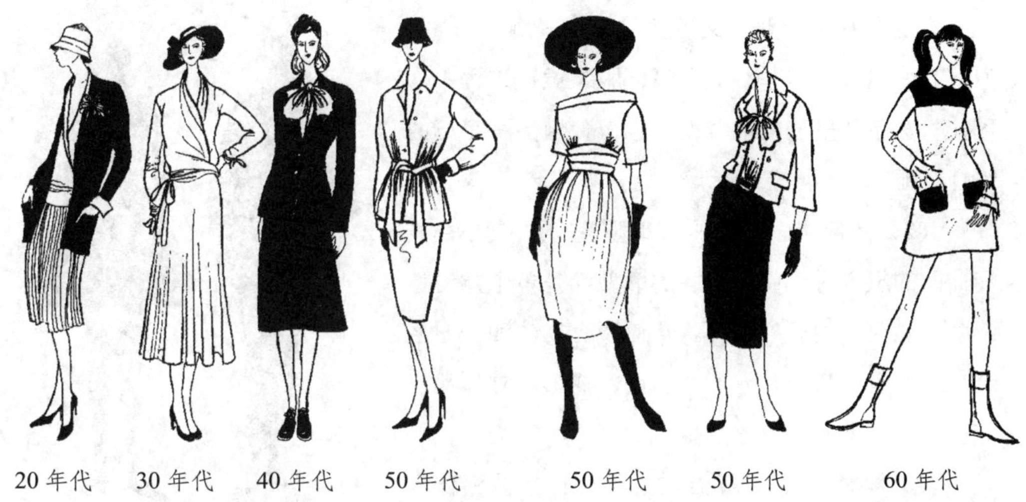

图 6-5 20 世纪女装流行款式及廓型

目前常见的廓型可分为以下三类：

（1）字母型。以直观的方式运用几何字母的象形意义来概括服装外形的整体轮廓。常见的字母型廓型有五种：H 型、 A 型、 O 型、 X 型、 T 型。 如图 6-6 所示。

图 6-6 常见字母型服装廓型

这些廓型所体现的风格特征各不相同，适合的服装种类也不同。如 H 型简约、宽松、舒适、修长，常用于运动装、休闲装、家居服、男装等的设计；A 型活泼、潇洒、流动感强、富于活力，广泛用于大衣、连衣裙等的设计；T 型肩部夸张、下摆内收形成上宽下窄的造型效果，具有大方、洒脱、较男性化的风格特征，多用于男装和较夸张的表演服以及具有前卫风格的服装设计中；O 型肩部、腰部及下摆没有明显的棱角，线条松弛，外观整体饱满、圆润，给人休闲、舒适、随意的风格特征，在休闲装、运动装、家居服设计中应用较多；X 型是最具女性特征的造型，依据女性的体型特征，塑造了稍宽的肩部、收紧的腰部、自然的臀形，具有柔和、优美、富有女人味等特点，在经典风格、淑女风格的服装中运用较多。

在这些基础造型上又可变幻出很多廓型，如 I 型、M 型、U 型、V 型、Y 型等。服装设计过程中，可使整套服装呈一种字母型，也可使用多种字母的组合搭配，如图 6-7 所示。

图 6-7　廓型组合形式

（2）几何型。当把服装廓型完全看成是直线和曲面的组合时，任何服装的廓型都是单个几何体或多个几何体的排列组合。几何型有立体和平面之分，平面有三角形、方形、圆形、梯形。立体几何有长方体、锥型体、球型体。

（3）物象型。世界万物的外形也常被模仿应用在服装造型中，比如迪奥的郁金香型、20 世纪 60 年代流行的酒杯型、铁塔型、箭型、纺锥型等。

2. 服装廓型的规划

服装品牌在设计过程中，应根据自身定位，在基础廓型之上进行变化得到适合本品牌的、符合当季流行的服装廓型。服装廓型的变化并非随心所欲，而是以支撑人体的几个关键部位为依据而进行的。

（1）肩部。肩部在服装造型设计中属受限制较多的部位，纵观服装发展史，无论服装廓型如何改变，肩部变化的幅度都难有太大的突破。肩部的变化主要体现在肩部的宽窄和形状。肩部宽而平整趋向于男性特征，而肩部窄而圆滑趋向于女性特征。肩部造型的突破，主要有意大利设计师乔治·阿玛尼夸大的宽肩设计和皮尔·卡丹风靡欧美的翘肩设计等。

（2）腰部。腰部造型在服装设计中占有举足轻重的地位。腰部造型的变化主要体现在腰线高低和腰围松紧上。通常，腰节线与人体的腰节相对应的，是中腰设计；腰节线高于人体腰节，是高腰设计；腰节线低于人体腰节，是低腰设计。中腰设计端庄自然，高腰设计显得人体颀长秀美，低腰设计则给人轻松随意的感觉。根据腰围的松紧度，有宽腰和束腰两种设计。宽腰设计简洁休闲，如H型和O型；束腰设计显得窈窕纤细、柔和优美，如X型。

（3）臀部。臀部造型的变化主要体现在臀围松紧度上。臀围松紧度在服装发展过程中已经历了自然、夸张、收缩等形式的变化，在造型变化中，臀围线变化影响最大。

（4）下摆。下摆是服装造型变化中最敏感的部位，它的长短、宽窄直接影响到外形线的比例，同时在很大程度上也反映出服装流行与否。下摆的形态变化对服装风格变化影响很大。如近几年服装下摆的流行从收紧状态变为张开状态，从较为直线张开状态变为圆形张开。

总之，针对这四个关键部位各自的形态、相互之间长度和围度方向上的比例关系进行变化、组合，可设计出各种各样的服装廓型，如图6-8所示。

需要注意的是，服装的廓型还受到服装材料和着装者体型特征等的影响，设计廓型需同时考虑这些问题。

图6-8 廓型变化设计

（二）细部结构规划

细部结构设计是指为充分完善和塑造服装的款式，而在局部予以充实、协调、呼应的一些造型特征。包括服装的衣领、衣袖、口袋等的设计。这些细部结构通常受到季节和时尚变化的影响。

1. 衣领

服装的衣领是视觉的中心，其设计至关重要。衣领包括领口线和领型两部分。领口线，也称领窝线，在颈部经过胸、肩、背三处形成的封闭曲线，用于塑造领型。领口线主要是根据脸型大小，颈部粗细、长短，肩的倾斜度和宽度等，利用直线、曲线等进行组合设计，如图 6-9 所示。

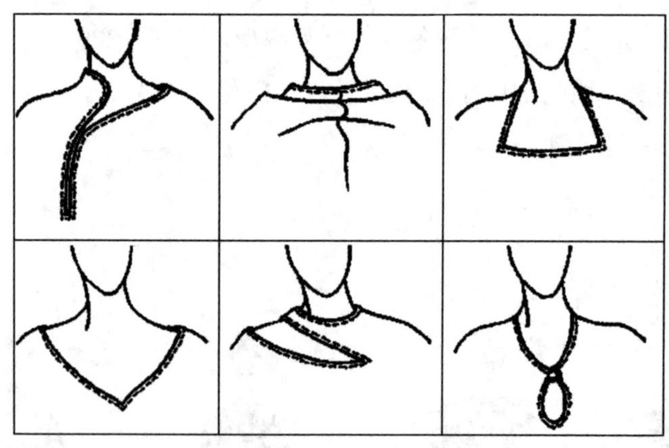

图 6-9　服装领口线设计

相对领口线，领型变化丰富、更具表现力，改变领型的形状、大小、高低、翻折程度等，可形成各具特色的衣领款式。衣领设计可有三种形式：

（1）连身领。即领片不单独裁片，而是被连在衣片上一起裁剪。通常有无领和简单的有领设计，领型一般有圆形领、方形领、V 形领、船形领、一字领等。

（2）装领。即领片与衣片分开，单独成为一个裁片。通常领型有立领、翻领、驳领、平贴领等，如图 6-10 所示。

（3）组合领型。即由两种或两种以上的领型组合而成。通常，为满足各类消费群体的需求，每季款式的领型都不会只有一种。

2. 衣袖

衣袖是服装中覆盖手臂的部分。根据装袖的位置、大小及袖长不同，可设计出各种风格的衣袖。衣袖设计主要包括袖山、袖身、袖口、袖长四部分的设计。

图 6-10 常见的服装装领设计

（1）袖山设计。可分为装袖、连身袖、插肩袖等。

（2）袖身设计。可分为紧身袖、直筒袖、膨体袖等。

（3）袖口设计。可分为收紧式袖口、开放式袖口。根据位置、形态变化分为外翻式袖口、克夫袖口和装饰袖口等。

（4）袖长设计。分为长袖、七分袖、中袖、短袖以及无袖、蓄袖等。

四部分的组合设计，即可得到需要的袖型，如图 6-11 所示。

3. 口袋

口袋是服装的常用部件，种类多、变化大，除了实用功能外，还具有一定的装饰功能。根据口袋的结构特点分类，口袋主要可分为贴袋、暗袋、插袋三种。

（1）贴袋。又叫“明袋”。是贴服于服装主体之上，袋形完全外露的口袋。根据空间存在方式，可分为平面贴袋和立体贴袋。根据开启方式，可分为有盖贴袋和无盖贴袋。

（2）暗袋。是在服装上根据设计要求将面料挖开一定宽度的开口，再从里面衬以袋布，然后在开口处缝接固定的口袋。

（3）插袋。是指在衣缝中制作的口袋。按暴露方式分为明插袋、暗插袋。按位

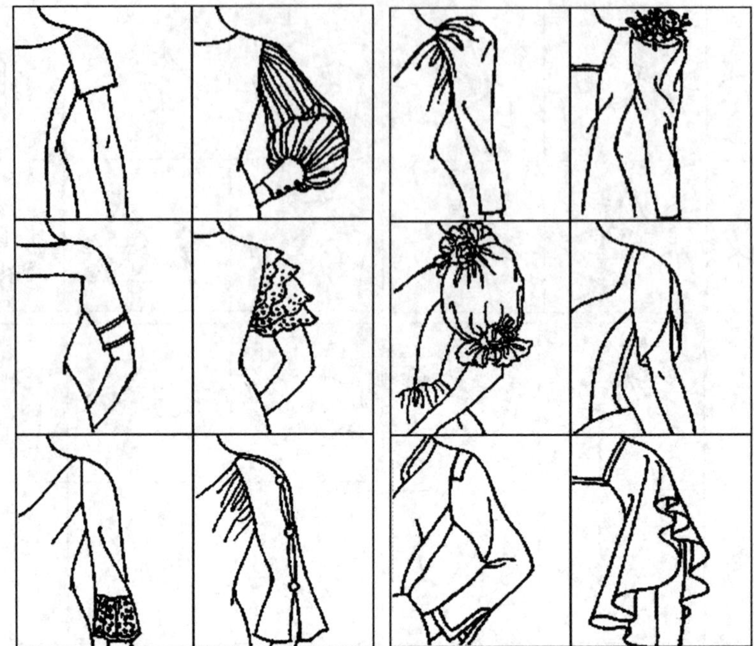

图 6-11　服装衣袖设计

置可分为：直插袋、斜插袋、横插袋。

除衣领、衣袖、口袋外，如遇到特别的流行元素，如褶皱处理、结构线变化等，也需在此部分规划中体现出来。

廓型与细部结构规划的结果通常以图的形式体现，有时辅以文字说明组合设计的要点。

第四节　服装商品色彩规划

色彩是服装设计的核心要素之一，是塑造品牌服装风格的有效手段。色彩在服装设计中极其关键，它将决定一件衣服是否会吸引消费者的注意。

色彩规划，是按照系列或产品大类，选择包含拟采用色彩的资料图片作为色彩灵感的来源，将图片中的色彩归类、提炼，得到商品设计应用的主副色系和点缀色系。主色系即产品系列的主要色系，其用量最多；副色系即产品系列的次要色系，用量次之；点缀色系即产品系列的衬托色系，用量最少。色彩规划结果常利用行业内通用的标准色卡作清晰表达。

一、色彩常识

日常生活中，我们会见到各种各样的色彩。据调查，人眼能直接辨别、判断的色彩大约有 100 种。这些色彩分为有彩色、无彩色和独立色三大类别，见图 6-12。有彩色包括纯色系列和由纯色分别加黑、白、灰形成的暗色、清色、浊色等色彩；无彩色包括黑色、白色、灰色系；独立色包括金色和银色两种色彩。

色彩之间存在很多差异，但归根结底由三个要素决定——色相、明度和纯度，即色彩三属性。色相指色彩的相貌，是用来区分各种不同色彩的名称，如红、橙、黄、绿、青、蓝、紫七大基础色和紫红、橙红等多种变化色。明度是指色彩的明暗程度，通常人们只能看到无彩色的明暗差异，有彩色的明暗度往往被忽略。纯度是指色彩的鲜浊、饱和及纯净程度，任何一个纯色都是纯度最高的，当在其中加入黑、白、灰色后，纯度都会下降。

事实上，这么多种的色彩都是由红、绿、蓝三原色经过混合变化得到的。

在服装总体设计时，经常通过对颜色分组，将具有同一“色调”的颜色应用于同一系列的服装设计中。所谓“色调”，就是一组颜色在一起，整体呈现出共同的色彩基调。色调反映色彩外观的重要特征和基本倾向。色调由色彩的色相、明度、纯度三要素决定。从色相上分，有红色调、黄色调、蓝色调等；从明度上分，有明色调、灰色调、暗色调等；从纯度上分，有清色调、浊色调。根据色彩给人的冷暖感，还可分为冷色调和暖色调，如图 6-12 所示。

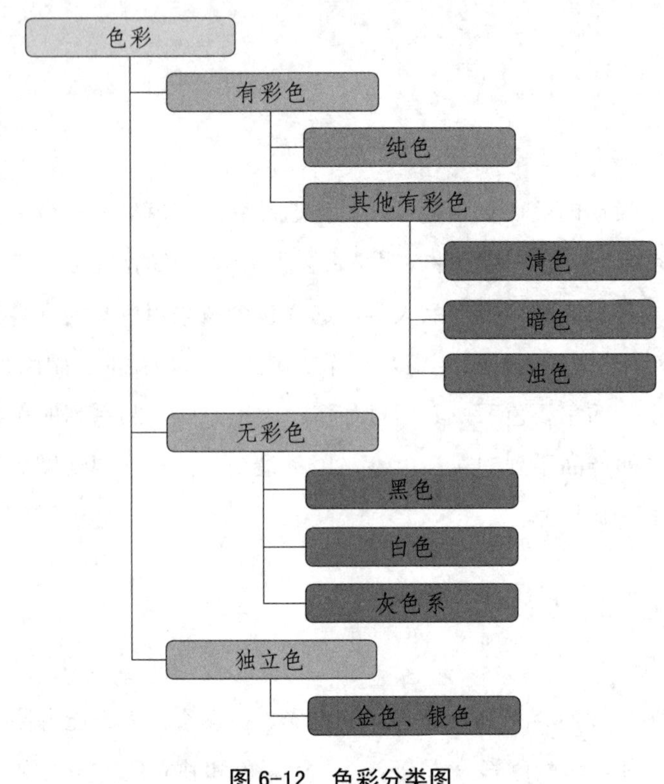

图 6-12　色彩分类图

二、色彩规划基本原理

（一）色彩的联想

当人们看到某个色彩时，总会情不自禁地联想到一些与这个颜色相关的事物，这种对色彩的联想大大影响了人们对服装设计风格的认知。因此，色彩设计首先要了解各种色彩可能引起消费者怎样的联想。

1. 红色

红色有甘甜、休闲的感觉，一般为年轻人的色彩。红色使人产生幸福、健康、生命、婚嫁、年轻等联想，象征着事物的兴旺，从太阳、火、血的联想中，给人以生命、朝气、强烈、欲望、喜庆、革命的感觉。但在某种条件下也会产生幼稚、危险、野蛮的联想。

2. 橙色

橙色是红和黄的混合色，是火焰的颜色，与红色相比更使人感到欢快，是具有金、铜等金属光泽的颜色。象征华丽、朝气、精神、跃动、欢快，但有时也给人以任性的感觉。能使人联想到丰富的深秋景色、丰收的果实以及干燥的土壤。

3. 黄色

黄色象征未来、不安定，给人以活泼、少年、轻歌曼舞的联想，这是表现阳光的色彩，象征着生命的源泉，也是春天的代表色。象征荣耀的金黄色，则是古代帝王之色，给人以高贵、欢喜、希望、发展、光明、明快的联想，但它有时也会给人卑劣、颓废、不健康、轻薄、冷淡、嫉妒之感。嫩黄色则给人未成熟的感觉。

4. 绿色

绿色是植物的颜色，象征着大地给人类的恩惠，能使人联想到和平、希望、健康、安全、成长、亲和、纯情等，是人类的希望之色。绿色也能使人有孤独、冷淡的印象。

5. 蓝色

蓝色代表天空，能使人联想到希望、理想、真理、学问以及悠久、沉静、深远、海洋、远山等。在某种情况下，蓝色也给人以孤寂、幽暗、抑郁之感。

6. 紫色

紫色在自然界中十分稀少，故而显得珍贵而神秘，一般为皇室与贵族的色彩。蓝紫色为英国王室的象征色，称为皇家蓝。紫色是古典服装常用的颜色，常使人联想到庄严、神秘、深远、崇高、神圣、天国、高贵、优雅等；但也常使人联想到寂寞、不安、不愉快、不祥、孤独、哀愁等。

7. 白色

白色象征着白昼、善良、纯洁、神圣。在西方为婚礼服色，也常用于礼仪服饰中。

8. 灰色

灰色给人以消极、平凡之感。

9. 黑色

黑色给人黑夜的感觉，象征着坚硬、神秘、寂静。

（二）色彩的情感

各种色彩因具有不同色相、明度和彩度等属性，导致人们在看到每种颜色时会产生不同的心理感觉。

1. 色彩的轻重感

相同的物体，人们会因其色彩不同产生不同的轻重感，这缘于色彩的明度。通常，明度高的色彩给人以轻感，明度低的色彩给人以重感。

2. 色彩的软硬感

色彩的软硬感是由颜色的总体感觉决定的。感觉软的色彩一般是高明度、低纯度、处于暖色系的色彩；感觉硬的色彩，通常明度在中等以上，纯度高，处于冷色系。

3. 色彩的强弱感

明度低、纯度高的色彩呈强感；明度高、纯度低的色彩给人弱感。也就是说，暗而鲜明的颜色呈强感，亮而浑浊的颜色呈弱感。

4. 色彩的冷暖感

人们看到水会觉得冷，看到火会觉得热。即与水相关的蓝绿色、青色给人冷感，与火相关的红色、橙色给人热感。

（三）色彩设计的协调性

一套服装中常常出现多种色彩，此时，要进行配色设计。服装配色要遵循协调性的原则。

1. 色彩的统一

从色彩调和论上看，比较类似的颜色配合在一起，给人的视觉感觉往往是美的、舒服的。在服装配色时，要使色彩统一，只要使各种颜色的感觉向一个中心靠拢，或色相、或明度、或纯度，就可形成调性极强的色彩效果。比如，用某一色相统一整体，或用相同的纯度统一整体等。统一是大多数人最易接受和最易感觉到的美感。

2. 色彩的平衡

服装色彩中的平衡感，是通过色彩面积的对比形成的。常见的有三种形式：对称平衡、非对称平衡和上下平衡。对称平衡，是指色彩搭配具有简单明了的秩序特征，给人稳定、安静的视觉效果，是一种最易达到的平衡。非对称平衡，是指色性格、色面积、色位置等不均匀分布，给人活跃、新鲜、运动的感觉，但较难掌握。上下平衡，是指服装上下的长度和色面积的分量比例关系达到平衡。

具体用色时，一般暖色和纯色要比冷色和浊色面积小一些；当两色明度相近时，纯度高的色比灰色或低纯度色的面积要小；深与浅、冷与暖进行对比时，应变化其面积和位置的关系；明度相同的色在一起应尽量寻找一些色相的变化。若一套服装配色太过丰富，那就要在明度上求得近似。

3. 色彩的节奏

色彩的节奏，是通过色彩面积有规律地渐变、交替，或有秩序地重复色的明度、色相、纯度、形状和方向等要素而形成。这些要素若像光谱或色阶那样依次排列，或由小到大、由大到小，或由冷到暖、由暖到冷等逐渐过渡，形成的是渐变式节奏。这些要素中一个或几个要素连续反复或两、三个要素交替反复，形成的是反复式节奏。渐变式和反复式节奏的形式表达都比较简单，因为存在固定不变的某个要素，易于接受。另外一种多元性节奏，则是将色彩的冷暖、明暗、鲜浊、形状等进行高低起伏、重叠、转折、强弱、方向等的变化，其节奏形式和结构都很不规则，显得运动感强、有生气、充满个性，不过这种节奏一旦把握不当，可能会有适得其反的效果。

（四）色彩与季节

不同季节对服装设计的要求不同，色彩选择也会不同。

1. 春

春天阳光明媚，万物复苏。明亮、淡雅的色彩是这一季的代表色。

2. 夏

强烈的阳光直射大地，充满强烈跳动感的夏季，强烈、明快、有活力、有个性的色彩相当盛行。同时，黑白色也被广泛应用。

3. 秋

空气清澄、落叶满地的秋天，带着丰收的喜悦和淡淡的乡愁，寂寞与激情交错，沉思与冲动层叠，自然界的色彩丰富万千，层次交叉融合。颜色偏暗的、丰富的中间色成为这一季的主要用色。

4. 冬

冬天是一个寒风瑟瑟、枝枯叶尽的季节。大自然的色彩显得万分凝重厚实，而人类世界的色彩则如此的轻薄，仿佛根本挡不住寒冷气流的上下窜动。暖色调和沉稳的色彩成为冬季的主要用色，黑色也常采用。

三、服装设计中的流行色

色彩规划的前提是把握流行色。

（一）流行色及其分类

流行色是指在一定的社会范围内、一段时间内群众中广泛流传的带有倾向性的色彩。根据流行色的影响范围，流行色可分为国际流行色和地区流行色两种。

1. 国际流行色

国际流行色是由国际流行色协会向世界发布的，对世界范围内的服饰企业都有较大影响力的流行色。国际流行色协会是由法国、德国和日本在1963年发起形成的，它是目前国际上最具权威、规模最大的流行色研究和发布团体。国际流行色协会在每年的2月和7月分别召开一次色彩专家会议，研究制订春夏和秋冬两季的男、女装四组流行色卡。形成的流行色卡先发放给国际流行色协会的会员国进行试用，确保流行色准确后，再正式对外公布。国际流行色通常通过专业报纸杂志、电台、电视台等媒体进行广泛的宣传推广。目前国际著名的流行色发布刊物有：《国际色彩权威》和《巴黎纺织之声》等，我国流行色发布的权威杂志是《流行色》。

2. 地区流行色

地区流行色是某段时间在某一地区风行并为大众接受的一种新的色彩体系。如今，很多国家和地区都开始逐渐建立自己的流行色研究、发布组织，以引导本国和地区的时尚发展。地区流行色组织根据流行演变规律，每年召开两次年会，来预测和发布春夏和秋冬两季的流行色卡。

（二）流行色变迁的规律

流行色的变迁是有规律的。例如，在冷色调多见的时期之后，流行色就会向对立的、相反的方向转变，即必然出现能给人们带来新鲜感的暖色调的流行，这是一种色相上的移动。这种变化通常以两年半或三年为周期。在明度和纯度上也存在类似的现象。

根据对历年流行资料的分析发现，流行色的整个生命周期约为七年，分为始发期、上升期、高潮期、衰退期四个阶段。其中高潮期为这一色彩的黄金销售期，通常为一年。

流行色的变化就色相来说，一般是沿着色相环转动，或者顺时针转动，或者逆时针转动，转动角度也时大时小，但基本不会出现插入式或突发式的变化。明度和纯度也有相似的规律，一般总是从低明度到中明度，再到高明度，从低纯度、中纯度到高纯度。流行色的变化具有连续性。

经过一个周期再次出现的流行色彩，与上次的流行不会完全相同，总会有细微差别。

（三）如何利用流行色

1. 了解流行色卡

世界各地的流行色预测机构，通常以色卡的形式推出成组的流行色彩，这些色彩可分为三大类：

（1）时髦色彩。可细分为即将流行的色彩、正在流行的色彩、即将过时的色彩。

（2）点缀色彩。常是时髦色彩的补色。

（3）常用色彩。具有某种有彩色倾向的无彩色系。

这三大类色彩构成的流行色，不仅易于流行的延续，而且对生产商、销售商以及消费者也都是有利的。

2. 应用流行色卡

按照流行色卡进行配色时，针对三类不同商品有不同原则：

（1）针对主题商品选用正在流行和即将流行的时髦色彩。

（2）针对畅销商品主要选用正在流行的时髦色彩，加入一定量的常用色彩作为调和辅助色，增加品牌的色彩设计层次感。

（3）针对长销商品主要选用常用色彩，加入少量的正在流行的时髦色彩作为点缀与补充。

点缀色彩在三种商品中均可运用，但量一定要少。

四、色彩规划方法

（一）服装色彩的整体设计

所谓服装色彩的整体设计，就是在设计服装时，要考虑单套服装内部上衣与下衣之间的色彩统一，考虑服装、服饰的色彩与着装者的体型、肤色、性格及环境之间的色彩统一，考虑系列服装的色彩统一。

进行服装色彩整体设计的方法，通常有两种：由整体而局部的方法和由局部而整体的方法。

1. 由整体而局部的方法

由整体而局部的方法，就是在服装设计前首先确定设计的主题，然后根据主题，设想设计过程中各个款式、各个产品类别及其配饰应采用的颜色。如著名的高级女装品牌Prada，2005春夏以“自由的鸟儿”为主题，在T台上呈现出一股率性自在的旅人风情。如图6-13所示，Prada这一季的作品从自由的鸟儿这一主题出发，设计了跳跃感较强的黄色、橙色和象征蓝天、飞翔的蓝色、绿色等，并采用色块拼接的方法，应用到系列服装的设计及单套服装和服饰的搭配设计中。由整体而局部的设计方法，不仅易于统一系列设计的色彩，而且易于将主题渗透到设计的各个细节。

图 6-13　Prada2005 春夏作品

2. 由局部而整体的方法

与上述方法相反的是，由局部而整体的设计方法是从局部出发，如一块面料、一种颜色等，受到局部材料的启发从而得到灵感，将其整体的主题和局部的色彩、面料都进行各种变化或延伸，应用到系列服装的设计过程中，从而完成整体设计。如我国著名的服装设计师梁子，就是从一块面料——莨绸中受到启发，进行了后续的一系列设计，从而成就了“天意”这一品牌。如图 6-14 所示，梁子将莨绸这种面料的颜色、材质、风格等提取出来，作为设计的基本元素，然后将这些元素进行变化、延伸或组合应用，就得到了丰富多彩但风格统一的设计。

图 6-14　“天意”作品展示

无论采用什么方法进行服装色彩的设计，都应注意设计的整体性，即进行整体设计。

（二）色彩规划流程

结合服装总体设计的统一要求，下面介绍色彩规划的流程。

1. 信息收集和分析

根据所确定的设计理念，收集有关色彩的各种信息资料。色彩信息包括上一季各种色彩服装的销售情况总结和流行色预测机构发布的流行色信息两个方面。上一季的销售情况，决定品牌下一季将采用的基调色或常用色，以保证色彩规划更符合市场需求。对于流行色信息，企业应根据自身情况综合分析国际流行色和中国流行色，以确定本品牌下一季的流行色彩。

2. 色彩主题规划

色彩规划要求在参考流行色信息和市场信息的基础上，根据品牌的理念、目标市场的特性、材料的倾向、商品的品类等来设定色彩理念、色彩主题及进行基本配色和图表化表现。按确定的色彩理念，选择基调色和主题色。由此形成色彩主题板。

以时装品牌为例，主题规划阶段若设计四个主题，那么通常作四个色彩主题板。色彩主题板中大面积以图片体现主题特征，然后从中提炼主题色系、搭配色系或辅助色系、点缀色系，最后说明该色彩主题适用的款式类型。在色彩主题板中，尽量以图片说明为主，辅以文字说明。

3. 色彩波段规划

细致的色彩规划应该按照服装的上市时间进行季节波段策划。在一个季节分波段进行色彩策划，可以在保持色彩组合整体风格不变的基础上，在微观上调整个别色彩的分配比例，并调换个别点缀色，给消费者不断变化的印象，达到刺激消费的目的。

如冬季通常分初冬、深冬两个时段，初冬时，消费者心态往往仍然停留在色彩斑斓的夏秋季，因此为了满足消费者的心理需求，初冬的主辅色和点缀色都相对深冬鲜艳一些。

4. 色彩搭配及应用规划

为了更好指导后期设计，企业通常会做色彩搭配及应用规划，也就是给出前面确定的主辅色、点缀色如何应用，应用到什么样的款式，如何变化，如何搭配。通常以款式图的形式，直观地给出色彩搭配及应用方法。

需要说明的是，色彩搭配不仅仅是上下衣的搭配，还包括内外衣的搭配、图案中的拼色搭配、面辅料色彩搭配、结构线色彩搭配等。规划时，需较为全面地给出搭配方法和注意事项。

5. 色彩推广

首先，将色彩理念和内容推广到面料的染色与图案中，以便尽早与供应商取得联系，生产或采购所需的面料。需要注意的是，面料由于组织结构、表面肌理、后整理工艺等不同，使用过程中为保证效果应作适当的色彩变化。另外，应用到面料时，色彩的搭配应遵循协调原则。

其次，将色彩理念和内容推广到广告和品牌的VI设计中，以便推广本季的色彩理念。

6. 色彩信息的记录和保存

建立品牌的色彩资料信息管理系统，利用POS销售系统，可得到各种色彩的市场反馈信息，以便为品牌决策提供参考。

第五节　服装商品面料规划

“服装是布的雕塑”。服装设计的基础是面料，因此，材料的选择影响设计的表达。随着目前服装市场成熟化、个性化趋向的出现，使材料在塑造服装风格形象与独特性方面的重要性日趋突出。

面料规划是按照系列或产品大类，结合产品造型要求选取几组有使用意向的典型面料小样，并对产品的面料选择使用范围做文字描述。

一、服装面料的分类

选择面料是服装品牌设计规划工作中的重要部分，规划人员必须具有丰富的服装材料知识，能辨别面料的纤维成分、结构、组织、性能，以及产地、颜色、图案、风格，并能把握各种材料的适用性。

目前可选的服装面料非常繁多，因此，了解服装材料的分类有助于规划人员深入把握材料运用的规律性。

对服装面料的分类可从客观和主观两个角度进行。

（一）从客观角度对服装面料进行分类

即根据面料的纤维构成、纱线结构、织物组织、后整理方法等客观特性进行分类。如根据纤维构成，可分为天然纤维材料和化学纤维材料两种。天然纤维材料舒适性能良好，但服用性能较差；化学纤维材料刚好相反。因此，天然纤维材料主要用于对舒适性能要求较高的贴身穿着类服装和夏季服装，化学纤维材料适用于对服用性能要求较高的外套服装尤其是职业服装等。

从客观角度对服装面料进行分类，涉及服装材料学相关的专业知识，在此不再赘述。

（二）从主观角度对服装面料进行分类

即根据材料对人的生理、心理上造成的感觉进行分类，通常我们把这种主观角度的判断称为织物风格。织物风格，是经过一定的加工处理后，表面呈现出的光泽、起毛、起绒等特殊的视觉、触觉效果。织物风格通常是人们对材料绉面、纹路、光泽、平整、干爽、厚薄、牢度、保暖性、起毛状况、纹样图案等特征进行综合评价后得到的主观评价。主观角度对材料分类的难点在于确定评价的标准。目前世界各国采用的具体分类方法有很多，普遍运用的是美国学者提出的SD法（Semantic Definition：用语义的差别来定义），即感觉量化法。这种方法最先运用于语言学研究中，后来逐渐被用来评价事物对人所产生的感觉刺激。具体方法是将一组反义词，如明——暗、厚——薄、硬——软等，分别放在各轴的两端，然后再在其间区分不同的级别。如图6-15所示。

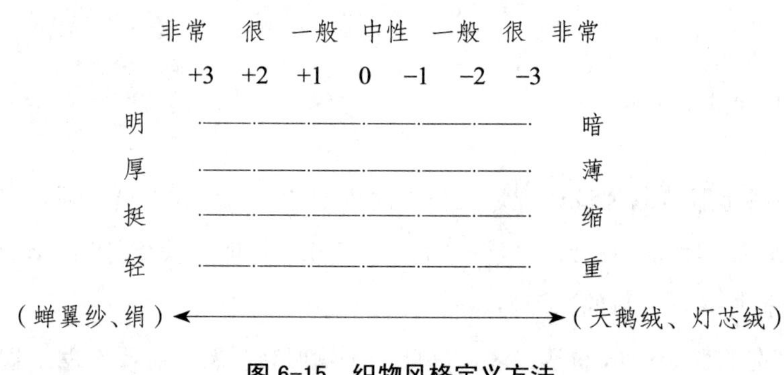

图6-15 织物风格定义方法

基于对织物风格进行分析定义的SD法，结合评价材料风格的八个基本要素，可建立一种比较直观、形象的材料风格分析方法，如图6-16所示。

图中的评价体系由八个要素分别构成四根坐标轴的两端，每根轴两端意义相反。每根轴被分为五段，5代表非常，4代表比较，3代表一般，2代表不太，1代表一点也不，各轴交汇点为圆点，代表0，箭头处代表5。

然后，对每种材料的突出性能要素进行主观评价，并在上图中标出其位置，最终即可形成织物与风格的关系定位图。从中，规划人员可根据风格要求很容易地选择所需面料。

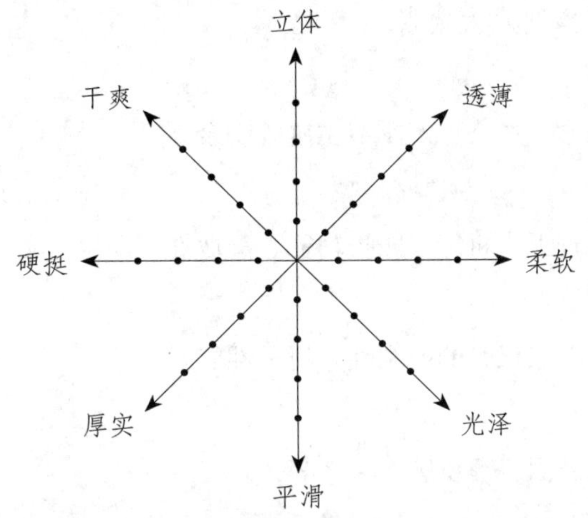

图 6-16　材料风格八轴评价体系

二、面料选择的原则与要素

服装品牌在选择面料时应遵循两项原则，考虑六大要素。

（一）面料选择的原则

1. 应吻合品牌的理念设定及风格形象

品牌设计规划之前，已确定了品牌的理念设定和风格形象，这是设计规划的基础。在选择材料时，应考虑材料应能很好地体现这种理念和风格。如为表现女性化的风格特征，应选用巴厘纱、细平布、蕾丝、乔其纱等具有透明感、流畅感、摇曳感和悬垂性好的织物；为表现男性化的风格特征，应选用华达呢、哔叽等质感坚实的材料和花呢、法兰绒、合成皮革等中厚型或厚型织物。

2. 应适合不同品类服装的要求

服装品牌往往生产销售多品类的产品，如一个职业女装品牌可能生产销售衬衫、裙装、裤装、职业套装、休闲装、礼服以及围巾等多种服饰品。各种品类服装要求不同，选择材料要根据具体服装的要求，如设计冬季外套应选用棉或毛纤维的面料，以麦尔登、花呢、绒面呢等厚型面料为主；设计休闲外套，羊毛类面料可选花呢，棉类面料可选华达呢、哔叽，以及涤纶与棉或毛混纺、涤与麻混纺的面料。

（二）面料选择的六大要素

1. 适合性

与本品牌的理念、风格以及季节主题等吻合。

2. 功能性

运动功能、生理卫生机能、防护功能、舒适性等。

3. 经济性

适当的价格、洗涤保管的便利性、耐久性等。

4. 造型要素

色彩、图案的表面肌理质感、风格等。

5. 加工性能

可缝性、立体造型性、与衬料的配伍性、熨烫条件等。

6. 物流要素

物流运输、最小批量、成交条件、品质保障等。

三、面料规划流程

服装品牌选择面料通常有两种方式：一种是与面料供应商一起开发新型材料，另一种是从面料批发商处直接进货。两者在时间周期上差异很大。因此，材料规划时，一方面优先考虑材料本身的风格、质地，另一方面还需从流通的角度出发掌握工作进度。面料规划的基本流程如下：

（一）面料规划理念确认

确认服装品牌的整体理念、本季设计理念和计划实施的可行性。

（二）面料信息收集

首先，收集面料的流行趋势信息，包括国际流行和国内流行信息。服装材料或服装服饰产品的博览会、交易会、发布会，以及预测机构的信息发布、时尚报刊等是流行信息收集的主要渠道。流行信息是服装品牌选择面料的主要依据。

其次，收集供应商的产品供应信息。供应商所能提供的产品限制了服装品牌的选择范围，因此，企业应了解能为自身提供材料的供应商的供应能力，本企业的产品规划必须以此为基础。

另外，对具体服装设计而言，采用何种面料，还取决于与衬料、里料等辅料的配伍性、可缝性、机械性能、强度性能、色牢度、耐热性、洗涤性能等，因而应全面收集材料的信息。

（三）面料选用主题规划

基于以上信息收集，确定服装品牌选用面料的原则，包括风格原则、成本原则等，然后形成面料规划主题板。

面料规划主题板中，主要体现某主题或产品大类所需面料的风格类型、面料的纤维、纱线、织物、后整理等构成特征和物理机械性能、服用性能、舒适性能、加工性能等性能特征，以及颜色、手感、视觉等特征，并说明面料使用范围和方法。

（四）面料应用规划

根据以上原则，收集面料样品，包括原创设计和直接采购两种方式。原创设计较为复杂，但易于得到所需风格的面料；而直接采购较为简单，但有时可能无法找到所需面料。无论通过哪种方式，最后都需确定具体的面料小样，可将其制作成面料分析与应用规划表。

面料分析与应用规划表中，要对每一个选中的面料进行主、客观性能分析，并策划该面料所需定制的颜色和适用的具体款式。其中必须附面料小样和适用的款式图。

另外，需要说明的是，在这一过程，服装品牌为了在设计生产中及时获得所需的各种材料以及与之相关的信息，必须与各种品类材料的零售商、批发商建立良好的合作关系，有选择地与某些较好的面料商保持密切联系。

第七章

服装生产与管理

服装整个生产加工过程是离不开管理与控制的，通过管理与控制可以使服装的生产在高效、有序的状态下进行，同时还能对产品的质量、设备的管理以及成本核算等多项过程产生很大的影响。

第一节　原材料采购

采购是对物料从供应商到企业组织内部移动的管理过程，是企业供应链管理中的基本活动之一。任何一个组织，其生产运作所需的投入中都离不开物料。服装生产企业运营的核心环节则是通过一系列的活动，从外部供应商那里购买原材料（如面料、拉链、纽扣、线等），按照一定的规则将这些主、辅料等物料转化为成衣。这些物料占总成本的绝大部分，因此，就需要发挥物料管理和采购管理的重要作用以控制成本。

一、物料和物料管理

（一）物料

物料包括各种原材料、在制品、零部件和成品。对于制造性企业来说，生产过程实质上是物料的转化过程。服装生产企业所需要的物料，主要是指企业生产经营活动中所消耗的各种生产资料。

1. 主要原材料

指经加工后构成产品主要实体的材料。服装生产企业主要原材料有面料和里料。面料和里料品种繁多，各有不同功能和特点，且新材料及材料技术发展迅速，为其管理增加了难度。为了便于编制计划、采购订货和加强管理，应对面料和里料进一步进行分类。如面料，可按其材质分为棉、毛、麻、丝、混纺、化纤等；按颜色分为红色系、绿色系、黄色系、蓝色系、黑色系、白色系等或深色系、浅色系等；还可以按照花色分类。

2. 辅助材料

指用于生产过程，有助于产品的形成，但不构成产品主要实体的材料。服装生产企业的辅助材料主要包括线、纽扣、拉链以及各种衬布、装饰配件、花边等。

3. 间接材料或工具

指生产中消耗的，不在产品中体现出来的材料，如纸板、划粉等。

4. 在制品或半成品

指未完成的产品，需进行进一步的加工，如领、袖、前片等。

5. 成品

指加工完成可以交付的产品，如衬衫、西裤等。

（二）物料管理

物料管理是供应链的中间部分物流和信息流。因此，现代企业的物料管理是指对企业生产经营活动所需各种物料的采购、验收、供应、保管、发放、合理使用、节约和综合利用等一系列计划、组织、控制等管理活动的总称。搞好物料管理，有利于保证和促进生产，节约物料消耗，加速资金周转，降低产品成本，提高经济效益等。

物料管理所涉及的职能包括物料的计划和控制、生产计划、物料采购、收货、仓储、厂区内物料的移动、到货运输、到货质量控制、库存控制、呆废料的处理等。

在服装生产企业，物料成本占总成本的绝大部分，因此，科学合理的物料管理对企业成功经营影响非常大。在供应链中，物料管理要实现的目标包括：

1. 低价格

即以低价格采购物料，以降低产品成本，提高利润。

2. 高存货周转率

存货周转率是指销货成本除以平均存货。存货周转率越高，表示销售量越大且存货越少，故积压在存货上的资金就少，资金的使用率就高。

3. 低物料保管成本

即在物料验收、搬运及存储方面能有效率的运作，以降低保管及取得成本。

二、采购管理

在一个企业的经营中，物料采购成本占很大比重，因此通过物料采购管理降低物料成本是企业增加利润的一个有效途径。但是物料采购的目的不仅仅是要采购成本最低，而且要保证企业所需要的物料能够保质、保量、适时地获得。

（一）采购需求

1. 接受采购要求

采购要求的内容包括需要采购物料的品种、数量、质量要求以及到货期限。采购部门从生产计划部门、各种职能部门以及库存管理部门获得对各种物料的需求情况，并进行汇总，做出相应的采购计划。在制造企业中，物料采购计划往往是根据生产日程计划来安排的。

2. 决定自制还是外购

在很多情况下，企业所需的某些物料是企业能够自己加工生产的零部件或半成品，这时，企业就需要对自制还是外购做出决策，因为它会直接影响到产品的质量和成本。企业在进行自制和外购分析时，主要考虑以下几个问题：

（1）零部件成本。当自制的零部件成本比外购的成本低时，选择自制，否则外购。

（2）零部件的质量。当供应方提供的零部件质量不能得到保证时，选择自制。

（3）零部件的可获性。当所需的零部件无处采购时，只能选择自制。

（4）技术保密性。当这种零部件的生产涉及保密技术时，应当自制，以防止技术扩散。

（二）供应商管理

1. 供应商的选择

好的供应商是确保供应物料的质量、价格和交货期的关键。因此，如何选择和保持与供应商的良好关系是采购管理的一个主要问题。在对供应商进行选择时，可对多个候选供应商进行综合评价，最后确定供应商。在选择时，往往需要考虑以下几个方面的问题。

（1）设备能力。了解供应商的设备能否加工所需要的物料并保证质量。

（2）生产能力。了解供应商的生产能力是否能满足本企业的物料需求。

（3）质量保证。对供应商提供的产品的质量进行确认，以保证企业原材料的质量。可通过了解供应商是否建立质量管理体系或是否通过质量认证来予以评价。

（4）财务状况。通过调查供应商的财务状况，了解供应商承担市场风险的能力。对于财务状况不佳的企业，一旦发生财务危机导致生产中断，则会对本企业的物料供应造成不良影响。这时，不仅会产生断货风险，而且还会因为重新选择供应商而产生额外的成本。

（5）供应商的管理水平。供应商管理水平的高低会影响到双方合作的程度。好的供应商应该有科学的管理方法和较高的办事效率，成本结构合理，供货稳定，从而降低企业的采购成本。

（6）供应商发展潜力。企业都希望能够有一个长期合作的供应商，因此就需要对供应商的发展潜力进行分析。对于有较强发展潜力的供应商，应予以鼓励，希望其能够不断改善技术和管理水平、提高产品质量、降低成本、增强抗风险能力，从而能够使双方获益。

（7）合同执行情况。过去的合同执行情况可以反映供应商的信誉。

2. 供应商管理的模式

传统的企业与供应商的关系是一种短期的、松散的，相互间作为交易对手、竞争对手的关系。在这样一种基本关系下，企业与供应商是一种“0-1”博弈，一方所赢则是另一方所失。买方总是试图将价格压到最低，而不考虑供应商的接受能力；供应商则是以特殊的质量要求、特殊服务和订货量的变化等各种理由尽量抬高价格，哪一方能取胜主要取决于哪一方在交易中占上风。

如今越来越多的企业认识到，与供应商的这种以竞争为主的关系模式已经不适应现代企业持续发展。另一种与供应商的关系模式——合作模式，成为企业供应商管理的一个核心。在这种模式下，企业（买方）和供应商（卖方）互相视对方为“伙伴”，建立起战略合作关系，实现“双赢”。前面提到，企业应当选择有发展潜力的供应商，并在技术或管理上对其实施一定的支持，这样，在提高供应商的竞争力的同时，也提高了供应商对本企业的供货能力。

（三）订货

订货过程有时可能很复杂，比如昂贵的一次性订货，或专门地定做大量货物，需要双方不断地对各种情况进行商榷；也可以很简单，比如长期合作的情况下，固定量、固定时间的订货可能一个电话就可以完成。如果一个企业的采购品种非常多，采购频率也很高，日常的订货管理工作量就非常大，这样就会发生大量的管理成本，还有可能带来很高的差错率，从而进一步增加成本。

在供应链当中，如果企业与供应商建立了良好的合作伙伴关系，并充分利用现代信息技术来进行管理，那么就可以通过网络与供应商进行业务往来，而不需要通过任何纸质媒介，就可简洁、迅速地完成订货手续，节省大量的管理成本。如此一来，对于订单的变更手续也可以简化许多。

另外，订单发出后，还要进行订货跟踪。

第二节　服装生产计划的设计与控制

在制订生产计划时，需要对企业的生产任务做出统筹安排，规定企业在计划期内产品生产的品种、质量、数量、进度指标。其主要内容包括：调查和预测市场对产品的需求，核定企业的生产能力，确定目标，制订策略，确定生产计划、生产进度以及计划的实施、控制与分析等工作。

一、生产计划

（一）生产计划系统的层次

1. 长期计划

应反映企业的基本目标和组织方针，主要制订企业的产品战略、生产战略、综合投资战略、销售和市场份额增长战略等。长期计划的制订要应用财务、生产和销售的宏观模型。

2. 中期计划

又称生产计划大纲或年度生产计划，多根据产品市场预测和顾客订货合同信息制订，同时要进行生产能力的核定以及生产能力与生产任务的平衡。

3. 短期计划

主要包括生产作业计划、材料计划、能力计划、生产控制与反馈等与具体生产过程相关的内容。

服装企业的生产计划以中、短期计划为主。

（二）生产计划的主要指标

确定生产指标，是编制生产计划的主要内容。这些指标都具有一定的经济内容，它们从不同的角度反映了企业技术与经济管理的水平。

1. 产品品种

产品品种指标是指企业在计划期内应生产的产品种类和品种数量，它在一定程度上反映企业适应市场的能力。一般来说，品种越多，越能满足不同的需求，但过多的品种会分散企业的生产能力，难以形成规模优势。因此企业应综合考虑，合理确定产品品种，加快产品的更新换代。

2. 产品质量

产品质量指标是指企业在计划期内各种产品应达到的质量标准，是产品的使用价值满足市场需要的程度。它是反映企业产品能否适合市场的一个重要指标，也是反映生产技术和管理水平的重要指标。在我国，质量标准分为国家标准、部颁标准和企业标准等几个层次。

3. 产品产量

产品产量指标是指企业在计划期内应当生产的合格产品的实物数量。这个指标反映了企业生产成果，是企业组织产、供、销平衡，经济效益核算，组织计划与生产活动的依据，也是企业的主要任务。

4. 产值

产值指标是用货币量来表示的产品产量的指标。它反映企业在一定时期内的生产规模、水平，并作为计算发展速度的依据，是综合反映企业生产成果的价值指标。

（1）工业总产值。指用货币形态表示企业在计划期内生产的工作总量或工业劳动总量。一般以不变价格计算，内容包括商品的产值，在制品、半成品、自制工具、模具等在计划期末、期初差额的价值及订货者来料加工价值。

（2）商品产值。指在一定时期内，用货币形态表示的企业商品产量，是反映企业生产成果的重要指标，是企业在计划期内可供出售产品的价值。商品产值用现行价格表示，它还包括自制材料生产的成品价值，已销或准备销售的半成品价值，订货者来料制成品的加工价值与对外工业性作业价值。

（3）工业净产值。指工业生产活动中新创造的价值。一般以现价计算，它有效地避免了转移价值的影响，正确地反映了企业的生产劳动成果。净产值的计算方法有生产法和分配法。

生产法是从工业总产值中扣除物质消耗价值。其计算公式为：

工业净产值＝工业总产值－工业总值中物质消耗价值

分配法是从国民收入初次分配的角度出发，将各种构成要素相加。其计算公式为：

工业净产值＝税金＋利润＋工资及工资附加费＋其他费用项目

二、生产能力的核定

生产能力，是指在一定的生产组织和技术水平下，直接参与生产的固定资产在一定时期内所能生产的产品总量或能加工的原材料总量。企业的生产能力是一个动态指标，它随着企业生产组织状况、产品品种结构、原材料质量等因素的变化而变化。企业生产能力的大小受多种因素的影响，服装企业生产类型、产品结构、生产状况多种多样，生产能力的核定方法也不尽相同。通产情况下，可从以下几个角度进行分析。

（一）人员能力的分析

根据销售计划制订的预期生产计划，针对各种产品的数量、标准时间计算出生产该产品所需的人力。某服装厂计划生产产品的标准工时、计划产量等资料如表 7-1 所示。

表 7-1　某服装厂生产计划表

项目 \ 产品工序	A	B	C	D	E	F	G	H	I	合计
标准工时（min）	8.7	12.5	5.8	11.3	9.4	11.7	8.8	9.3	13.5	—
计划产量（件）	11000	3200	12000	2500	4600	3600	3400	15000	3000	58300
需要工时（min）	95700	40000	69600	28250	43240	42120	29920	139500	40500	528830

假设月工作天数为 23 天，每天工作 8 小时（不含加班时间），则一个月内人员需求计算如下：

$$人员需求数＝\frac{计划生产总标准时间}{每人每天工作时间 \times 工作日数} \times (1+ 宽裕率)$$

假设宽裕率为 15%，则：

$$人员需求数=\frac{528830}{60\times8\times23}\times(1+15\%)=55.1人\approx55人$$

总之，工厂应根据生产能力（人力情况），同需要完成的作业量进行比较，核算是否存在能力不足的情况，努力使生产得到平衡，并向标准作业时间靠拢。

（二）设备能力的分析

服装厂常用的设备有平缝机、特种缝纫机、整烫机等，根据生产所需加以分类。

例：假定一般平缝机每分钟可出产品 10 件，则单台设备作业的实际时间为：

$$实际时间=60/10=6s/件$$

假设标准宽裕率为 20%，则

$$单台设备标准作业时间=6\times(1+20\%)=7.2s$$

$$单台设备生产能力=\frac{总计划作业时间}{单台设备标准作业时间}$$

假定计划作业时间为 480min，则：

$$单台设备生产能力=480\times60/7.2=4000件$$

如果平缝机总共有 40 台，则平缝机的总生产能力为：

$$总生产能力=\frac{总计划作业时间}{单台设备标准作业时间}\times台数\times开机率$$

设定开机率为 70%，则 40 台平缝机 8 小时的生产能力为：

$$总生产能力=\frac{8\times60\times60}{7.2}\times40\times70\%=112000件$$

机器设备的增补不像人员增补那样方便，它牵涉到资金的筹措。通常情况下，可根据产品总计划和年销售计划来制订机器设备的购置计划。

（三）影响服装生产能力的因素

在实际生产过程中，服装生产能力的核算不能简单地以企业的生产人员或设备来计算，因为服装的手工作业比重很大，技术的熟练程度、作业人员的流动性、生产品种的变化、生产的淡旺季等诸多影响生产能力的因素及许多复杂的问题，都要凭生产经验进行分析、研究和预测，从中发现实际的生产能力。具体影响因素有：

1. 生产品种变化对生产能力的影响

生产品种变化后，随之而来的是生产工具和生产工艺装备、生产流水线人员组织变化的调整，生产技术适应过程与生产工人作业技术的熟练程度也会随之变化。布置新工艺以及进行技术辅导等都会影响生产能力计算，一般变换生产品种的头两天至少可能减少20%的产量。

2. 生产设备的先进程度对生产能力的影响

高效率的先进专用设备的运用与服装生产效益具有相当密切的关系。有的先进设备比手工作业的效率可能高出几十倍。以裁剪工序为例，同样两个工人进行裁剪作业，如果采用CAM电脑自动裁剪装置来裁剪一般品种，每天可以裁剪8000～10000件。而使用一般手推式电动裁剪刀，每天只能完成400～500件。即使是小型的工、夹、模具的应用，也会对生产能力产生较大的影响。

3. 服装原辅材料对生产能力的影响

这里主要是指原辅材料的性能对服装生产能力的影响。一般正式生产前，都要进行原辅料的检验，但有可能会出现漏检、漏验的现象。如果在缝制过程中发现有些裁片上出现疵点，不符合服装技术标准规定，只能通过更换疵点裁片、重新配色、配料补充裁片，这就将影响原有生产能力。

4. 产品质量缺陷对生产能力的影响

有的车间、班组在生产上只注重追求产量，忽视产品质量的提高，无论造成轻缺陷、重缺陷还是严重缺陷等质量问题，都会给生产能力带来影响。

5. 生产季节性对生产能力的影响

服装生产存在淡季和旺季的区别，淡季时生产任务脱节，旺季时又来不及生产，这样都可能对生产能力的计算带来影响。因此，要充分利用协作单位的加工能力，提高服装生产季节性生产的调节能力。

6. 劳动组织安排对生产能力的影响

如果各部门的劳动组织与人事安排不科学不合理，就会影响裁剪、缝制、锁钉、整烫、包装等环节作业的衔接。部门内部劳动组织、流水线组织与人事安排不妥，也会影响生产能力的发挥。

7. 企业生产管理水平对生产能力的影响

服装生产工程是一项系统工程，包括物料管理、劳动组织、技术准备、生产过程、质量控制等方面的管理水平以及部门之间、工序之间的协调能力等，这些都将对生产能力产生很大影响。

（四）短期生产能力的调整

当工厂的人力和机器设备负荷与需求发生不平衡时，则要进行短期生产能力的调整。几种常用的方法见表 7-2。

表 7-2 短期生产能力调整方法

需求状况 调整方法	低于需求	高于需求
外包	部分工作外包	外包收回
临时工	增加临时工	减少临时工
机器设备	增加开机时间	减少开机台数
使用工时	加班或轮班	减少加班
人员技能	训练新的操作人员	使用具有多种专长的作业人员，减少作业人数

三、生产计划的综合平衡

综合平衡、确定生产计划指标是编制生产计划的重要步骤。这一步将需要和可能结合起来，将提出的初步生产计划指标和各方面的条件进行平衡，使生产指标得到落实。

就服装企业来说，综合平衡指的是正确处理工厂生产活动中各种生产要素、各项专业计划与各生产环节之间的关系，使它们互相衔接、互相协调、互相促进，最经济地实现预定的计划目标。

（一）综合平衡的原则

1. 预见性

预见性指对生产活动中可能发生的情况有预先的准备措施，不应当出现了不平衡以后再去做平衡工作。如在服装厂中，服装产品的款式变化，面、辅料的替换，新技术的应用，人员和环境的变化，这些都是可以预先了解的情况，可预先采取措施，做好各项平衡工作。

2. 积极性

积极性指要积极采取平衡工作，加强薄弱环节的管理，不留缺口。

3. 经济性

经济性指工厂在进行综合平衡时要注意经济效果，既做到计划的平衡，又能提高经济效益。

（二）综合平衡的内容

1. 产销平衡

产销平衡指工厂生产与市场消费的平衡。服装加工不能简单地用以产定销或以销定产来概括，而是应根据市场需求的变化对生产进行调整和控制，做到产销平衡。

2. 供应与生产平衡

供应与生产平衡指工厂的生产任务与面、辅料供应之间的平衡。工厂在确定生产任务的同时，要考虑面、辅料供应情况，保证按时、按质、按量、按品种规格供应生产所需的各种面、辅料，而又不占压过多的资金。在生产任务进行必要调整时，生产任务和原料供应能始终保持平衡状态。

3. 生产环节之间的平衡

生产环节之间的平衡主要包括：

生产任务和生产能力之间的平衡：测算人员、设备是否符合生产任务的要求。

生产任务与劳动力之间的平衡：测算劳动力的工种、数量，并检查劳动生产率水平对生产任务的保证程度。

生产任务与生产资金之间的平衡：测算流动资金对生产任务的保证程度。

生产车间之间及工序之间的平衡。

4. 各项指标之间的平衡

各项指标之间的平衡主要包括：服装产品的品种与产量之间的平衡；服装产品质量与面、辅料消耗之间的平衡；服装产品销售与货款回收之间的平衡；劳动组织与定员定额之间的平衡；库存物资与修旧利废之间的平衡。

四、生产作业计划的制订

市场部和销售部需要进行企业外部环境和内部信息的收集和分析。对于生产出口服装和自营出口的服装企业来说，还要了解国际贸易形势，关注政治、经济形势对服装市场的影响，以及汇率、税率、配额、许可证等方面的变化规律，了解政府给予企业的优惠政策。企业要运用计算机网络积累资料，做好市场调研等工作，掌握市场信息。销售部和生产部还要进行企业内部信息分析，注重本企业的长远发展和变化。

具体到生产作业计划的主要工作，包含如下内容。

（一）生产前准备

根据服装产品的款式、订货要求和批量，制订工艺流程、作业方法和所需加工设备，编写生产任务单和生产工艺说明，注明生产批号。

（二）加工日程

日程计划是根据服装厂的生产加工任务，对各种作业和有关业务的时间做预先的计划安排。不仅要制订从面、辅料入库检验到完成服装产品的各个作业细节的计划，还要安排与生产直接有关的业务计划，最终要求保证交货期和保证生产实施。

1. 大日程计划

按月或按季度进行的大致的生产日程计划，目的是根据生产任务的先后顺序合理安排各部门、各车间的工时，保证交货期，对必要的材料和在制品以及时间延误考虑一定的保险系数，见表 7-3。

表 7-3　产品出产计划　　单位：件

产品编号	月份					
	1	2	3	4	5	6
A001			100			
A002				150		
A003				50	180	
B132					20	200

2. 小日程计划

按日或小时进行具体工作内容的安排，明确各项工作的进行时间，全面掌握生产。

3. 工时计划

工时数是作业量的静态时间单位，通常一个人完成一小时的作业量称为一个作业时间单位，即一个工时。在服装厂中，每个工位或工序的作业内容常用分钟或秒计算。工时计划就是根据生产任务决定具体的作业量，并与现有生产能力相对照，进行调整。

4. 材料计划

材料计划一方面是根据生产日程计划，预测所需面、辅材料的种类、数量及生产周期等；另一方面，还要进行材料计划的一些日常业务工作，主要包括：面、辅料的库存量与账面相符；确定面、辅料的最低库存量，既能保证生产加工的顺利进行，又不至于占用过多资金、产生大量库存。

（三）生产日程的安排方法

在进行日程计划安排时，通常采用以下两种方法。

1. 前推排程法

以规划当日为起算日期，依据各作业所需的时间，逐步由前向后排定日程的方法。在产品所含的零件不复杂的情况下可使用本方法。

2. 后溯排程法

以最后需要日期（交货期）为起算日期，依据各作业所需时间，由最终逐步推算各作业开始时间的方法。

（四）工作分配的原则

一个成功的生产计划与管理应做到：产品如期交货；掌握生产进度；有效利用人员与机器产能；在制品停滞等待时间短，生产期间短等。

在安排工作时，应遵循一定的优先原则。

（1）交货期先后原则。交货时间越紧急，越应安排在最早时间生产。

（2）重点客户原则。重点客户的订单安排应受到重视。

（3）产能平衡原则。考虑机器负荷，尽量不出现停工待料的现象。

（4）工艺流程原则。工序越多的产品，出现问题变数越大，越应优先安排。

五、生产计划的实施与控制

生产控制是指在生产计划执行过程中，对有关产品生产的数量、品质和进度的控制，目的是保证完成生产计划所确定的各项指标。生产控制主要包括生产作业控制和生产进度控制。

（一）生产作业控制

1. 作业指导

在服装生产中，通常由经验丰富的班组长对具体的作业方法和动作进行指导。

多品种、小批量生产时，由于款式变换较频繁，经常出现作业内容变化，有时是产品整体的变化，有时甚至连生产线、班组的编制也要变化，因此要对作业人员进行必要的调整和技术指导，以保证生产的顺利进行。作业指导也是保证产品质量的先决条件。

2. 作业安排

作业安排指对现场发布制造指令，是一项将日程计划已经确立的内容给作业人员作具体指示的业务。主要内容有：确认产品规格；准备所需材料；给作业人员分配工作；安排上线生产顺序；供给必要的材料；准备作业所需的机械设备及器具。

3. 浮余管理

某一工序（或工作地）的生产能力与分配在该工序（或工作地）的工时负荷（工作量）之间的差被称为余力。

正确掌握车间、工序、作业人员等的生产能力，了解工作量分配情况及完成情况，保证加工任务在规定时间内完成，没有游闲时间以及不做过量的工作，是浮余管理的目的。

有空闲时间时，可提前安排预定的作业或支援其他班组；负荷过重，会引起进度的延迟，就应对作业重新安排、调整。

4. 质量检验

服装生产过程中，出现问题往往可以拆开重做，这一点有别于其他制造业。但是，服装产品出了疵品又不能修复时就造成了废品，这种损失将关系到工厂和全体人员的直接或间接经济利益，同时返工将影响生产效率，因此，必须采取措施，控制生产加工过程少出差错或不出差错，以保证产品质量。

一般在服装生产过程中，需进行三道检验过程。

（1）原材料检验。指在加工前对面、辅料的疵点、纹理图案、色差、门幅、数量等进行检查，同时对缝制、烫缩等功能进行测定。

（2）中间检验。指在产品加工过程中，对半成品进行检验，出现误差及时返修。

（3）终点检验。指成品检验，主要检查项目包括做工、规格尺寸、色差、整烫质量等。

（二）生产进度控制

生产进度控制是指对原材料投入生产到成品入库为止的全过程的控制，是生产控制的关键，主要包括投入进度控制、出产进度控制和工序进度控制三个方面，其主要目的是保证按时交货。在生产加工过程中，要随时掌握作业进程是否与日程计划相吻合，如有差异应尽快进行调整。

1. 生产调度

生产调度是指对执行生产作业计划过程中可能出现的偏差及时了解、掌握、预防和处理，保证整个生产活动协调进行。对于生产管理人员，应清楚每批产品的投放日期、数量、出产日期、交货日期等，同时要加强进度检查，掌握产品加工生产到何道工序，有多少在制品，有多少成品等，以全面控制生产，均衡生产进程，顺利完成加工任务。见表 7-4 和表 7-5。

表 7-4　生产进度控制表

编号：　　　　　　　　　　　　　　　　　　　　　　　　预计日程：

产品名称			生产数量		本计划 负责人		
作业步骤	负责部门	承包厂商	预计日程	进度审核及 调整记录	开工日	完工日	验收
1							
2							
3							
4							
5							
6							
7							
8							

表 7-5 生产进度平衡表

编号： 部门：

品名规格				生产数量			预定日程			
日期										
预计产量										
实际产量										
预计累计										
实际累计										
达成率										
产量										累计产量
										日期

审核： 制表：

对于生产企业，应建立健全调度工作制度和生产调度机构，并适当配置和充分利用各种生产调度技术设备，如利用先进的通讯技术和设备、工业电视、电子自动记录系统等对生产进行全面的控制。

2. 生产记录

生产控制的手段和工具很多，有甘特图、平衡线图、在制品曲线图、生产报表、看板等。在服装生产企业中，多采用报表这一简单形式，生产记录也是全面掌握生产进程的最有效方法。

（1）个人记录。作业人员对个人完成工序内容及加工数量情况的记录，通常以日为单位。见表 7-6。

表 7-6 个人作业日报表

产品批号：	班组：	姓名：		月 日
工序名称	加工时间	工序时间 /min	加工数量	备注
合袖缝	8 : 30 ~ 11 : 30	2	100	
绱袖	12 : 30 ~ 17 : 00	10	25	

（2）生产班组记录。在某一天的生产中，不同时间的产量有一定的差异，班组长应对实际生产情况加以记录，对生产进行控制调整。见表 7-7。

表 7-7　生产班组日报表

班组：				班长：				年　月　日	
款号	实裁数	投产日期	未开始数	前期半成品数	中期半成品数	后期半成品数	当日成品数	成品累计数	备注

（3）车间生产记录。根据车间的加工任务，对单位时间（日、周等）内各批产品的完成情况进行记录，以便协调全面生产，见表 7-8。

表 7-8　生产车间日报表

车间：					制表人：			年　月　日	
款号	实裁数	组别	生产进度			投产日期	当日成品数	成品累计数	备注
			前期	中期	后期				

3. 加班

加班是服装企业中常见的日程计划延迟的应急措施，但长时间的体力劳动会使作业人员身心疲劳，影响正常上班的工作效率，作为管理者应尽量设法减少加班时间。

第三节　服装生产过程的组织与管理

服装生产过程的组织与控制是企业生产管理的重要职能。生产计划是对企业的生产任务做出统筹安排，规定了企业在计划期内产品生产的品种、质量、数量、进度等指标；过程控制要求及时监督和检查生产过程的各个阶段、环节、工序，保证质量，纠正偏差，控制进度，以使生产计划及生产作业计划科学、合理地完成，确保交货期，从而使经济效益达到最佳。

一、生产过程的组织

企业的生产过程，简单地讲是一个“投入——变换——产出”的过程，即投入一定的资源，经过一系列或多种形式的变换，使其增值，最后以某种形式的产出提供给社会的过程。它的基本内容是人的劳动过程，就是在一定时间内，一定空间范围里，由一定数量的工人劳动完成的。具体到服装生产过程，主要是指作业人员运用服装机械设备和各种器具，从准备生产某种服装的产品开始到成衣出厂的全过程，包括服装款式设计、生产准备、裁剪、缝制、整烫、包装等一系列劳动加工形成服装产品的全过程。

（一）生产过程的组成

由于产品结构和工艺特点的不同，不同工业企业生产过程的形式不完全相同。但是，不论哪一种生产过程形式，都需进行与产品生产过程有关的其他活动，如生产技术的准备、机械设备的维修等。按照生产过程各个阶段所起的作用不同，服装生产过程一般都可以分为以下四个阶段。

1. 生产技术准备过程

生产技术准备过程是指产品投产前所做的各项技术准备工作，如服装款式设计、结构设计、工艺设计、服装材料的准备、标准化工作、定额工作、调整劳动组织、设备的布置等。

2. 基本生产过程

基本生产过程是指直接为完成某种服装成品所进行的生产活动，包括服装面料和辅料的排料、裁剪、缝制、整烫直至包装出厂的全过程。

按照工业企业工艺加工的性质，服装基本生产过程可划分为若干相互联系的生产阶段（即局部生产过程），即裁剪、缝制、整烫、包装阶段。每个生产阶段又可按劳动分工和使用的设备、工具不同，划分为不同的工种和工序。

工序是组成生产过程的基本单位，是指在一个工作场地上，由一个或一组工人，对一定数量的服装裁片进行的生产活动。工序是构成作业系列（流水线）分工上的单元，在服装缝制生产过程中，一件或一批相同的服装裁片，按照一定的顺序经过许多工作场地。可以称每一个工作场地内连续进行的活动就是一道工序。超出一个工作场地的范围，就是另一道工序。通常操作人员个人接受生产的范围可以作为最小的工序单元。每一个工序又由若干操作组成，每项操作又由若干动作组成。工序既是组织生产过程的基本环节，又是产品质量检验、制订工时定额和工艺规则的单位。

3. 辅助生产过程

辅助生产过程是指为保证基本生产过程的正常进行所需的各种辅助产品的生产过程及辅助性生产活动，如设备维修、包装材料加工等工作。

4. 生产服务过程

生产服务过程是指为基本生产过程和辅助生产过程服务的各种生产服务活动，如服装企业中的面、辅料的采购和供应，原材料、半成品、生产工具等的保管与收发，产品运输等。

以上生产过程中的四个部分既有区别，又互相联系，生产技术准备过程是前提，基本生产过程是主体，辅助生产与生产服务过程是围绕着基本生产进行的，并且每个企业都包括上述生产过程的四个部分。在服装企业中，缝制过程是基本生产过程的核心，包括从准备裁片到缝制结束的全部生产过程。

随着生产专业化水平的发展和提高，总的趋势是企业生产过程越来越简单化，而企业之间生产协作和经济联系日益增加。例如我国现今的服装行业中，有许多以设计工作为主的时装公司，其批量产品的加工则由专门接收批量生产任务的制衣厂完成。

（二）生产过程组织的原则

生产过程组织，是指通过对各种生产要素和生产过程的不同阶段、环节、工序的合理安排，以最佳的方式将各种生产要素结合起来，使其在空间上、时间上形成一个协调的系统。合理组织服装产品生产的目的是要使服装产品在生产过程中工艺流程最短，时间最省，人力、物力和财力及设备能充分发挥作用，经济效益最佳。因此，必须遵循下列原则。

1. 连续性

连续性是指产品在生产过程的各个工艺阶段和各个工序的流程中始终处于运动状态，消除或最大限度地减少不必要的停顿和等待时间，以充分利用机器设备和劳动力，缩短生产周期，加速资金运转，减少损耗。许多措施，例如按照工艺流程顺序合理布置车间以及车间内的各类生产设备，采用先进的生产技术与管理理念等都可以提高生产过程的连续性。

2. 比例性

比例性又称协调性，指生产过程各工艺阶段、各工序之间，在生产能力以及各工种工人的配置上，保持适当的比例关系，相互协调以适合生产要求，这样可以充分有效地提高劳动生产率和设备利用率，保证生产过程的连续性。

随着市场需求的不断变化，服装产品的品种、产量以及原料、加工设备和工艺方法的不断改进，生产过程的比例将不断地发生变化。因此，要及时采取措施不断改进完善，建立新的协调比例关系，保证生产的正常有序进行。

3. 节奏性

节奏性又称均衡性，指产品在生产过程中的各个环节都能有节奏地进行生产，保证在相等的一段时间内完成的产量大致相等或稳步增长，生产进度均匀，负荷充分，避免前松后紧、时松时紧的现象。要实现生产过程的节奏性，必须保证生产过程的比例性，加强生产计划管理，同时还需做好生产技术准备工作。

4. 平行性

平行性指生产过程的各个阶段、各道工序在时间上实行平行作业，不仅表现为产品各个零部件的平行生产，如领、袖、口袋等的缝制生产，而且还表现为各工艺阶段的平行生产，如裁剪、缝制、锁钉、整烫、包装等的平行生产。生产过程的平行性是生产过程连续性的必要条件，只有组织平行交叉作业，才能真正达到生产过程的连续不断，进而有效地缩短服装产品的生产周期。

上述四项生产过程组织的基本原则既有区别也有联系，生产过程组织的比例性和平行性保证生产连续性，而过程组织的比例性、平行性和连续性又为实现生产的节奏性提供了基础和前提。

（三）生产过程组织的基本内容

生产过程组织的基本内容是空间组织和时间组织。任何生产过程必须占有一定空间，在空间上需要哪些生产环节，这些环节之间如何配合，才能实现生产过程的目的，这就是生产过程的空间组织。同时，服装产品在生产过程中要求在制品在生产单位之间的传输必须占用一定时间，在时间上需要这些环节之间密切配合、相互衔接，才能尽快出产品，这就是生产过程的时间组织。两者之间是相互联系、相互作用的。

1. 生产过程的空间组织

服装生产的空间组织主要原则是正确确定服装产品生产过程在空间的运动形式，即生产过程的各阶段、各工序在空间的分布和原材料、半成品的运输路线，并根据生产和管理的需要，研究企业内部必须设置的生产单位以及按何种布置形式组织生产的问题。

（1）工厂的总体布局。工厂的总体布局要根据厂址和厂区的环境，把工厂的各个部门、单位进行合理配置，使之成为一个符合生产和管理要求的有机整体。这里不仅要确定各生产车间、管理部门、服务部门的位置，还要考虑各种通道和管线的布局，同时要留出必要的场地以满足消防、绿化以及生产发展的需要。

工厂的总体布局将长期影响企业生产的效果，因此在设计时要注意下列原则。

合理划分厂区，按不同功用和性质，把同类生产车间和建筑物布置在一个区域内。如统一供汽的工厂，缝制、整烫车间应在离锅炉房较近的地方，满足用汽需要。

工厂的厂房、设施和其他建筑物，应根据生产需要合理安排，使原材料、半成品和成品的运输路线尽可能缩短，避免和减少交叉和往返运输，以缩短生产周期，节约生产费用。

布置应尽可能紧凑，以减少工厂占地面积，节约投资和生产费用。

考虑企业未来发展，工厂总平面布置应有预留地，并尽可能缩小一期建厂用地范围和缩短生产路线长度，以减少用地开拓费用和生产费用。

充分利用城市现有的运输条件，包括铁路、公路、水路等。生产过程的流向和运输系统的配置应满足货物运输路线的要求，保证物料输入和产品输出的方便。

考虑职工的生活设施与环境的协调。注意厂区的绿化、美化，为职工创造一个良好、舒适的工作环境，同时为职工留出面积不低于最低限度的生活设施范围，如厕所、更衣室、食堂等。

（2）生产单位的组织。生产单位的组织形式即是确定各基本工作、辅助工段、生产服务部门及工作地（设备）之间的相互位置及运输路线，它决定着企业内部的生产分工和协作关系，决定着工艺过程的流向以及原材料、在制品在厂内的运输路线等。它对于工厂总平面布置有着直接的影响，对于企业管理工作和经济效益也有影响。

服装企业内部生产单位的设置可按下列三条原则来组织。

按工艺原则设置。按照生产过程的工艺特点来布置生产单位，车间是完成生产过程中工艺的一部分或者只承担一定相同工艺的一种专业化组织。如服装厂按裁剪、缝纫、锁钉、整烫、包装等工艺种类来划分生产区域，通常称之为专业化车间生产。

按工艺原则组织车间的优点是：

• 相同或相似的设备集中在一起，能充分利用设备能力和场地。

• 工艺上专业化程度高，便于管理。

• 组织灵活，对产品变化的适应性强。

按此工艺原则组织车间的缺点是：

• 产品加工线路较长、运输点多，物品搬运的辅助劳动量大。

• 生产过程中停留、等待时间多，在制品多，生产周期长，占用资金多。

• 各生产单位之间协作关系较多，管理工作量较大。

按对象原则设置。即按产品品种划分生产区域，也就是一个产品的全部或绝大部分工艺过程集中在一个生产区域内进行，通常称之为封闭式车间生产。

按对象原则组织车间的优点是：

• 可缩短加工路线，减少物品搬运的辅助劳动，缩短生产周期。

• 可减少生产过程中的中断时间，提高劳动生产率。

• 可简化各专业车间之间的协作，便于生产管理。

按对象原则组织车间的缺点是：

• 设备布局相对比较固定，对产品变化的适应性较差；

• 在生产任务不饱和时，不能充分利用设备和工作场地；

• 任何一个工位工序的操作中断，都会造成整个车间生产速度下降或停滞、待工。

按综合原则设置。综合运用工艺专业化和对象专业化原则来建立生产系统，根据企业工艺的需要，按提高经济效益的要求，在一个企业内部或在车间内部合理运用上述两种布置原则，综合两者优点，充分利用和发挥企业的生产能力。

（3）生产线及设备的配置。成衣化生产采用分工序流水作业的形式，也就是我们常说的流水线（或流水生产），是指劳动对象在加工过程中，按照规定的加工路线和速度，像流水一样均匀不断地进行加工，直到生产出成品的生产组织形式。这是工业生产中常用的生产方式，能起到合理组织生产，提高生产效率的目的。服装生产中，大多数缝纫车间的生产广泛采用流水作业的生产方式。

流水生产线的基本特点是：

- 工作地有较高的专业化水平。
- 工作地按工序先后排列，生产连续性较高。
- 产品按一定节拍投入和产出，生产均衡。
- 流水线上各工序生产能力均衡而且成比例。
- 在制品在工序间单向流动，能节约大量运输工作和费用。

服装产品多种多样，服装生产线的组织也是灵活多变的，但其基本形式是不变的，常见的按机器设置的排列形式不同有模块式流水线和课桌式流水线。

模块式流水线。也称小组式流水线，是按服装的各部件（如领、袖、兜、大身等）将缝纫操作人员分成小组，衣片采用手递手传输方式，组与组之间没有联系，各模块完成各自相应的组件。如图 7-1 所示。

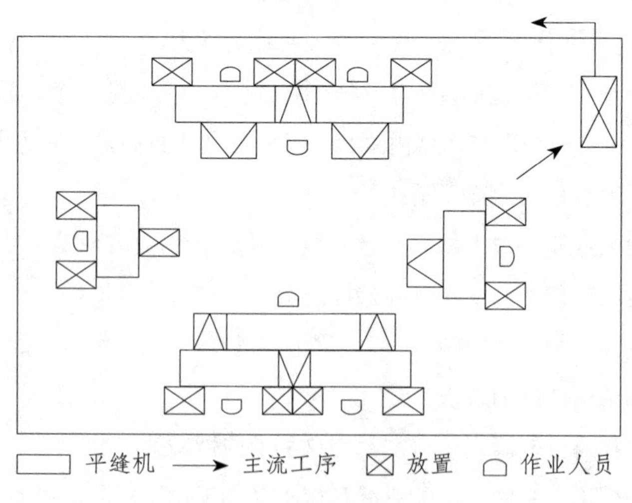

图 7-1　模块式布置

模块式流水线的优点是：

- 机台组织灵活，可根据生产服装款式的要求，很方便地变换模块结构与模块的机台组合。

·在各模块中采用多工序操作，操作工人在第一工序接取缝活后，直到最后一个工序完成，大大缩短了在制品的传递路线和时间，也省去了期间取活、放活的辅助时间。

·系统工时平衡简单、容易，有关工序可穿插安排，工位时间利用率高，生产调度较方便。

模块式流水线的缺点是：车间的整体布局略显凌乱。

课桌式（纵列式）流水线。是一种较传统的生产组合方式，即按制作服装的工序流程顺序排列工位和设备，每个工位完成一道工序，各工位顺序协作完成整件服装的缝制。如图 7-2 所示。

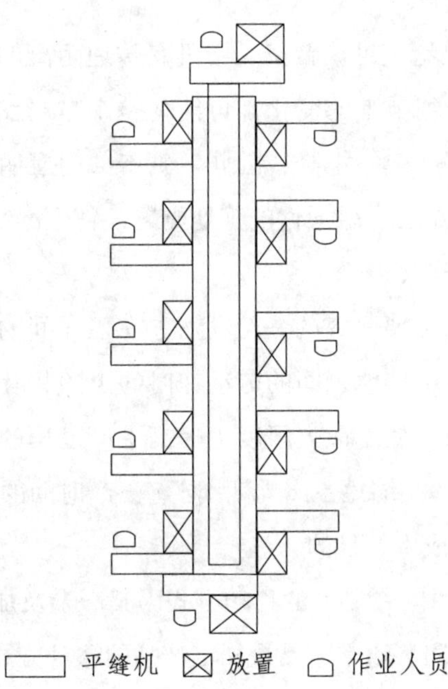

图 7-2 课桌式（纵列式）布置

与模块式流水线相比较，课桌式流水线具有下列特点：

·机台设置较为固定，适合于款式变化较小、工艺较为简单、工序少、批量较大的服装的生产。

·机工、辅工原则上安排在流水台两侧，各工位协作生产，可能产生在制品在相同工位上重复传递或倒流现象，生产周期加长。

·机台排列整齐，空间利用率高。

以上只是生产线组合的两种基本形式，但并不是绝对相互独立的，随着服装科技的发展，为满足成衣业低成本、高效率的要求，现在的服装加工厂商更多的是将上述两种形式灵活地结合在一起，形成一种更为先进的生产系统。

而在配置机器设备时应注意以下问题：

• 明确划分生产线的主流和支流，人、物、生产信息的移动应取最短的距离，尽量避免交叉、倒流现象。

• 机台配置应具有较大的灵活适应性，不应因服装款式、工艺的变化而发生设备配置混乱及需要再次调整设备位置。

• 合理留放空间，以保证物料堆放、作业人员操作动作为最佳，同时保证运输通道的畅通。

• 便于管理和产品检验。

机器设备的布局从理论上讲，希望采用没有传递距离的配置方法，然而在实际生产中，即便是很小一个细节上的变化都可能使整个布局发生变化，从而使传递距离和时间大幅度增加，生产效率下降。因此，生产部门应明确自己的生产结构，确定相对稳定的基本配置，结合有融通性的其他配置，使生产顺畅。

2. 生产过程的时间组织

生产过程的时间组织主要研究的是劳动对象在工序间的移动方式以及加工顺序的安排，即劳动对象在各工作地之间的劳动在时间上的相互配合与衔接，这对于生产周期的长短有直接影响，从而最大限度地提高生产过程的连续性和节奏性，以达到提高生产率和设备利用率，缩短生产周期，杜绝生产时间的损失和浪费，增加产量，加快资金周转，降低产品成本的目的。

任何产品在加工过程中，在制品的移动方式因其产量及加工工艺的不同而不同，从而导致其生产周期的不同。通常，批量加工产品的移动方式有三种：

（1）顺序移动方式。指产品在各道工序之间是整批移动，即一批在制品在前道工序全部加工完成之后，才整批转送到下道工序加工。这种移动方式的特点是一批产品集中连续加工，集中运输，成批顺序移动，有利于减少设备的调整时间，便于组织，但存在在制品待加工、待运输现象，生产周期长。

顺序移动方式下，一批产品的加工周期按下式计算：

$$T_{顺}=n\sum_{i=1}^{m}t_i$$

式中：$T_{顺}$——顺序移动方式下的一批产品的加工周期；

n——生产件数；

t_i——第 i 道工序的单件加工时间；

m——工序总数。

（2）平行移动方式。是指每件产品在前道工序加工完毕后，立即转移到下道工序继续加工，在制品在各道工序之间是逐个运输的，一批产品在各道工序上的加工时间是平行的。这种移动方式生产周期短，加工过程中不存在待运输的情况，有利于减少设备调整，但当各道工序的单件作业时间不同时，设备有零散的等待加工的现象，且运输频繁，不利于提高功效，组织较为复杂，适用于批量较小、工序单件作业时间较长的服装产品加工。

平行移动方式下，一批产品的加工周期按下式计算：

$$T_{平}=\sum_{i=1}^{m}t_i+(n-1)t_{长}$$

式中：$T_{平}$——平行移动方式下一批产品的加工周期；

$t_{长}$——各道工序中最长工序的单件作业时间。

（3）平行顺序移动方式。指在产品加工的各道工序中，采取不同的移动方式，有些工序必须各自单独移动，有些工序则整批移动，以保证下道工序对该批产品连续不断地进行加工。这种移动方式是前两种移动方式的结合，既考虑了相邻工序的加工时间尽量重合，以缩短生产周期，又保持了该批产品在各道工序的顺序连续加工。当前道工序工时小于或等于后道工序时，则加工按平行移动方式进行；当前道工序工时大于后道工序工时时，则应使前道工序加工的零件数能保证后道工序连续加工时，再将这些完成零件一起转入后道工序。

平行顺序移动方式下，一批产品的加工周期按下式计算：

$$T_{平顺}=n\sum_{i=1}^{m}t_i+(n-1)\left(\sum T_L-\sum T_S\right)$$

式中：$T_{平顺}$——平行顺序移动方式下的一批产品的加工周期；

T_L——比相邻前、后工序都长的工序的单件作业时间；

T_S——比相邻前、后工序都短的工序的单件作业时间。

例：某批产品的件数 $n=5$，本产品在各道工序上加工的时间 $t_1=5\text{min}$，$t_2=3\text{min}$，

$t_3 = 6\text{min}$，$t_4 = 2\text{min}$。则本批产品在各种移动方式下的加工周期分别为：

$T_{顺} = 5 \times (5+3+6+2) = 80\text{min}$

$T_{平} = (5+3+6+2)+(5-1) \times 6 = 40\text{min}$

$T_{平顺} = (5+3+6+2)+(5-1) \times (5+6-3) = 48\text{min}$

图 7-3 ～图 7-5 分别为三种移动方式的示意图。

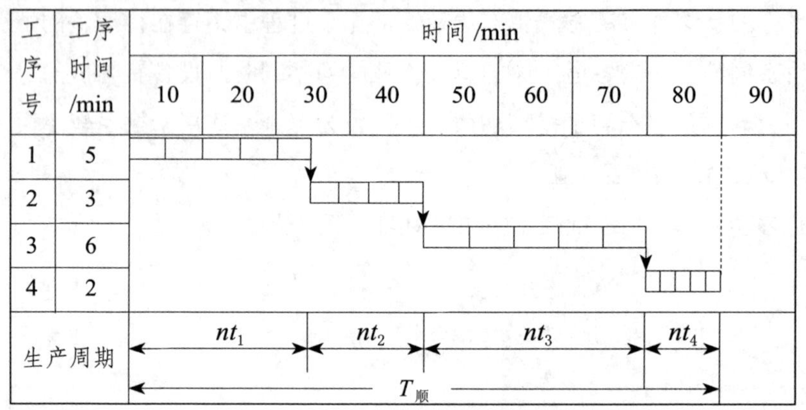

图 7-3　顺序移动方式

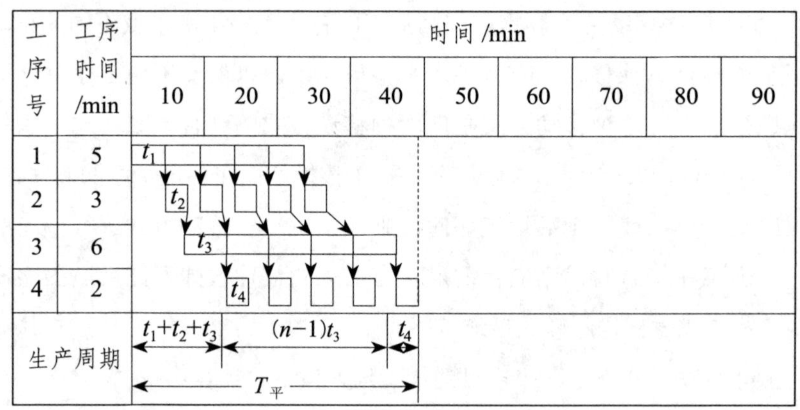

图 7-4　平行移动方式

可以看出，三种不同的生产过程时间组织形式中，就生产周期的长短来说，顺序移动方式最长，平行顺序移动方式次之，平行移动方式最短。就生产的连续性来说，顺序移动方式和平行顺序移动方式都能保证生产的连续性，而在平行移动方式下会出现生产工作的间断。

一般来说，平行顺序移动方式是一种较好的生产组织形式，但也不能一概而论。

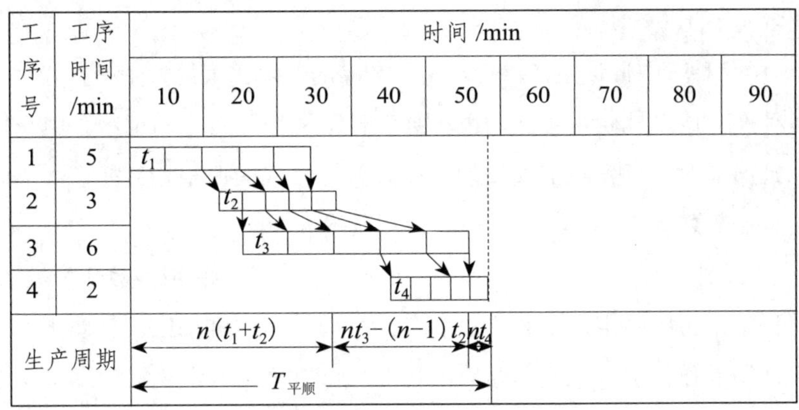

图 7-5　平行顺序移动方式

在选择生产过程的时间组织形式时，要综合考虑生产周期、零部件的搬运量、生产的连续性、生产单位的专业化形式、生产任务的紧急程度等多种因素。

（四）生产类型划分

生产类型是影响生产过程组织的主要因素，也是设计企业生产系统首先要确定的重要问题。区分生产类型有利于简化和深化对企业生产过程的研究，合理组织生产。根据不同的需要和场合，划分生产类型的方式很多。服装生产可根据产品种类、批量的大小和产品规格的要求等条件，确定最佳的工序组合、生产流程及机器设备的配置等方法。

1. 按接受生产任务的方式划分

（1）订货生产方式。根据用户要求的产品款式、规格、数量进行的加工称为订货生产，因为是以销定产，所以无产品库存问题，但订单来源不稳定，为保证交货期，有时还需配备较多的人员和设备。

（2）预估生产方式。根据市场要求，由服装生产厂家自行决定产品结构和生产的称为预估生产，也称为以产定销，这种生产类型工作量稳定，可保证均衡生产，但易产生严重库存和占用过多资金。

2. 按生产任务的重复性程度和工作地的专业化程度划分

（1）多品种、小批量生产。特点是：产品品种多，而每一种产品生产的数量很少，甚至只有几件或几十件。生产的稳定性和专业化程度很低，大多数工作地要担负很多道工序或单件生产。此生产类型一般采用通用的设备，要求工人具有较高的技术水平和较广泛的生产知识，以适应多品种生产的要求，生产的经济效益低。中小型服装企业多属于此生产类型。

（2）中品种、中批量生产。特点是：产品的产量比大批量生产方式少，但品种较多，各种产品成批地轮番生产，大多数工作地要担负较多的工序。由一批产品改变为另一批产品时，工作地上安排的工序就要作相应的调整。目前，大部分服装生产厂属此类生产类型。

（3）少品种、大批量生产。特点是：经常重复生产一种或少数几种类似的产品，生产条件稳定，工序固定，专业化程度高；生产过程的机械化、自动化水平较高；工人易于掌握操作技术，迅速提高数量程度；可以采用流水线等生产组织形式；计划编排比较细致、精确；计划执行易于检查和控制；生产效率高。如专业西装、衬衫生产厂、军用服装厂等均属此种生产类型。

不同的生产类型对企业的生产经营管理工作和各项技术经济指标有显著的影响，见表 7-9。从上述三种生产类型的特点可以看出，工作地的专业化程度决定生产类型的特点，因此，提高生产类型水平的中心问题是提高工作地的专业化程度。

表 7-9　不同生产类型的特点

生产类型 / 项目	少品种大批量生产	中品种中批量生产	多品种小批量生产
专业化程度	较高	随批量大小而变化	很低
机器配备	高效率的专用设备和专业工艺装备，机械化、自动化水平较高	专用设备占一定比例，机台适用面较广	一般多采用通用的设备和工艺装备
设备布置	按对象原则排列	既可按对象原则，又可按工艺原则排列	基本按工艺原则排列
设备利用率	高	较高	低
应变能力	差	较好	很好
技术要求	易于掌握操作技术，熟练程度较高	技术较全面，有一定的应变能力	要求较高的技术水平和较广的生产知识
计划管理工作	较简单	较复杂	复杂多变
生产品种	衬衫、西服、裤子等	大衣、工作服等	女装、童装、时装等
工作地负担的工序数目	很少	较多	很多
生产控制	易	难	较难
经济效益	最好	较好	差

二、服装工艺的控制

服装的具体工艺是经过反复地研究、试制、鉴定与再试制、再鉴定等多个环节制订的，这就要求在实际的生产中必须很好地执行，并且在工艺管理过程中做到有效控制，以确保产品生产按照预期的设想来进行，并能够最终生产出符合标准要求的产品。

在生产企业中，当有关工艺的文件经过审批通过后，对工艺的控制主要是在产品生产前、生产中和生产后进行的。

（一）正式生产前

首先应当召集有关技术部门的人员，生产车间及班组负责人、技术员和部分有实际经验的优秀工人学习工艺文件。由工艺制订人员讲解产品各项工艺的要求，如工艺标准、技术要求、结构特点、性能、工艺处理方法、质量标准等，并出示样品及相关样板。待弄清工艺文件与加工工艺后，再向各部门及生产车间、班组发放工艺操作规程、工艺卡等技术性文件。

技术部门、生产车间、班组领导与技术员在弄清产品工艺后，向生产人员进行说明，并根据产品进行人员安排与组合。

（二）生产过程中

技术与质量检验等部门，在正式生产后组织人员进行检查监督，发现问题及时汇报并纠正。同时，还要建立好奖惩制度。为了保持工艺技术文件的严肃性，应向操作人员声明，任何人不得在生产中任意修改工艺技术文件。

在生产中，生产技术部门以及相关生产班组长，可以根据自身情况，进行调整以及改进，但必须经过批准，而且改进后的效果要明显，并要保证生产的连续性和平衡性。

工序间的不合格品的识别是由相关部门组织人员参与，根据产品在不同工序的质量检测标准进行评审，并提出综合的处理意见。

1. 不合格品的处理

（1）裁剪过程

在服装成衣生产的裁剪过程中，“验片打号”工序是识别不合格裁片的主要工序。

发现不合格裁片，首先需要标注不合格之处，上报主管领导，然后查找产生不合格品原因，通过清洗、修补或“补裁”的方式将裁片补齐，经检验合格流入下道工序，不合格品经返工直至合格后才能流入下道工序。

（2）缝制过程

缝制工序复杂，需要检验的项目多，是最容易产生不合格产品的工序。

缝制过程的质检员负责将当天该组生产线上存在的缺陷、生产数量处理意见上报品质部，确保半成品生产过程中对质量不合格工序进行分析，采取措施以减少问题的再发生，使质量体系正常运行。

通常情况下，质检人员对不合格品的处理流程及相关解决方法如下：

① 缝制出现不合格品，须在不合格部位贴上标签，做好标记和记录，并把不合格品放置在规定的、带颜色的标识塑筐内。

② 缝制、锁钉的单件或少量不合格品由车间检验员或质检部检验员负责评审，并当场处置。

③ 检查服装组件时如果发现个别缺陷，应立即通知生产组长，并告知相关员工立即返工。

④ 如果连续发现五个以上的相同缺陷，应立即通知组长对工位操作人员作停工处理。

⑤ 如果发现整批缺陷，应立即通知生产组长或车间主管，作不合格判定并予以返工处理，同时写出报告上交质检部主管。

⑥ 如果发现有重大问题时，要立即询问总经理，不可自行解决问题。

经检验合格流入下道工序，不合格经返工直至合格后才能流入下道工序。

总之，服装缝制质量控制的关键是严格执行工艺技术规定，加强成衣半成品的中间质量检验。

（3）整理过程

进入服装成衣生产的整理过程后，熨烫环节总体来说要做到：“三好”和“七防”。“三好”是指熨烫温度掌握好、平挺质量好、外观折叠好；“七防”是指防烫黄、防烫焦、防变色、防变硬、防水花、防亮光、防渗胶。为防止不合格品的出现，需要对材料、设备进行测试、检查，做好半成品、成品的熨烫质检工作。对于烫好的衣服，必须经整烫部检验员检验，合格产品收货，不合格产品重新整烫。

后整理环节要做好头道检验，即产品颜色、布料、款式瑕疵统计后返回车间返工，车间返工后再检查，如发现还有瑕疵，则车间重新返工再计数。对于钉好纽扣的成品，在剪线组剪线时，如发现没有剪干净，需返工重剪，合格产品再送总检。另外，根据客户要求，需检针的产品，必须规范操作。查出断针，应做好记录，并追溯到班组，交车间处理。已检针和未检针的服装要隔离，并作明显的标识。

2. 关于产品质量缺陷的判定与等级评定

（1）缺陷的判定。就是质量评价时依据合同或协议的质量标准或自身工艺文件所规定的技术质量要求，在服装的各个检验项目完成后，对服装质量中存在的缺陷轻重程度进行判定。一般可分为：轻缺陷、重缺陷和严重缺陷。

① 轻缺陷：不符合产品标准的技术质量要求，但对产品的使用性能和外观影响微小的缺陷。

② 重缺陷：不严重降低产品的使用性能，不严重影响产品外观，但较严重不符合技术标准所规定的缺陷。

③ 严重缺陷：违反产品质量要求与标准，严重降低了产品的使用性能，并严重影响了产品的外观。

只有对服装的缺陷轻重进行了判定，才能对产品的等级进行评定。

（2）等级评定。根据轻缺陷扣 1 分，重缺陷扣 4 分，严重缺陷扣 20 分的原则，对单件产品以缺陷程度及缺陷的数量来评定：

① 优等品：96 分以上，即严重缺陷、重缺陷均为 0 分，轻缺陷≤ 4 分。

② 一等品：93 分以上，即严重缺陷、重缺陷为 0 分，轻缺陷≤ 6 分；或严重缺陷为 0 分，重缺陷为 1 个，轻缺陷≤ 1 分。

③ 合格品：90 分以上，即严重缺陷、重缺陷为 0 分，轻缺陷≤ 10 分；或重缺陷为 2 个，轻缺陷≤ 2 分；或严重缺陷为 0，重缺陷为 1 个，轻缺陷≤ 6 分。

对于批量产品的等级评定则以单件产品的品质分等的数量来定级，一般可分为：

① 优等品批：优等品≥ 90%，一等品、合格品≤ 10%。

② 一等品批：一等品≥ 90%，合格品≤ 10%。

③ 合格品批：合格品及以上≥ 90%，不合格品≤ 10%。

抽检中各批量判定数若符合标准规定的为等级批出厂，若不符合标准规定时应增加抽样数量一倍进行再次检验，如仍不符合规定应全部修整或降等，甚至退货。因此，服装质量的要求一定要把好关，以免次品流入市场，影响产品与企业的形象和信誉。

3. 关于残次品的处理

对于各生产车间在产品生产过程中发生的不能返工的残次品，不能作为正品包装入库时，应作为另类处理。

凡是作为另类处理的残次品，各生产车间要分品种集中大包装，并在包装箱上注明品种、数量、残次品等字样。

残次品统一转入成品可贮存，并办理入库手续，成品库设残次品台账，纳入产品管理程序。

残次品统一由被授权部门组织销售，销售收入上交公司财务。禁止各车间自行销售处理。

要定期组织工人进行技术业务的学习，不断提高工人的工艺技术水平；同时还要对职工进行技术要求高，质量要求高等良好作风的教育，使工人自觉模范地遵守纪律。

（三）生产后

将工艺贯彻与控制的好与坏列入对工人考核的要求中，加大对工艺贯彻与控制的力度。

待产品完成后，要将相关工艺文件进行归档，并进行工艺技术方面的总结，作为以后生产的技术基础和工艺文件，这项工作有时就称为建立相关技术档案，该技术档案包括产品的设计、订货到出厂的全部资料。技术档案封面及内容目录式样，见表 7-10 和表 7-11。

表 7-10　技术档案封面式样

总目录号
分目录号

技术档案
名称＿＿＿＿＿＿
地区＿＿＿＿＿ 品号＿＿＿＿＿
合约内 / 外＿＿＿＿＿ 编号＿＿＿＿＿
保管期限＿＿＿＿＿ 密级＿＿＿＿＿

厂名＿＿＿＿＿＿＿＿＿＿
日期＿＿＿＿＿＿＿＿＿＿

表 7-11　技术档案内容目录式样

序号	内容	拟制部门	拟制日期	份数	张号	备注
1	内/外销订货单	供销				
2	设计图	技术				
3	生产通知单	计划				
4	成品规格表	技术				
5	原辅材料明细表	技术				
6	原辅材料测试记录表	技术				
7	工艺单、工艺卡	技术				
8	样板复核单	质量检验				
9	排料图、原辅材料定额	技术				
10	裁剪生产工艺单	技术				
11	工序流程图	技术				
12	流水生产安排与工序定额	技术				
13	工序定额	劳动工资				
14	首件封样单	技术				
15	首件产品鉴定表	技术				
16	产品质量分检表	技术				
17	成本单	财务				
18	报验单	质量检验				
19	软纸样	技术				

第八章

服装销售管理

第一节 服装零售业态

服装零售业态的变化主要表现在零售规模、经营品种、零售渠道、目标顾客及营销组合等方面的变化。尽管服装零售的形式有很多种，但从性质上可以将其分为店铺零售和非店铺零售。

一、店铺零售与非店铺零售

（一）店铺零售

1. 专卖店

专卖店是最早的服装零售形式，是专门经营某一类商品（如特体服装、鞋、珠宝）或彼此有关联的几类商品的零售形式。这类商店只容纳有限的几条产品线，如男装、女装或童装及配饰专卖店、鞋店、内衣店等，但花色品种较多，且各种花色的数量少。专卖店主要是取悦一部分特定的目标消费者，为他们提供独特的商品和服务，满足他们特殊的需要。专卖店选择的货品和店面设计往往会使这些目标消费者感到是专门为他们设计的。专卖店又可分为几种类型：百货专卖店，是指专门经营多类服装的大型专卖店；小型专卖店，是指一些私人或合伙经营的规模较小的专卖店，这类商店的数量比前一类型的专卖店要多，但销售量却不一定大；专卖店的顶级形式是精品屋，它所针对的顾客群的范围更小，一般经营时尚性、个性强的服装商品，一些著名设计师的高级成衣品牌都是通过精品屋出售的。

2. 百货商店

百货商店是一个规模较大的零售体，经营多条商品线，为消费者提供一个“一次性购物”的场所。百货商店的最大特点就是以商品品种的深度和广度以及商店的设施、陈列、广告宣传来吸引顾客。百货商店包括很多部门，如休闲装部、裙装部、男装部等。彼此相关联的商品被划归到同一部门，以便于统一采购、促销、服务和控制。百货商店是服装零售的最主要业态之一，如美国商业部在对百货商店的规定中就包括："服装和纺织品的销售量应在20%或以上"。

20世纪50年代，受到廉价商店的冲击，美国一些百货商店舍弃了占地面积大、利润少以及与商店形象不一致的商品系列，把服装、家居纺织品及面料、家居用品等作为其最主要的经营内容，其销售量往往会占到商店总销售量的一半以上。典型的百货商店经营的服装一般都是迎合中等收入的消费者，同时备有适当的高档品牌吸引富有的消费者。对低收入阶层，商店设有廉价部以满足他们的要求。20世纪80年代，经历了一次兼并和购买热潮之后，美国百货商店的发展达到了高峰，涌现出一批著名的百货零售连锁商店。

百货商店的产品策略和采购模式：通常，在一个规模非常大的百货商店，各部门还要进行细分，每个采购员只负责为某一个小部门采购货品，并对其经营利润负责。比如说，在休闲装部，由一个采购员采购衬衫，一个采购员采购裤子，一个采购员采购裙子等。大多数百货商店都有一个总店，并且有很多分店。采购员可以同时为总店和分店进行采购，如果分店离总店的位置太远，则可由分店的采购员自己负责采购。

3. 折扣店

折扣店是指以低于一般市场价出售商品的零售形式。其通常采取低毛利率、大量销售的策略。降低成本的主要方法是低租金，装修简单，在退换、送货上门等方面不提供或提供有限的服务，几乎没有广告和促销等。折扣店包括普通折扣店、优惠店、仓储式折扣店和工厂通道等。

20世纪50年代，伴随着零售业向郊区的扩张，许多以前经营耐用品、日用品、电器的折扣商店都开始增加服装的零售业务。这类商店销售的服装一般以廉价收购的基本服饰如T恤、牛仔、休闲服、内衣及鞋袜等为主，有品牌商标（有的甚至是名牌）的过季服装、厂家剩货、样品或次品，也有的折扣店慢慢提高服装的档次，加强流行服饰的零售或经营自有品牌的服装。

4. 主产者自设专卖店

20世纪80年代以后，一些服装设计师与生产商仍然只选用零售商销售他们的产品，但也有一些生产者选择在购物中心开设的以服务为导向的、价格固定的零售店。这些生产者将其全部的产品放在零售店，与其周围的百货店及专卖店开展竞争。

为了避免与其传统的零售渠道产生利益冲突，生产者专卖店选址通常要远离其传统的零售渠道，不与这些传统的零售商进行竞争。此外，有些生产企业自设零售机构，以较低价格经销他们的剩余产品及尾数产品，而不是将这些产品处理给低价零售商。

5. 跳蚤市场

传统的零售商需要一大笔投资取得一个能够长久发展的位置，而跳蚤市场给个人一个销售商品的机会，不必太多的投资。跳蚤市场通常开设在公众娱乐场所，如露天电影院、运动场、戏院、百货店等，当这些地方荒废或停止营业时，就可作为跳蚤市场。有些地方还开设灯光夜市场，为一些失业人员创造就业的机会，也属于这种类型的市场。由于受气候条件限制，这种经营方式往往是断续的而不是固定的。跳蚤市场给个人提供了自我发展的机会。许多人在维持一个稳定工作的同时，为了增加收入而兼做跳蚤市场的生意。一般在50公里的范围内，可开设20多个这样的跳蚤市场。一些经营者甚至开设了小型便利连锁店。跳蚤市场的经营者提供的商品包括服装、鞋、配件等，卖点是价格便宜。其之所以可以大幅折价，主要是管理费用较低。

（二）非店铺零售

并不是所有的服装都是在商店里出售的。非店铺零售指的是通过直销、电子零售、目录或邮购零售出售商品和服务的零售形式。这种零售形式的好处就是可以避免商店的建筑、设施、货品的展示空间或陈列空间带来的高额管理费用。

1. 目录零售

也称邮购零售，是指由零售商向消费者提供所出售的商品目录和图片，消费者通过电话、邮政等方式订购商品，零售商再将商品邮递直接送至消费者手中的一种零售形式。

一些邮购零售公司完全通过目录销售，也有一些零售公司兼顾经营零售店。有的公司的邮购目录就像一个大的百货商店，品种繁多；有的就像一个专卖店，只经营服装。邮购零售较受职业妇女的青睐，它提供免费的购物电话和随时的订货服务，可以节省购物时间。各种信用卡的准许使用以及无条件退货的经营方式使邮购零售获得了巨大成功（特别是20世纪80年代以来）。邮购零售的成功又吸引了很多百货商店和专卖店也增加了此项业务和服务，使这些商店扩大了市场份额。

2. 电子零售

是在20世纪80年代产生的一种利用计算机、电视和电话技术出售商品的新的零售形式。尽管大多数的商品仍然是通过商店和邮购销售，但越来越多的电子零售形式如电视购物、网上购物、电子光盘购物等变得越来越重要。电子零售的发展趋势同邮购零售同样反映了西方的社会因素，即职业妇女数量的增加和个体在业余时间消遣方式的改变。此外，信用卡通行使这种购物方式只要通过拨个电话和敲几次键盘就能轻易实现。

二、连锁经营

严格地说，连锁店不是一种零售经营形态，而是一种零售组织形式。它是由一系列（两个或两个以上）的商店组成，同受一个中心管理和控制，统筹进货，在店堂、经营品种和服务方式等方面都基本相同。连锁组织的优点主要来自大批量采购，因为每次采购的商品数量大，零售商因此可降低成本。连锁店作为一种先进的经营方式，其本质是把现代大工业生产的原理应用于零售业，实现了商业活动的标准化、专业化和统一化，从而达到了提高规模效益的目的。

服装连锁店是指在若干地区、以复制的方式建立的、经营模式相同的若干服装零售店。服装连锁店有以下三种基本的形式：

一是自我连锁店。指所有的连锁店由品牌经营者独资经营，如真维斯服装连锁店。由于自我连锁店一体化程度较高，特别是零售网络构建需要巨大的资金投入，这种形式在我国服装零售市场中应用较少。

二是特许经营的连锁店。指品牌所有者以特许的方式，吸引许多加盟者建立服装零售店，如佐丹奴。由于特许经营将品牌经营与商品零售分开，品牌经营者的投入相对较少，而大量的加盟商能快速建立起较宽的零售网，这种形式在我国服装零售市场中被广泛地应用。特许经营的优势在于它能为那些没有或少有服装零售经验但又想进入这一领域的投资者提供一个好的投资平台。实际上特许经营是让那些愿意加盟的投资者去投资某一服装品牌公司已建立起来的商誉，由于特许经营者向其加盟者提供诸如品牌、商誉、消费者认知等方面的优势，他们不会遇到起步时的一些普遍性的问题，如选址、定价、员工培训等。如果一个人选择建立一个新的零售企业，其风险会远大过加盟一个特许经营商。

特许经营有两种类型的组织形式。一种是支付加盟费，以取得经营权的特许经营；另一种是不需要支付加盟费的特许经营方式。然而对这两种方式的管理控制方面，都要求特定数量的投入资本，才可能被特许经营者所接受，而且都要签订严格限制的合同，包括采购需要、公司政策、特许者作为公司决策主体的权力等。这种零售经营方式给个人提供了加入一个成熟团队的机会，但也会使企业的扩张受到限制，个人的创造性也会受到限制。传统的零售商如果经营成功了，他可以考虑扩张开新的店，建立连锁店，但在特许经营下扩张必须得到特许者同意并交纳额外的费用。

三是低价服装连锁店。前两种服装连锁店均是品牌连锁店，其经营的基础是品牌优势供销售某一品牌的系列服装，而低价服装连锁店的经营基础是价格优势而不是品牌优势，不管是什么品牌的服装，只要能满足目标消费者的需要并存在价格优势，就可作为采购对象。因此这类服装连锁店为一些品质较高的新品牌服装提供了销售渠道，并成为了那些非品牌的、理性的服装消费者经常惠顾的地方。

三、多元化的服装零售

不同的服装零售类型都有其特定的细分市场，目标顾客也愿意为获得这些细分市场所提供的产品或服务而付款，但由于服装零售市场的激烈竞争以及顾客消费越来越个性化，使原有的细分市场空间越来越小，为了取得更多的市场份额，越来越多的服装公司开始采用差异化定位开设多样化的零售店，以获取较宽的销售渠道和更多的市场机会。真维斯是一家经营休闲服的著名服装公司，其早期采用了自我连锁的经营模式成功进入了我国主要大型城市的休闲服市场，并在市场中形成了品牌声誉之后，又用店中店的零售模式进一步扩大主要大型城市的零售市场份额，后来又采用了特许经营的零售模式，进一步开拓三级城市的服装零售市场。为了扩大其在三级城市的影响力，真维斯也尝试引进地区经销商，对三级城市的服装零售进行统一规划、控制和管理。为了及时处理存货，该公司也开设了一些超值服装店。为了获取不同细分市场的顾客，该公司又在品牌开发上加大投入，先后购买了其他几个品牌。可以说真维斯在服装零售市场的成功取决于其多元化的零售渠道、多元化的服装品牌及其强大的资本实力。

四、时装中心与零售商

时装中心通常设在高档服装零售店、品牌服装生产商聚集的地方。时装中心作为消费者、零售商、设计师、生产者之间进行高效沟通的场所，受到商家、投资者、品牌经营者的高度重视，并成为一些地方经济建设的特色与支柱。世界上许多服装零售商通过在知名度高的世界时装中心，如伦敦、巴黎或其他一些服装中心经营他们的产品而出名，并取得了国际声誉。因此一些知名的服装零售商通常会在时装中心开设他们的旗舰店或分店以提高他们的声誉。一些知名的服装品牌也十分重视他们的原产地，通常这些服装品牌公司会将其总部设在时装中心，或在时装中心开设常驻机构，一方面可提高消费者的信心，另一方面也可及时获得服装市场的最新信息。

为了提高我国服装业在世界市场中的地位，有关部门加大了服装业的宣传与推广，其中之一是通过一些区域性的时装博览会建立区域性的时装中心，如北京、上海、广州、大连、虎门等成功举办了多次世界性的博览会，使这些地区成为知名度较高的时装中心，充分发挥了这些时装中心的名牌聚集功能，促进了我国服装零售业的发展。

第二节 服装销售渠道设计

在现代市场经济条件下，服装生产者与消费者在时间、地点、数量、品种、信息、产品估价和所有权等多方面存在着差异和矛盾。服装企业必须通过科学有效的销售渠道，才能克服生产者与消费者之间的分离和矛盾，实现服装产品从生产者向消费者的转移。

一、影响渠道设计的因素

在服装渠道设计过程中，限制渠道选择的影响因素很多，其中最主要的有产品因素、市场因素、企业自身因素和中间商条件等。服装企业在渠道设计过程中应当对上述因素进行深入分析和研究。

（一）产品因素

产品因素所涉及的内容主要包括服装品牌定位及产品档次、产品设计特点、销售服务要求等。

1. 品牌定位及产品档次

作为企业的重要组成部分，营销网络既是服装品牌进入消费市场的重要通道，又要根据品牌定位选择销售渠道、决定网络终端服务目标、有效维护品牌形象。

一般而言，服装品牌的定位及产品档次越高，销售线路就越短；反之，档次越低，销售线路越长。例如，高级时装通常在设计师自有的高级时装品牌专卖店里销售，而普通的大众服装则会经过较多的中间销售环节。这是因为高档服装品牌单件产品价值较高，更强调品牌形象的塑造和优质服务的提供，因此多选择短渠道；而低档服装生产商无法为成千上万个小额定货提供包装、开票和送货等琐碎服务，通过中间商则可以大大简化销售业务。

2. 产品设计特点

一般而言，服装产品的流行性越强，设计风格越独特，销售线路就越短；反之，销售线路越长。

3. 销售服务要求

一般而言，服装产品的销售服务要求越多，销售线路就越短；反之，销售线路越长。例如，高级时装是为顾客立体裁剪、手工缝制、度身定做的，因此通常是在兼具了设计、制作、销售等功能的高级时装品牌专卖店里销售。在那里，工作人员要了解顾客需要，包括款式、颜色、材料等，并为顾客测量尺寸，然后设计、制作并进行必要的修改。

（二）市场因素

市场因素主要需要考虑潜在消费者的分布状况、消费者的服装购买习惯和市场竞争状况等。如果消费者数量多而集中，例如只集中在某一个或几个地区，则可采用较为集中的销售渠道；消费者多而分散，则需要较多的流通环节。对服装企业而言，了解和分析目标消费者喜欢在何时、何地、如何购买，对于合理设计销售渠道特别是终端网点的设置具有重要作用。

市场竞争状况对销售渠道设计的影响也不可小视。服装企业可以与竞争对手在相同的渠道上竞争，也可以另辟渠道，但开辟新的渠道必须以充分掌握目标消费者的购买习惯为前提，否则就可能失去应有的消费群体。

（三）企业因素

企业自身因素主要包括服装企业的规模和信誉、管理能力、控制渠道的意愿、提供服务的能力等方面。资金雄厚、规模较大、信誉好的服装企业可以组织自己的销售队伍，这样既可以与消费者加强联系，又可以减少支付给中间商的费用。一般而言，直接销售渠道的成本较低，但销售效率也较低。由于目前国内大多服装企业的市场运作经验比较欠缺，管理能力较低，通过直接渠道销售产品往往心有余而力不足，因此间接渠道目前被多数服装企业所采用。

（四）中间商因素

中间商因素主要考察中间商的目标市场接近程度、运输和储存能力、对本企业产品的销售政策、提供服务的能力、信誉、财力和管理能力等。

二、分析顾客服务需求

从某种意义上说，任何渠道都可以把产品传递给顾客，但不同渠道所耗费的资源和销售效果可能存在很大差异。服装企业的销售渠道看起来并不复杂，所采用的渠道模式无外乎特许连锁加盟、批发市场批发、总代理、自营专柜或专卖店、直销等几种。但就是这些看似简单的渠道模式，却让众多服装企业颇费踌躇，更有一些成长中的中小服装企业因为渠道弊病而中途夭折。

服装销售渠道的设计受企业、产品、客户、环境、竞争者、中间商等因素影响，通过考虑上述各项影响因素，服装企业可规划一些可能的销售渠道方案。在选择最佳销售渠道时，企业必须和既有的销售渠道及竞争者目前使用的销售渠道进行比较评价。评价时最好能订出评价目标，如销售渠道的营运成本、企业对销售渠道的控制能力、能获得多少竞争优势以及现有销售渠道的整合程度等。服装销售渠道的设计流程如图 8-1 所示。

企业首先必须了解顾客购买服装产品的种类、购买时间、购买原因、购买时所期望的服务水平。比如，通常顾客希望购买等待的时间越短越好；在购买名牌服装时愿意去专卖店；对一般用品如袜鞋等则习惯去百货店或超市购买。

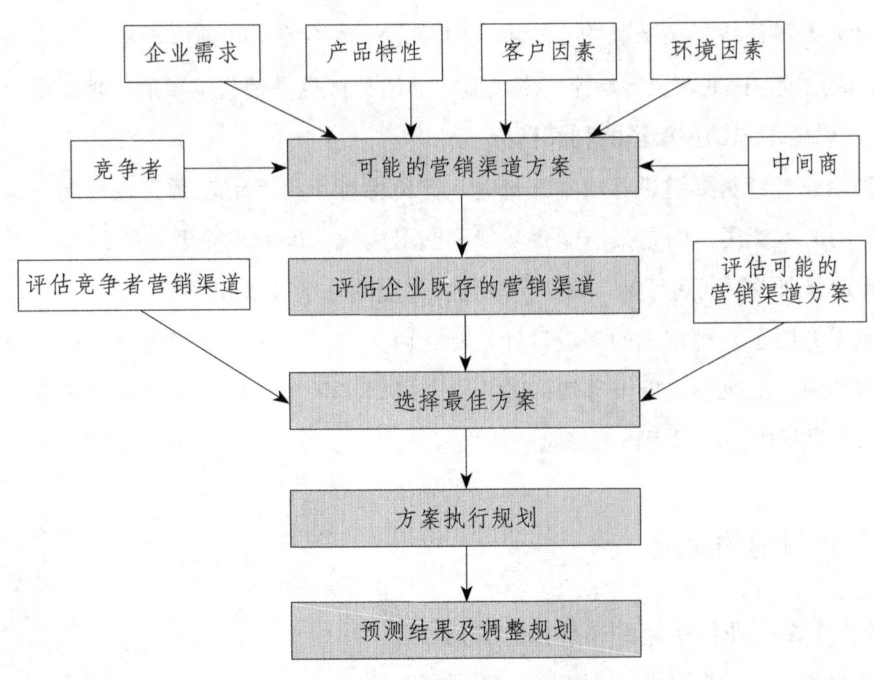

图 8-1 服装销售渠道设计流程

三、建立渠道目标

销售渠道的目标必须与企业目标及市场目标保持一致，这是毋庸置疑的。设计或变革销售渠道的目标一般有：

1. 提高渗透率

例如，将经销商数量由现有的100家扩充为150家。

2. 开辟新的销售渠道

当企业开发出新产品时，可能需要通过新的销售渠道进行销售。例如，某服装品牌原来的服装产品主要通过专卖店销售；而当该企业进行品牌延伸推出化妆品时，百货商店便是一种新销售渠道的选择。

3. 设定各种销售渠道的销货比率组合

企业可依据各种销售渠道的获得状况、政策需要、竞争策略等，来设定销货比率组合目标，如百货商店35%、专卖店45%、特殊渠道（如网上销售）20%。

4. 提高销售点的销售周转率

提高销售点的销售周转率是极具挑战性的工作，也是企业提高经营效率的重要目标。它通过提高商品情报回馈的速度和正确性来及时配送消费者所需要的商品。

5. 设定物流成本及服务品质目标

财务人员往往强调降低物流成本，但是企业决不能一味地降低物流成本而忽视了顾客满意度。因此，设定物流成本及服务品质目标也是销售渠道的一项重要目标。

6. 设定不同销售渠道的利润目标

当企业对销售渠道进行成本评价时，评价标准不是渠道能否带来较高的销售额或较低的成本费用，而是渠道能否实现利润最大化。因此，企业通常还会为不同的销售渠道分别设置利润目标，以利于评估各渠道的分销效率和绩效。

以上介绍了几种常见的渠道设计目标。由于客观条件的限制以及目标之间存在的矛盾冲突，企业在选择渠道结构时，应当根据实际情况将企业目标按照重要程度由大到小进行排列，然后再选择对应的渠道结构，以保证企业目标的实现。

四、分析目前的渠道

（一）掌握业界采用的一般销售渠道

掌握业界采用的销售渠道可从三方面进行分析：

1. 销售渠道方式

考察业界是采用直营式营销，还是采用重点地区直营、其他地区经销，独家代理，选择性分销或经过特殊的销售渠道。

2. 评估地区的涵盖数

评估业界在各地区的涵盖率。

3. 评估各销售渠道的实力

包括各个销售渠道网点中人员的数量与素质、坐落的地点、渠道忠诚度等。

（二）与竞争对手销售渠道的差异比较

服装企业可参照表 8-1 对主要竞争厂商的渠道选择进行差异分析，以了解本企业在业界中所处的地位。

表 8-1 竞争企业销售渠道差异分析表

项目		本企业	竞争者 A	竞争者 B	竞争者 C
销售渠道方式					
营销渠道数量	分公司				
	经销商				
	零售店				
合计					
所占比率					
优势分析					
劣势分析					

服装企业还可参照表 8-2 从更多角度与主要竞争对手进行销售竞争力的比较。

表 8-2 企业销售竞争力比较表

评价项目＼竞争同行		本企业	竞争者 A	竞争者 B	竞争者 C
人的活力	推销员人数				
	推销员素质				
	推销员工作意愿				
	新业务开发力				
	管理者素质				

续表

评价项目 \ 竞争同行		本企业	竞争者A	竞争者B	竞争者C
产品	种类				
	品质				
	品牌形象				
	价格				
	付款条件				
渠道	营业场所数量				
	营业场地条件				
	中间商数量				
	中间商素质				
	中间商毛利				
	中间商政策				
	市场占有率				
推广	推广预算				
	广告活动				
	促销活动				

（三）目前销售渠道的问题

销售渠道的形成是靠长期互利的关系建立起来的，对一些多层级且数量众多的经销商、区域代理等中间商，服装企业往往不易控制，可能会导致冲突与问题的产生。因此明确目前销售渠道的问题是拟订销售渠道策略的一项重要内容。销售渠道的问题大致有以下两类：

1. 企业与经销商间的冲突

企业与经销商间的冲突，如服装生产商抱怨批发商销售太多的品牌，无法做好市场情报的回馈；而经销商则抱怨利润低、价格混乱和生产商直接开设零售店等。

2. 经销商与经销商间的冲突

经销商与经销商间的冲突，如经销商之间争夺客户、破坏价格和跨区销售等，都是经常发生的情况。

五、确定渠道成员类型

服装产品的销售渠道成员是指将服装产品和相应服务（如定制、专业选购咨询、干洗等）向最终消费者转移时所涉及的一系列相互依存的组织或个人，如批发商、代理商、零售商、辅助服务商（如物流服务提供商、提供专业干洗服务的战略伙伴）等。

渠道成员是介于制造商和消费者之间的中介，如果选择和管理不当，这些中介就会阻碍制造商和消费者的接触。但是，由于许多服装制造商缺乏进行直接营销的资源和经验，而且服装消费需求差异性大，利用渠道成员往往能更有效地接触消费者，所以多数服装企业还是愿意放弃大部分的销售控制权而把产品和服务交由渠道成员来掌控。在这种情况下，服装企业首先面临的渠道设计决策就是确定渠道成员的类型。

六、确定渠道层级长度

这是对服装销售渠道结构的纵向分析。按照渠道层级的不同，可以将服装销售渠道大致分为零级渠道（也叫直接销售渠道）、一级渠道、二级渠道和三级渠道。尽管理论上可以分为更多渠道层级，但在现实中不多见，意义也不大，因此不予考虑。通常将零级渠道、一级渠道统称为短渠道或扁平渠道，将三级或更长层级的渠道称为传统的长渠道。

（一）扁平渠道

零级渠道、一级渠道通常被称为短渠道或扁平渠道。一般说来，扁平渠道具有以下优点：信息沟通顺畅，信息流通速度快且失真小；制造商能更好地掌控市场，对于制造商的长远发展有很大好处；中间渠道加价少，产品价格更有竞争力。

扁平渠道的缺点主要有：容易导致制造商营销机构膨胀，加大管理难度；制造商为了实现渠道扁平化，不得不直接设立庞杂的办事机构，往往导致较高的销售成本。

实施渠道扁平化最根本的目标就是缩短服装制造商和消费者的距离，使制造商能更好地把握和掌控市场。但是只有当服装制造企业具备以下部分或全部条件时，才更适合选择扁平销售渠道：服装制造商具有较强的企业实力和营销管理能力，因为渠道扁平化容易导致驻外营销机构的增加，不仅增大了企业的投入，也使企业的管理和激励任务变得更复杂，并且扁平渠道还要求制造商在执行渠道功能时能达到与专业批发商、零售商一样的高效率；服装制造商的目标市场为一、二级市场（一般将省会及大中城市定为一级市场，地区级中等城市定为二级市场，县、乡镇农村市场分别定为三、四级市场），渠道成员分布地域相对集中；区域内市场潜量或现有销售量很大，能够分散因渠道扁平化而引发的成本增加。

（二）传统长渠道

通常将三级或更长层级的渠道称为传统的长渠道。长渠道与扁平渠道的优缺点正好相反。长渠道一般都具备高度渠道专业化和广泛地理覆盖等特征，使得制造商能够面对大量分散的消费者；渠道中每一个独立的渠道成员都承担着各自的渠道职责，使得企业在资金及人力资源方面的压力得以减轻。不过，随着渠道长度的增加，制造商对销售终端的零售价格、卖场环境、顾客服务质量、市场信息等的控制能力也会越来越弱。

长渠道的适应性既与产品、品牌和市场环境有关，也与企业的营销、管理能力等内部因素有关。当出现下列几种情况时，服装制造商一般就有选择两级或更多级批发商的必要：产品为中档、中低档或低档，目标消费者分布于广大三、四级市场；零售商地域分散，数量众多，单个零售商的销售量不大；制造商实力薄弱，市场渗透能力小，对市场把握能力不强，只有通过大量的本地批发商才能更好地拓展市场；区域市场的现有销量和潜在销量都很小，多安排一级办事机构或安排销售人员都不够经济。

七、确定渠道成员数目

在确定了渠道层级之后，接下来就需要确定渠道成员的数目，即决定渠道的宽度。一定区域内批发商和零售商的数量对于销售业绩和渠道管理会产生很大影响。当企业的渠道网络太过稀疏时，就会减少与消费者的接触机会，影响销量；而当渠道网络过于密集时，渠道成员之间又可能发生内讧，出现乱价销售、冲货、窜货等恶性竞争，进而降低渠道成员的总体积极性。

关于渠道成员的数量决策，制造商通常有三种选择：独家分销、选择性分销和密集性分销。

（一）独家分销

独家分销是指服装制造商严格限制区域内中间商的数量，往往只选择一家中间商。在企业开发新市场初期，实行独家分销能起到吸引加盟者的作用。在市场正常运行期，实行独家分销便于市场秩序的维护和营销政策的执行，能提高品牌形象和允许较高的售价。但是一旦专营商变得强大而制造商又缺少相应的约束手段时，专营商便会对制造商提出过高的要求，影响制造商的利润空间和该区域市场的长期发展。

独家分销适合于知名服装品牌，因为名牌服装的市场辐射能力强，利用独家分销可以避免因某一家经销商不正当竞争而引发经销商之间的恶性竞争，避免危及品牌形象和渠道整体利益。独家分销也适合于打算进入新市场的三线品牌，由于三线品牌的吸引力小，制造商只有通过独家经营来稳定价格和保证市场独占，才能增加经销商的加盟积极性，使三线品牌顺利进入新市场。

（二）选择性分销

选择性分销是指制造商在某一区域市场有条件地选择几家中间商进行经营。选择性分销力求在该区域的渠道宽度适中，并在渠道竞争与市场覆盖之间取得平衡。实行选择性分销的服装制造商能够集中精力和挑选出来的中间商建立良好的伙伴关系。与独家分销相比，选择性分销能使制造商获得足够的市场覆盖面；与密集性分销相比，制造商又能获得较大的渠道控制权和较低的渠道成本。

对于那些已经建立起良好信誉、监管能力强、管理规范的服装制造商，或者那些已经对市场失去控制、但希望通过多个渠道成员之间的制衡来恢复对市场控制的服装制造商来说，选择性分销是一种很好的选择。

（三）密集性分销

密集性分销是指制造商通过尽可能多的零售商（在任何情况下，批发商数量都应受到限制）来销售产品。密集性分销能够使制造商实现最大的市场覆盖率，但相应的渠道成本较高，制造商的渠道控制权也较弱。

当消费者需要在当地能方便地购买到服装产品时，可以考虑实行密集性分销，比如“标准化程度高”的产品（内衣、袜帽、毛衣等）就比较适合密集性分销策略；三线品牌和单位价值低的中低档、低档服装也可以考虑密集性分销，通过扩大零售商的数量来实现销售量的提升。

综上所述，服装销售渠道结构的组成要素较多，主要可分为渠道成员类型、渠道层级长度、渠道成员数目等。不同的服装制造商应该根据企业的产品特点、品牌定位、营销条件、区域市场消费特点等诸多因素选择最适合的渠道结构，以便达到更有效、更经济的分销结果。

第三节　服装销售促进计划

销售促进是一种成熟的营销工具，是开拓和占领市场的强有力的武器。如果说广告是向消费者提供购买的理由，那么销售促进则提供了购买的刺激。狭义的销售促进的定义是：在给定的时间和预算内，在某一目标市场中所采用的能够迅速产生激励作用、刺激需求、达成交易目的的促销措施。

销售促进的最大特征就在于它是战术性而非战略性的营销工具。销售促进的关键因素是短程激励，并期望它成为导致消费者产生购买行为的直接诱因。服装销售促进涉及的活动是为了增加服装产品的价值、吸引顾客和中间商购买、激励或提高整个销售渠道的运作效率。与服装广告不同，服装企业是通过自己拥有的渠道而不是租用别人的传播媒体来实现销售促进。

对消费者而言，销售促进使其切实受益，激发了购买热情，提高了顾客的满意度；对中间商而言，销售促进有利于其销售利润的提高。概括地说，适当的销售促进可起到以下作用：加速新产品进入市场的进程；鼓励消费者重复购买；增加消费量，提高销售额；有效地击败竞争对手的促销活动；带动相关产品的销售等。

尽管销售促进如其名称一样可以有效促进销售，但服装企业在开展销售促进时也要注意避免其存在的缺点。比如，大量使用销售促进可能会降低品牌忠诚度，提高顾客对价格的敏感性，淡化品牌质量概念，偏重短期营销计划等。另外还应注意销售促进活动的隐藏陷阱，因为促销费用实际上可能要比预计的更昂贵。因此，服装企业应当对销售促进活动有正确的认识：销售促进是催促（Push & Urge）的推广手段；销售促进不是万灵丹，无法解决所有的问题；销售促进犹如特效药，短期有效果，但也可能产生副作用；销售促进活动要有创意并领先推出；销售促进的目标要明确，需要谨慎规划，以解决特定的营销问题；销售促进要能让消费者感到实质的好处，让消费者期望销售促进活动能尽早到来。

一、确定销售促进目标

促销目标服务于企业的营销目标。销售促进目标的确立是制订相关策略的前提。销售促进的具体目标应当根据目标市场类型、市场变化及产品市场阶段等方面来决定。

概括地说，服装销售促进的目标可分为两大类：

1. 短线速销

一般可通过三个途径达到此目的：

（1）提高购买人数。较常用的方法有：POP推广、竞赛、减价优惠、免费试用等。

（2）提高人均购买次数。较常用的方法有：赠品、折价券、减价优惠、酬谢包装等。

（3）增加人均购买量。较常用的方法有：赠品、折价券、减价优惠、酬谢包装等。

2. 长线促销

较常用的方法有：VIP会员卡、竞赛、赠品等。

表8-3　销售促进工具与促销目标的配合

促销目标 \ SP工具	特价	折价券	退款券	礼券	赠品	奖励购买继续	抽奖	猜谜	比赛	加值包	试用品	活动招待券
介绍新商品										√	√	
旧货品开发新市场	√	√			√		√					
鼓励试用		√	√		√		√			√	√	
让试用者转为常用者	√			√								√
维系现有购买者				√		√		√	√			√
引起冲动购买	√	√			√		√	√	√			
鼓励大量购买	√	√	√		√							√
鼓励再购买						√		√				
鼓励商场提供好位置	√									√		
加强广告的阅读率					√		√		√			
加强品牌印象									√			√

二、选择销售促进工具

服装企业在选择销售促进工具时必须考虑市场类型、销售促进目标、竞争条件和环境、产品特性、促销对象的消费心理与消费习惯、竞争对手动态、促销预算水平等因素。

按照服装企业开展销售促进活动所针对的对象，可将销售促进工具分成以下三类：

（一）针对服装消费者的销售促进工具

针对服装消费者的销售促进的主要目的包括：消费者教育（如流行趋势、时尚观念、生活方式等）；商品、品牌、品质、特征、效率等的信息传递；唤起需要并刺激购买等。

针对服装消费者的销售促进工具主要有：

1. 优惠券

持券人在购买服装产品时可凭优惠券享受规定的优惠。优惠券可以邮寄、包进其他产品内或附在其他产品上，也可刊登在杂志或报纸广告上。其回收率视分送方式的不同而有所差别；用报纸刊登优惠券的回收率约为2%；直接邮寄分送优惠券的回收率约为8%；附在包装内分送约为17%。优惠券可以有效地刺激成熟期产品的销售，并诱导对新产品的早期使用。专家们认为，优惠券必须提供15%～20%的价格减让才会有效果。

2. 折扣优惠

即降低售价的一种促销方法，又称特卖或打折，这在服装零售业应用尤为普遍。每至换季时节，商家为减少库存积压，常将换季服装打折销售。

3. 赠品

赠品一般是以免费赠送为诱因，抓住顾客贪图小便宜的心理，来激发顾客的购买欲。一种是附包装赠品，即将赠品附在产品内（包装内附赠品），或附在包装上面（包装上附赠品）；另一种是免费邮寄赠品，即消费者交上购物证据就可获得一份邮寄赠品；还有一种是自我清偿性赠品，即以低于一般零售价向有需求的消费者出售的商品。

4. 奖品、竞赛、抽奖、游戏

奖品是指消费者在购买某服装产品后，企业向他们提供赢得现金、旅游或物品的各种获奖机会。竞赛要求消费者参加一个参赛项目，然后由评判小组确定哪些人被选为最佳参赛者。抽奖则要求消费者将写有其名字及联系方式的纸条放入抽签箱中抽奖。游戏则是在消费者每次购买商品时送给他们某样东西，如纸牌号码、字母填空等，这些有可能中奖，也可能一无所获。这些通常比优惠券或赠品更吸引消费者。

5. 售点陈列和商品示范

售点陈列和商品示范发生在服装销售现场。服装企业可以提供较好的售点陈列资料，并将它们与电视或印刷品宣传结合起来运用，建立起一种新方式。

6. 特别活动或事件

如时装表演、会员俱乐部、评选品牌形象代表、店庆活动等。

表 8-4 针对消费者的销售促进工具作用比较

促销（SP）工具	不利的相反作用	补充作用
特价	特价会破坏品牌的品质印象。过多时会引起消费者的怀疑而降低品牌忠实度。要设法降低此相反作用，特价必须要利用特殊名目，如节日、周年、销售突破 100 万件等	几乎没有
折价券	会破坏品牌形象，尽量以特定对象及折价券本身的价值感来减少相反作用	报纸或杂志上的折价券可以提高对广告的注目率；邮送的折价券可附带商品信息
退款券及礼券	是一种减价方式，要减少相反作用，需提高礼券的印刷水准，使之具有高级感	广告加上退款券或礼券可以鼓励零售商进货
赠品	价值太低的赠品会引起消费者反感，没有创意的赠品会增加品牌不良印象。赠品应视为品牌性格的一部分来处理，以避免反作用	很难以广告来诉求商品差别化时，可用赠品作为差别化的工具
抽奖	可以创造立即的促销效果，但未获奖的广大消费者可能产生挫折感，进而影响其对品牌的偏好	商品广告加上令人心动的抽奖活动，确实会提高消费者对商品的了解及兴趣
猜谜	刮刮看、对号码等立即性的游戏主要是求短期效果，对商品形象没有大帮助，但因其有趣味，也不会破坏形象	问答式的猜谜，能增加对商品的了解
比赛	比赛因为要使用到智力、体力或技巧，不像抽奖只凭运气令人有不劳而获的感觉。但是比赛只能限于特定对象，无法普及	比赛结果的公布可以加强商品广告诉求，如命名比赛，可迅速为品牌提高知名度并可增进对商品的了解
继续购买奖励	忠实爱用者不必有奖励办法也会继续购买。而一般大众比较喜欢立即报酬，用此方式来维系品牌忠实度，不一定比广告有效	以广告来提高形象为目标时可用此方法来帮助营销
加值包	对新商品没有相反作用，但在商品衰退期使用此方式，会让消费者有过时商品最后刺激的感觉	新商品上市，可配合广告来刺激购买欲
招待券	因为文化性、娱乐性、健康等正面的意义，以招待券赠送消费者不会产生对广告的反作用	对品牌形象及企业形象有提高效果，可以和商品广告同时进行，加强长期忠实度与短期促销效果

（二）针对服装中间商的销售促进工具

针对服装中间商的销售促进活动的主要目的包括：使经销商对厂家的商品产生好感；指导经销商销售员的销售技术；经营管理的协助；商品的完全销售等。针对服装中间商的销售促进工具主要有：

1. 召开产销会议

定期举办经销商产销会议，讨论问题，增加沟通，并让经销商充分了解公司业务的发展方向及各项促销活动。

2. 经销商奖金规则

生产厂商为了促销某种特定产品，针对经销商制订的销售奖金办法。

3. 经销商竞争办法

举办经销商间的销售竞争，可以激励经销商达成目标。经销商竞争办法的制订虽以实现公司目标为前提，但为了能顺利执行，也需要站在经销店的立场考虑如何举办销售竞争最具效果。

4. 经销商教育辅导

教育辅导的目的是提高经销商的经营知识及技术，这些培训内容能反映在实际销售量的提升上。教育训练的内容如：说明新产品的设计特色或功用；介绍流行资讯及设计理念；提高技术服务及管理水准；提高销售技巧；了解经济和市场的动向并确立经营观念；了解如何使业绩持续成长和扩充等。

5. 派遣专卖经销商辅导员

派遣专门的经销商辅导员协助经销商的销售及与公司间的沟通。

6. 提供产品目录及卖点广告 POP

以免费或成本价提供经销商产品目录及卖点广告 POP，如贴纸、海报、布旗、立体广告等，能吸引顾客注意力、增加产品知名度。

7. 发行经销商沟通刊物

发行以经销为主的刊物，以促进经销商与最终客户的交流。

8. 补贴经销商

对经销商的补贴有下列方式：购货折让，在特定期间内，经销商进货达到一定的数量，给予折价；新产品展示样品补助，厂商推出新产品时，给经销商购买展示样品折让补助；广告补助，经销商做广告销售生产厂商的产品时，可获得广告补助费用；续购折让，服装生产商为刺激经销商持续进货销售，在经销商第一次购买后，如能在一定的期间内再进货，则给予一定数额的折让优惠；提供无偿支援，对一些技术层次较高的产品，无偿提供协助经销商安装等技术服务。

（三）针对销售队伍的销售促进工具

1. 销售技巧训练

销售人员销售技巧训练除了推销技巧训练外，还需注意提高销售人员的销售意愿，并可借着成功案例发布会提高销售人员的实战经验。

2. 产品研讨会

产品研讨会内容有商品知识、操作技巧、产品特性、附属品特性、产品背景资料、铺货技巧、店面陈列方式、参观生产流程、质量控制标准等。

3. 竞争研讨会

举办竞争研讨会以对主要竞争产品的售价、性能、优点、缺点做深入的了解。

4. 销售竞赛

以销售人员个人或团体为对象举办销售竞赛，一方面激发销售人员的荣誉感，另一面也可通过竞赛规则的设计诱导销售人员销售公司的重点商品。

5. 销售手册制作

所谓“销售手册”是推销人员推销商品参考的手册，能帮助人员向客户提供系统、美观又具说服力的资料，并对销售人员进行推销时给予重点指导，也附上一些公司的规定，提醒销售人员注意。

6. 销售奖金规则

销售奖金规则是规定销售人员根据销售业绩的好坏而得到的奖励。销售奖励可分为按个人业绩或团体业绩，以特定期间或季为单位计算业绩，给予奖励。奖励的方法有奖金、奖品、旅行、休假等。

7. 推销研讨会

推销研讨会利用一段时间召集各地区的推销员，共同针对产品、促销计划进行研讨，以发现新的策略及方法。

8. 促销品制作

促销品指协助销售人员推销的各种有用的工具，如产品模型、推荐函、辅助视听器材、函件、建议书、贴纸等。

9. 成功案例发布会

定期举办成功案例发布会，以借鉴其他销售人员的成功销售经验。

10. 表扬、奖励活动

利用公司的各种正式集会，表扬、奖励业绩优异的销售人员。

三、制订销售促进方案

选择了销售促进工具之后，接下来就该制订具体的销售促进方案了。服装企业在制订方案时还应考虑许多因素，主要有以下几点：

（一）确定刺激强度

应选择费用有限效率最高的刺激强度。刺激强度高，引起的销售反应也就越大，但超过一定限度之后，这种效应也呈递减趋势。为保证销售促进效果，在开展活动前应进行充分的市场调查，并在总结以往经验的基础上，结合目标消费群、市场环境、预算开支等制订适当的刺激强度。

（二）确定活动对象

服装企业还必须制订销售促进的对象范围。激励可以针对任何人，也可有选择地针对某类群体。销售促进对象选择的恰当与否，将直接影响到销售促进的最终效果。

（三）确定时机与主题

常见的服装促销年度主题有：

- 1 月：新年大拍卖、节日优惠、冬季清仓大甩卖等；
- 2 月：春节大拍卖、情人节服装特卖、春季服装展销 / 展示会等；
- 3 月：妇女节、春季服装大拍卖等；
- 4 月：郊游服装发布会、体育用品展销等；
- 5 月：劳动节、母亲节、儿童用品、旅游用品大拍卖等；
- 6 月：儿童节、端午节、夏季流行服装、雨季用品大拍卖等；
- 7 月：节日大拍卖、夏季服装大减价、海滨服装及用品大拍卖等；
- 8 月：夏季服装清仓特卖等；
- 9 月：教师节、中秋节特卖、秋季服装发布会等；
- 10 月：国庆特卖、冬季服装发表会等；
- 11 月：御寒服装特卖、年终大拍卖等；

➢ 12 月：节日大拍卖、新春服装发表会、展示会、招待会等。

（四）确定推广途径

选择了销售促进工具后，还需进一步确定推广途径，不同的推广途径其接受率和开支水平是不同的，这就需要服装企业进行权衡，看哪种途径最有利。

（五）确定推广时期

制订销售促进方案时要决定活动的实施期限，这是活动成败的关键。通常可分为以下几种：

1. 年度活动

若是厂家的计划，大多以一年为期，进而决定每一季、每一月份的促销政策。

2. 季节性活动

即按照春、夏、秋、冬等在 2 ～ 3 个月的期限内集中活动的方法。

3. 月间活动

即按照特定的月份，利用纪念性特卖或当月有效的大优惠等按月出售的方法。

4. 旬月活动

即在一个月的上旬、中旬、下旬，决定 10 天来做销售促进活动的方法。如果以工薪阶层为对象的话，利用下旬或上旬比较理想。

5. 周间活动

当周有效或几个星期内有效，以周为单位决定活动期间的方法。

6. 特定日的活动

决定某个特定日子，进行一天大拍卖的方法。

7. 特定时刻的活动

限定时间的方法，比如决定上午 11 点以前或下午 1 点钟开始，1 个小时内有效的优待方法，要根据服装种类区别计划。

8. 联合大拍卖

有的联谊会可能在年底作一次联合大拍卖。

（六）确定活动预算

即销售促进预算在各种促销工具和各类产品间的进一步分配。这又要考虑到促销工具的使用范围、频率、产品生命周期等因素。

四、实施和评估销售促进方案

如果条件许可，在销售促进方案正式实施之前应经过必要的测试。测试可以通过询问消费者、发放问卷等方式进行。

如果测试效果与预期接近，就可进入实施阶段了。方案的具体实施与控制是活动成败的关键。实施中要有明确具体的指导计划，要密切监测市场反应并及时进行必要的调整，以顺利实现预期的方案和效果。

对销售促进方案的评估，不同的组织者有不同的方法。服装制造企业的评估主要有以下几点：将推广前、推广期间和推广后的营业状况进行比较；对那些在推广时购买该商品，事后又转向其他品牌的顾客进行调查；进一步进行消费者调查，以考察消费者的看法及此次活动的作用；针对销售促进的作用、时机等进行细致的试验。

第四节 服装店铺设计

服装零售商店若想在未来的十年中继续生存下去，就必须注意商店环境的设计，而且要跟随时代的步伐不断加以改进，力争提供一个消费者所期望的、赏心悦目的商店环境。

一、商店环境设计是竞争优势的来源

商店环境的设计是经营策略的一个重要组成部分，是一个潜在的竞争优势。商店环境的差异，可能会影响顾客的选择。在商业竞争中，重要的挑战在于是否能及时了解消费者的需求并提供有吸引力的商店环境。这就是为什么会有那么多时装零售企业要花很多费用，定期对商店进行重新设计和装修的原因。

（一）舒适的购物环境激发愉快的购物体验

在竞争激烈的时装零售行业中，有些企业发展良好、蒸蒸日上，有些却在为维持生存而挣扎。究其原因我们看到，那些成功的商家大多能够真正理解消费者心目中“价值”的真正含义，但却有许多商家错误地把价格看成是价值。其实，价值应该是购物者全部的体验，它指的是购买行为所带来的所有好处。这些好处包括令人愉快的商店环境，优良的销售服务，方便实用、高品质的商品等。很显然，价格并不等同于价值，它只是价值的一部分。这也就是说，并不是所有的购物者都很在乎价格的高低，如果商品陈列精致、商店地板整洁、顾客服务优良，或者仅仅是冲着一个称心如意的整体购物环境，有的顾客就宁愿多一些花费。

很多研究表明，当凭借价格、促销和地段等手段已经不能取得竞争优势的时候，商家就往往会求助于商店环境的设计，把它作为制造亮点的一个契机，舒适、符合消费者需要的商店环境能够使人产生愉快的购物体验。研究人员还发现，消费者在环境舒适的商店里停留时间越长，超计划花费也就越多。许多消费者是在临近购买的时候才做出购买决定的，因此也说明商店环境可以影响人们的购买行为。大多数购物者都有一个共同的体会：不管出售的商品怎样，有些商店对人的吸引力更大，有些商店使人产生放松的感觉，有些则让人感觉不舒服。在积极有效的商店环境中，消费者往往会于不知不觉中多买东西、多花钱，研究表明，有 70%～80%的购买决定是顾客在商店里随便逛逛的时候做出的。另外，好的商店环境不但可以影响顾客对商店的选择，还能提高顾客的回头率。

（二）商店环境是赢得顾客满意的工具

现在，想方设法把顾客吸引到商店里来，并给他们一个舒适、可以随意浏览的场所，已经成为商家一个最新的策略。零售企业以及品牌所有者都在利用这个工具，以达到丰富顾客购物体验的目的。所以，了解和掌握顾客需要以及他们对商店环境的期望，是一项经常性的需要。顾客的满意程度，意味着商店工作成果与顾客期望之间的接近程度。如果商店环境没有达到顾客的期望值，他们就会感到失望；如果满足了期望，他们就会感到满意。

换句话说，如果顾客感受到的商店环境达到了期望值，满意就产生了。通常，如果顾客对某个商家感到满意，他平均要告诉五个人；如果不满意，他要倾诉的人数是前者的两三倍，而且以后可能再也不到那家商店里去了。显而易见，零售企业成功的关键就在于是否能够认识和理解自己的顾客，并且以一种与众不同的方式去迎合他们的爱好和需要。

如果实际表现超过期望，顾客就会特别高兴，感到很满意。消费者满意程度的高低，可以帮助他们鉴别一家商店是否值得经常光顾。很大程度上购物是一种休闲活动，消费者希望自己的购物经历能够带来一些情感方面的东西或者愉快感觉，成功的商家必须认识到消费者的期望并做出反应。购物者把他们的宝贵时间花在了购物上，自然希望得到快乐和满意，因此每一个商家都应该更好地了解消费者对商店环境的期望。

二、商店环境的要素

最新的研究显示，商店环境中的周围条件因素和社会性因素能够影响消费者对商品和服务质量的评价，这些评价又进一步影响到商店形象。在对商店气氛的研究中，贝克使用一个三分类结构模式来评价商店气氛，她把商店环境因素分成三类，即商店周围条件因素、商店设计因素和商店社会性因素。

（一）商店周围条件因素

商店周围条件因素是指那些在不知不觉中左右着消费者的环境背景特点，包括温度、灯光、音乐和气味等。这些因素能够在毫无知觉的情况下，影响人们对商店设施的感受、看法和反应。通常，它们作用于五个感觉器官。根据戴维森等人的观点，周围条件因素更多依赖于人们的模糊感觉，而不是精确的计量。

在一些特别的情况下，消费者对周围条件可能会非常在意。如果消费者的注意力被提高了，消极的周围条件就容易导致不满意。比如说商店里的空调坏了，空气又热又闷，消费者的注意力就被调动起来，因而可能产生不满意。如果消费者感到不舒服，就不愿意花更多的时间在商店里逛来逛去了，他们只想赶紧把要买的东西买好，然后迅速离开。

具有抚慰效果的背景音乐能创造出愉快的气氛，柔和的灯光比明亮的灯光能够制造出更轻松愉快的情绪。过分吵闹会让购物者感到难受，炫目的灯光会让他们看不清楚或者感觉不舒服，难闻的气味也能把他们从商店里赶出去。这些都属于周围条件因素，它们能够影响人们在商店里停留时间的长短。

（二）商店设计因素

设计因素是指那些在本质上比周围条件因素更容易觉察的东西，其性质可能是美学的，也可能是功能性的。

功能性因素包括布局、舒适度和隐私权。美学因素有助于消费者产生愉快的感觉，包括的内容有建筑、原料、色彩和商品陈列等。布局是功能性的，商品布局好不好直接影响顾客是否能够比较容易地找到自己要买的商品。宽敞的过道所营造出来的气氛，当然要比拥挤狭窄的过道要好。

商品陈列对消费者做出购买决定的影响也比较大。有的消费者甚至把试衣室以及试衣室里面的设施，作为选择商店的主要标准。由于商店环境的发展趋向于最低限要求主义，人们将会越来越强调商店里的固定装置和试衣条件。商品货架不仅起到商品展示作用，也可以产生一定的美学效果。

消费者一般是对他们先看到的东西进行评价，所以设计因素比周围条件因素更容易觉察。设计因素对商店员工和消费者都有帮助作用。在一个设计优良、功能性强的商店里，人们容易掌握方位，知道该往哪里走，寻找自己所要的商品或服务也就简单多了。与此同时，购物效率和顾客满意程度也能得到提高，继而促使人们浏览到商店里的每一个角落。如果消费者很容易就能实现自己的目的，那么购物体验中的愉快程度就将提高。

（三）商店社会性因素

商店社会性因素涉及商店环境里的所有人。消费者和售货员的数量、类型以及行为都包括在社会性因素中。如果因为售货员人数不足而不得不等待的话，消费者会感到气愤。售货员工作的好坏也能极大地影响消费者的满意度。消费者根据他们的期望值来评价售货员的服务。消费者对售货员的期望似乎也越来越高，比如说，售货员对商品要有很好的了解，要令人信赖，能对消费者的需要做出回应。在消费者心目中，商店一线员工不仅仅是售货员，也是他们的购物顾问。

在服装商店，消费者在选择商品时一般都会征求售货员的意见。售货员和消费者之间的对话交流通常发生在零售环境下，这种对话交流所产生的积极作用也能够使消费者获得满意感。

研究结果表明，影响顾客再次光顾一家新商店的最重要因素有三个，其中之一就是“有用的员工”。好的售货服务就是要为消费者提供高效、积极和愉快的购物体验。售货员外表的吸引力及其愉悦的行为也可以大大提高顾客的服务满意度。

在商店里购物的其他顾客也是社会性因素的一部分。调研发现，商店里顾客人数的多少会影响人们的购物体验，过分拥挤的商店往往导致低水平的愉快感觉。在拥挤的商店环境里，消费者发现购物不是一件让人享受的事，他们往往仅限于跟售货员之间的交流，不太可能作进一步地探索，任何暂时不必要的采购事项都予以推迟。其他顾客的举止行为也影响到购物体验，如果商店里经常有举止粗俗的顾客，那么有些顾客可能会因此望而却步。

商店环境是由商店物理环境所产生的美学和情感上的总体效果，它是商店所营造的全部感觉体验。对顾客来说，无论他们有着什么样的购物动机，安全、迷人、舒适的购物环境才是最有吸引力的。所以，若要给消费者提供一个良好的整体感觉印象和购物体验，就应该根据他们的心理和生理需求去营造商店环境。

20 世纪 80 年代的商店设计着重强调表面的豪华气派。而现在，服装零售企业所面临的最大挑战，是如何把时尚要素紧密结合到消费者的生活中去，并且想尽一切办法让他们的购物体验高效而有趣。

三、服装零售卖场设计

卖场是指服装企业销售服装的现场，包括百货商店中的店中店和专卖店等。零售卖场的设计与零售商整体布局、设计是分不开的，但每个服装企业可以在自己有限的区域内，在不与零售商发生冲突的前提下进行自我设计，使卖场别具一格，与众不同，吸引消费者，树立企业形象。

（一）视觉沟通

视觉沟通是指运用图案、标记等视觉图像来吸引消费者。在实际运用中，应考虑以下问题：

1. 卖场应运用协调性的标记和图案

标记和图案应该是商品和消费者之间的桥梁。标记和图案的颜色和色度应是对服装的补充，与整个卖场背景不协调的颜色会从视觉上破坏服装的展示并且会分散消费者对服装的注意力。颜色的选择应吸引目标消费者或突出特定的服装：比如适合儿童的颜色应该简单明快；适合十几岁的青少年的颜色应是热烈鲜明；女士内衣的颜色应该体现柔和等。另外，在卖场张贴的海报应该运用最能体现服装定位和特色的画面。

2. 卖场可以运用一些非关联商品作为道具

非关联商品是指与服装产品无关联的商品，比如一些小商品或艺术品，把它们作为卖场道具，也是展示服装整体吸引力的重要方式。如销售夏季女装时，可以在卖场摆设一些时令水果，既突出服装的季节性又可以丰富卖场的色彩，增加卖场的动感。在销售男装的卖场，摆设古色古香的工艺品，以突出男装的历史感、庄重感。

3. 合理运用标志的印刷字体

合理运用标志的印刷字体对标志的成功来说是非常重要的。不同的印刷字体传递着不同的信息和语言。例如：书写降价标志时，用工整的标准字体，比草率的书写要好得多，消费者会认为降价不是简单草率的行为，而是有种与众不同的感觉。

注意书写不要使用复杂的、难以看懂的字体，因为消费者没有时间去辨认。如想取得变化的效果，可以考虑使用不同但和谐的字体。

4. 为消费者提供信息

消费者到零售卖场，希望得到产品更多的信息。如不同服装指示牌，解释服装是如何生产加工的以及生产服装的历史或获得过哪些奖项等。有些服装企业会在卖场摆设服装整体穿着效果的模特或不同服装穿着场合的效果图，很受消费者欢迎。

（二）灯光照明设计

零售卖场的内部氛围和空间个性需要靠光源来渲染和控制。消费者进入一家照明效果好的卖场会心情愉快、轻松地购物；而进入一家光线暗淡的卖场心情会低沉、压抑，购物热情下降。所以，灯光照明能够直接影响卖场内消费者的购物情绪。

零售卖场内部空间的光源主要分自然采光和人工采光两大类。自然采光能给卖场制造出富有情感氛围的自然景观。自然光源光色丰富，但光量不足且不容易控制。因此，在零售卖场内起决定作用的是人工采光，即利用人造光源按功能及审美的特点，设计在卖场内的有关部位，除照明外，还增加卖场的美感。不同的人造光源由于本身的能量分布不同，会产生不同的色光，如白炽灯光源偏黄，荧光灯光源偏蓝，所以在不同的环境下要选择不同的灯具。

卖场灯光照明可以分为基本照明、特别照明和装饰照明。基本照明指保证零售卖场大环境的照明，包括橱窗的基本灯光以及店内的通道、墙面、顶棚、指示灯的基本灯光，一般使用白炽灯和荧光灯。特别照明是为了表现服装的特质，加强照明，多采用聚光灯、探照灯等定向照射。装饰照明大多采用彩灯、壁灯、吊灯、闪烁灯、霓虹灯等照明设备，可以使卖场气氛活跃、轻松。另外，还应该注意服装在不同颜色灯光的照射下，色彩会发生变化。

（三）色彩设计

心理学研究表明，色彩可以对人的心情产生冲击和影响。例如：彩色比黑白更能刺激视觉神经，引起人更多的注意。零售卖场可以运用和组合色彩，调整卖场内的色彩对比，形成特定的卖场氛围。对卖场进行色彩设计时，主要注意三个方面：

（1）色彩的类型。色彩可分为暖色调和冷色调两类。暖色调主要有红、黄和橙色，而冷色调有蓝、绿和紫色。一般来说，暖色给人温暖、舒适、快活的感觉；冷色给人寒冷、清凉、沉静的感觉。如果将冷暖两色并列，给人感觉是：暖色有扩张感，冷色有收缩感；暖色看起来面积大，冷色看起来面积小；暖色使人感到物与人的距离近些，冷色让人感到物与人的距离远些等。

零售卖场可以根据卖场实际情况来运用色彩。例如：狭窄的卖场，可以将两侧墙壁设计成冷色，里面墙壁设计成暖色，这样能给消费者宽敞的感觉。

另外，不同色彩会引起消费者不同的联想。如绿色象征着自然、生命、和平；蓝色象征宁静、博大；红色象征热烈、活泼、喜庆；黑色象征沉稳、庄严、力量；白色象征纯洁、天真、无瑕；黄色象征温暖、广阔、柔和；紫色象征浪漫、神秘、倾心等。服装企业可根据色彩对消费者心理的影响，结合企业服装色彩系列，设计出协调统一、富有美感的卖场。

（2）色彩的深度。通过各种色彩深浅不同程度的组合设计，创造意想不到的效果。如较淡的颜色让人感到温暖柔软，较浓的颜色能够吸引消费者的目光。

（3）色彩的亮度。一般浅色系的色彩显得明亮，而深色系的色彩较暗淡。明亮的颜色能使人感到实物的硬度，而暗色让人感觉较为柔软。儿童一般喜欢明亮的颜色，而成年人更喜欢柔和色调。

（四）声音与音乐设计

声音与音乐对服装零售卖场的影响可能是积极的，让消费者赏心悦目，但也有可能是消极的，让消费者难以容忍。主要注意两个方面：

（1）控制各种噪声干扰。噪声可能来源于卖场外，也可能是卖场内产生的。对外部噪声，可采用消音、隔音设备，杜绝噪声。卖场内部噪声如空调的轰鸣声，可以将空调移至比较隔音的地方，减少噪声。

（2）充分利用背景音乐。优美的背景音乐，可以创造浓厚的购物情调，使人产生或兴奋或抑制或激昂或忧伤之感，促使消费者购买商品。要根据卖场服装的定位选择乐曲，如定位于都市时尚青年的服装宜采取流行的、奔放的音乐；定位于中老年服装宜采取传统舒缓的音乐。另外，音乐还可以起到控制消费者步调节奏的作用，如在购物高峰时可播放一些快节奏的音乐，在购物低峰时播放缓慢的轻音乐，都会有利于销售。

（五）气味控制设计

在人们所有感觉中，嗅觉对人的感情影响相当大，嗅觉也会改变人们的行为方式。服装零售卖场应该精心设计气味来增强人们的购买欲望，如各种淡淡的花香特别有助于女装的销售。

一方面，零售卖场选择的气味要与服装的消费者喜好相一致；另一方面要控制好气味的浓度，过浓的香味会起到相反的作用，令消费者不悦。

四、服装店铺的室内布局

室内设计包括店堂的布局、照明、色彩、音响、空调、装饰材料等设计。合理的室内设计可以提高店铺有效面积的使用水平、营业设施的利用率，为顾客提供舒适的购物环境，使顾客获得购物之外的精神和心理上的某种满足，产生重复光顾的心理。室内设计要遵循总体均衡、突出特色、和谐合适、方便购买、适时调整的原则。

（一）室内布局

室内布局指的是室内的整体布局，包括空间布局和通道布局两部分。

1. 空间布局

消费者购物一般都会把卖场体验添加到购买行为中，合理的空间布局和结构设计将会对销售活动起到促进作用。布局设计必须合理、顺畅、引导性强，方便店内人们的流动，尽可能有效地利用可获得的销售空间，使所有的商品能够有效地向顾客展示。

简单地说，店铺布局就是要将整个店铺空间划分为具体的不同功能的区域。销售区占用了店铺内的主要空间，其余的都是非销售功能的区域，如收银台、办公室、改衣间、库房等。

根据商店类型、商品分类、数量和销售方式的不同，零售商采用的大多数布局设计都基于四种常见的布局设计：格子模式布局、自由流动布局、精品店布局和跑道式布局。

（1）格子模式布局。格子模式布局通常被超市采用，这种布局包含了很多平行排列的货架，这些货架形成许多过道，顾客进入过道往往受限于两边，对购物路线的选择有限。如图 8-2 所示。

这种布局的空间利用率很高，可以提供大量的商品，而且还可以实现标准化货架和低成本。顾客对路线选择的有限性，实现了对人流的高程度控制，商品也实现了对顾客的高曝光率。当顾客以一种指定的方向而不是随机的路线在商店中走动时，高空间利用率和可预测的购物路线也形成了潜在的高人流容量。

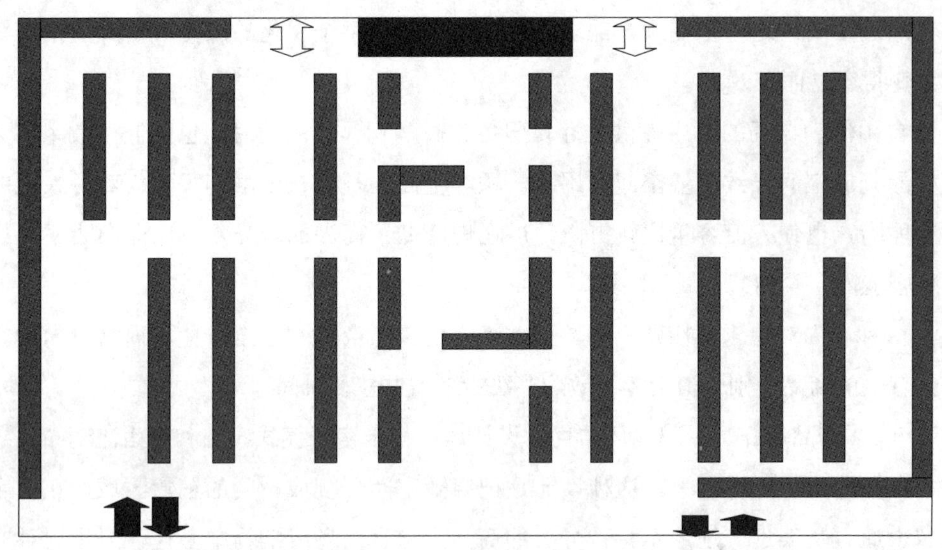

图 8-2　格子模式布局图

格子模式布局的高效率也有消极的一面。这种设计限制了顾客的行动自由，使顾客浏览商品时感到不舒服。同时，顾客和员工的接触也较少，零售商很难有效地为顾客提供个性化的服务和促销，顾客在商店中的体验极其有限。

（2）自由流动布局。自由流动布局是典型的街头店铺设计形式，尤其适用于服装店。它组合采用了不同的货架，以充分展示商品，并拥有让顾客自由地在店内走动的空间。如图 8-3 所示。

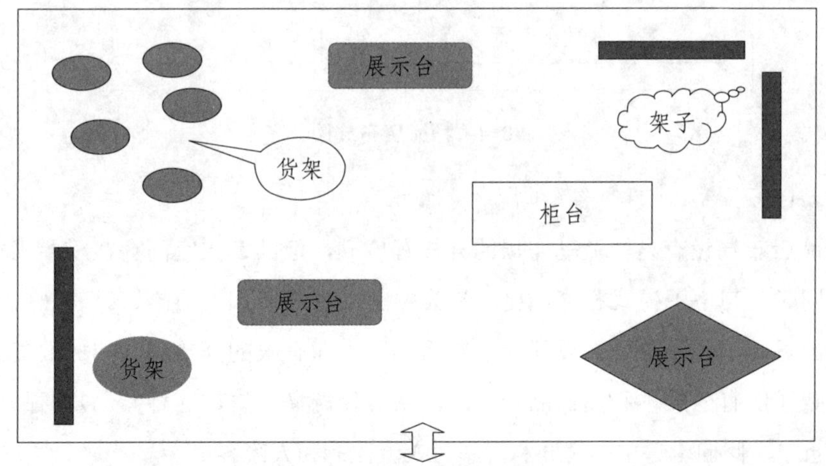

图 8-3　自由流动布局图

与格子模式布局相比，顾客能够通过许多不同的路线进入商店的所有部分。大面积的开放空间和多样的购物路线，大大提高了消费者的购物体验；员工利用与购物者的近距离沟通，把握顾客需求，可以向顾客提供个性化的服务，使人员推销等行为变得容易而有效。

自由流动布局的商店提供个性化服务和高购物体验的同时，也降低了效率。大面积的开放空间导致了低空间利用率。顾客更高的行动自由限制了零售商对人流的控制能力，也使人流容量比较有限，潜在地降低了商品的曝光水平，即商店不能保证顾客能真正看到某个展示区域。

这种布局对追求商店购物体验而非效率的零售商非常适合，他们通常只向顾客提供有限的商品类别，消费者在做购买决策上需要较多时间。

（3）精品店布局。精品店布局的设计风格介于格子模式布局和自由流动布局之间，也被称为“店中店”。这种设计是把店铺空间分割成不同的销售区域，在每个区域中通过货架适当地展示特殊分类的商品。综合商场或购物中心往往采用这种布局。如图 8-4 所示。

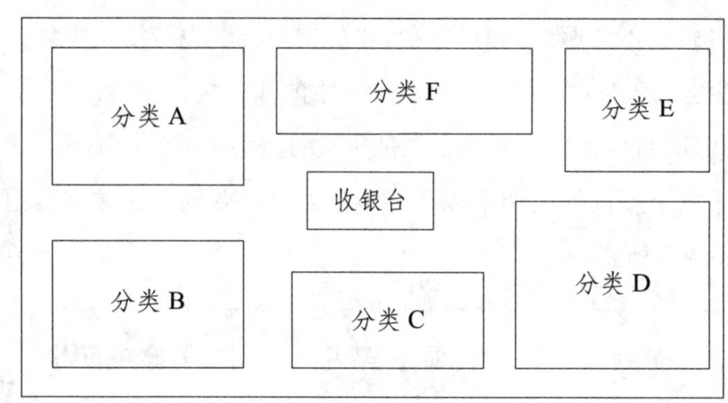

图 8-4　精品店布局图

精品店布局没有自由流动布局的开放程度高，但其开放空间存在于各销售区域之间；同时，与格子模式相比，更容易为顾客提供服务和人员推销。有效成本和商品分类的曝光率根据各区域设计的不同而不同，即有限的开放空间和标准货架的组合，导致了低有效成本和高商品曝光率。从某种意义上讲，这种布局是商品体验和效率的折中，倾向于适中的空间利用率、人流控制和人流容量。

（4）跑道式布局。现代综合商场逐步把精品店布局发展成为“跑道”形式。商店被设计成购物者沿着一条固定的路线绕着商店前进，但在这条线路中有许多中途分道点，以便顾客进入各个销售区域。如图 8-5 所示。

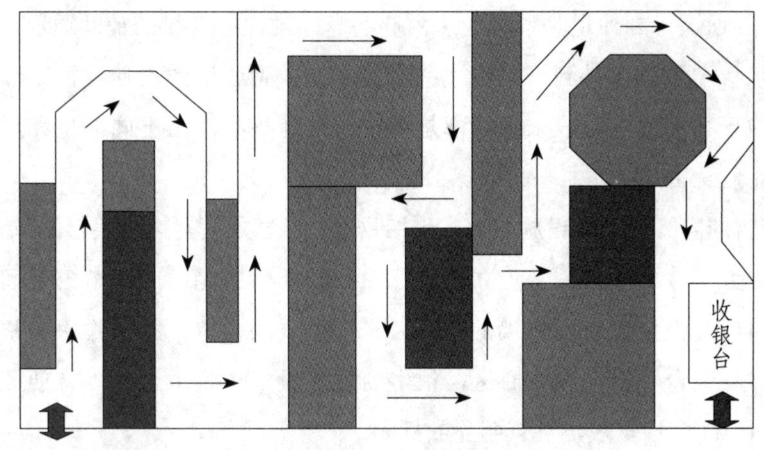

图 8-5 跑道式布局图

随着社会的发展，在规划中逐步将三种布局结合起来运用。服装店铺根据经营面积的大小和经营定位而采用不同的布局。常见的有沿墙直线陈列或沿有规律的斜线布局（如“之”字形 ），类似于把格子模式布局和精品店布局结合起来，但整个店铺的布置给顾客形成一个 U 型通道，便于顾客看到所有展示的墙面和所有的服装；大多数服装店都采用自由型布局，用马蹄形、圆形、正方形或三角形的通道把店铺分割成不同区域。

服装店为了促销，或为给顾客造成视觉冲击和新鲜感，经常会根据不同季节或不同货品，及时灵活调整店铺布局。

2. 通道布局

顾客通道的设计与店铺的布局形式有着紧密的联系，店铺布局影响通道的设计。顾客通道是否顺畅，宽度是否合适，对顾客流向和容量起着重要作用，并对顾客是否决定进店也有直接影响。

货架摆放要留出行走空间，行走空间可分为主通道和副通道。一般来讲，营业面积在 600m^2 以上的零售店铺，卖场主通道的宽度要在 2m 以上，副通道的宽度为 1.2 ～ 1.5m。最小的通道宽度不能小于 90cm，即要保证两个成年人能够同向或逆向通过（成年人的平均肩宽为 45cm）。

（1）主通道。主通道是店铺内顾客流动的主要通道。一般来说，主通道应该以店铺主入口为起点。不同规模的店铺可以选择不同形状的主通道，对于小型店铺而言，由于店铺空间较小，一般设计成 L 形、Y 形或 U 形。对于空间较大或结构复杂的店铺而言，可以设计成圆环形或井字形等。

（2）副通道。副通道是顾客在店内选购商品过程中选择的辅助通道，它将不同偏好的顾客从主通道上带到不同特色的商品专柜。副通道的设计根据店铺实际情况和主通道的形状而定。一般来说，都是以主通道为核心，用不同数量和形状的副通道辐射到各个商品专柜。

（3）店铺内其他功能设施布局，包括收银台、试衣间等。收银台的位置和数量，根据店铺的大小、档次和销售形式而定。面积较小的店铺，为了节省空间，收银台一般在门口或最里头正对门靠墙的地方，只占很小的位置，并兼作服装整理台。在大商场里，收银台一般设在中心区，很多商场还设多个收银台，以方便顾客付款。收银台前的空间应该宽敞，且有明显的标志。

试衣间一般设在靠墙角或贴柱子的角落里；大型的服装店铺大多设计正反试衣间，成对放置于店铺中，便于人流较大时顾客进出。面积较小的服装店仅在角落设置挂帘式的简易试衣间。试衣间的面积不宜太小，一般为 1 ～ 2m^2。

除了收银台、试衣间之外，店铺内还有仓库、改衣间等。仓库一般设在销售区域的后面，以方便销售人员取货。改衣间一般设在人流不太多的地方，靠墙一侧或角落里。大型卖场还设有洗手间。

（二）室内装潢

1. 天花板设计

天花板可以创造室内的美感，而且还与空间设计、灯光照明相配合，形成优美的购物环境。在天花板设计时，要考虑到天花板的材料、颜色、高度，尤其是天花板的颜色。天花板要有现代化的感觉，并注重整体搭配，以展现色彩的优雅感。如年轻的职业妇女，比较喜欢有清洁感的颜色；年轻男性强调店铺的青春魅力，以使用原色等较淡的色彩为宜。一般的服装店天花板以淡粉红色为宜。

2. 墙壁设计

主要包括墙面装饰材料和颜色的选择、壁面的利用。店铺的墙壁设计应与所陈列商品的色彩内容相协调，与店铺的环境、形象相适应。一般可以在壁面上架设陈列柜，安置陈列台，安装一些简单设备，以摆放服装，用来作为商品的展示台或装饰。

3. 地板设计

主要涉及地板装饰材料和其颜色的选择，还有地板图形设计。服装店要根据不同的服装种类来选择图形。一般地说，女装店应采用圆形、椭圆形、扇形和几何曲线形等曲线组合为特征的图案，带有柔和之气；男装店应采用正方形、矩形、多角形等直线条组合为特征的图案，带有阳刚之气。童装店可以采用不规则图案，可在地板上采用一些卡通图案，显得活泼。

4. 货柜货架设计

主要指货柜货架材料和形状的选择。一般的货柜货架为方形，但异形的货柜货架会改变其呆板、单调的形象，增添活泼的线条变化，使店铺表现出曲线的意味。异形柜架有三角形、梯形、半圆形以及多边形等。货架设计与产品设计应该是融为一体的，比如MARLBORO用原木加金属表现它的粗犷；BOSS用精美的紫檀木货架展现它的贵气；ESPRIT 用银灰的金属货架和大红的背景传达它的时尚前卫。

五、服装店铺的室外设计

室外设计要素包括标志、招牌、标准色、标准字体、结构、照明、装饰材料和整体风格等。店面是消费者认识商店的基本途径。室外设计主要包括外观设计、招牌设计、出入口设计、橱窗设计、外部照明设计。

（一）外观设计

外观是店铺给人的整体感觉，体现店铺的档次和个性。从整体风格来看，可分为现代风格和传统风格。现代风格的外观给人以新鲜的时代气息，现代化的心理感受，也体现了服装的潮流性。具有民族传统风格的外观给人以古朴殷实、传统丰厚的心理感受。许多百年老店，已成为影响中外的传统字号，其形象已在消费者心中树立起来，用传统的外观风格更能吸引顾客。如果服装店经营的是有民族特色的服装或仿古的服装，如旗袍一类，则可采用传统风格。

（二）招牌设计

招牌的图形标志和字体的大小、形状、色彩应突出，并与周边的环境协调，做到新颖、醒目、独特、简明，既美观大方，又能迅速抓住人们的视线，使顾客或过往行人从较远的地方或多个角度都能较清晰地看见。临街的店铺要注意招牌的照明和防水性。

招牌的形式、规格与安装方式，既要做到与众不同，又要与店面设计融为一体，给人以完美的外观形象。招牌的材质有多种：木质、石材、金属材料，还可以是直接镶嵌在装饰外墙上。招牌的安装可以是直立式、壁式，也可以是悬吊式的。

在招牌的制作与使用上，可直接反映商店的经营内容，制作与经营内容相一致的形象或图形，能增强招牌的直接感召力。根据服装店经营范围，可以选择不同类型的招牌：女装店可选择时尚感强的招牌，且招牌的颜色要醒目；西装店的风格大多比较正式，要选庄重的招牌；童装店则要活泼、有趣，能吸引小朋友；运动装店的招牌要有活力和朝气。

（三）出入口设计

在设计店铺出入口时，必须考虑店铺营业面积、客流量、地理位置、商品特点及安全管理等因素。不合理的设计，会造成人流拥挤或顾客没有看完商品便到了出口，影响商品的展示和销售。好的出入口设计要可进入性强，并能合理地引导消费者进出，有序地浏览全场。如果店面是规则店面，出入口一般在同侧为好，以防太宽使顾客不能浏览所有商品。不规则的店面则要考虑到内部的许多条件，设计难度相对较大。

（四）橱窗设计

商店橱窗不仅是门面总体装饰的组成部分，而且是商店的第一展厅。它是以商店所经营的商品为主，巧用布景、道具，以背景画面装饰为衬托，配以合适的灯光、色彩和文字说明，进行商品介绍和商品宣传的综合性广告艺术形式。消费者在进入商店之前，都要有意无意地浏览橱窗，所以，橱窗的设计与宣传对消费者购买情绪有重要影响。

橱窗的设计，既要突出所经营服装的特色，又要能使橱窗布置和服装展示符合消费者的消费心理，即让消费者看后有美感、舒适感，对商品有向往之情。好的橱窗布置既可起到展示商品、引导消费、促进销售的作用，又可成为商店门前吸引过往行人的艺术佳作。

橱窗应该在靠近门前或人流主通道的位置，而且前面没有遮挡物，主推商品的摆放与消费者视线成300°。在设计中运用旋转的道具或垂吊物，可以增强橱窗的动感或空间感。根据顾客群的特点和营销策略，橱窗可采用封闭式、半封闭式和开放式，或者简化橱窗。

橱窗的布置方式多种多样，主要有以下几种：

1. 综合式橱窗布置

将许多不相关的商品综合陈列在一个橱窗内，组成一个完整的橱窗广告。这种橱窗布置由于商品之间差异较大，设计时一定要谨慎，否则会给人杂乱的感觉。可以分为横向橱窗布置、纵向橱窗布置、单元橱窗布置。

2. 系统式橱窗布置

大中型店铺橱窗面积较大，按照商品的类别、性能、材料、用途等因素，分别组合陈列在一个橱窗内。如把同种质地不同款式的上衣、同款式不同质地的裙子、同质不同类的衣裙或不同类不同质的服装组合陈列。

3. 专题式橱窗布置

是以一个广告专题为中心，围绕某一个特定的事件，组织不同类型的商品进行陈列，向媒体大众传输一个诉求主题。可分为：节日陈列——以庆祝某一个节日为主题组成节日橱窗专题；事件陈列——以社会上某项活动为主题，将关联商品组合起来的橱窗；场景陈列——根据商品用途，把有关联性的多种商品在橱窗中设置成特定场景，以诱发顾客的购买行为。

4. 特定式橱窗布置

指用不同的艺术形式和处理方法，在一个橱窗内集中介绍某一产品，例如，单一商品特定陈列和商品模型特定陈列等。这类布置适于新品或特色商品的宣传，对重点商品进行特写。

5. 季节性橱窗陈列

根据季节变化把应季商品集中进行陈列，如冬末春初的羊毛衫、风衣展示，春末夏初的夏装、凉鞋、草帽展示。这种手法满足了顾客应季购买的心理特点，但季节性陈列必须在季节到来之前一个月预先陈列出来，向顾客介绍，才能起到应季宣传的作用。春天采用绿色植物，秋天采用金黄色的色调、枯枝等，具有鲜明的时尚气息，在色彩、道具上能给人强烈的视觉冲击。

（五）外部照明设计

这里的外部照明主要指人工光源的使用与色彩的搭配。它不仅可以照亮店门和店前环境，而且能渲染商店气氛，烘托环境，增加店铺门面的形式美。

色彩是人的视觉的基本特征之一，不同波长的可见光引起人们视觉对不同颜色的感觉，形成了不同的心理感受。如玫瑰色光源给人以华贵、幽婉、高雅的感觉；淡绿色光源给人以柔和、明快的感觉；深红色刺激性较强，会使人的心理活动趋向活跃、兴奋、激昂或使人焦躁不安；蓝靛色刺激较弱，会使人的心理活动趋向平静，控制情绪发展，但也容易产生沉闷或压抑的感觉。色彩依红橙黄绿蓝靛紫的顺序排列，强弱度依次由强转弱。

1. 招牌照明

招牌的明亮醒目，一般是通过霓虹灯的装饰做到的。霓虹灯不但照亮招牌，也增加了店铺在夜间的可见度。同时，能制造热闹和欢快的气氛。霓虹灯的装饰一定要新颖、别具一格，可设计成各种形状，采用多种颜色。为了使招牌醒目，灯光颜色一般以单色和色彩感较强的红、绿、白等为主，突出简洁、明快、醒目的要求。有时，灯光的巧妙变化和闪烁或是辅以动态结构的字体，能产生动态的感觉，这种照明方式能活跃气氛，更富有吸引力，可收到较好的心理效果。

2. 橱窗照明

光和色是密不可分的，按舞台灯光设计的方法，为橱窗配上适当的顶灯和角灯，不但能起到一定的照明效果，而且还能使橱窗原有的色彩产生戏剧性的变化，给人以新鲜感。橱窗照明不仅要美，同时也要满足商品的视觉诉求。橱窗内的亮度必须比卖场的高出 2 ～ 4 倍，但不应使用太强的光，灯色间的对比度也不宜过大，光线的运动、交换、闪烁不能过快或过于强烈，否则消费者会眼花缭乱，造成强刺激的不舒适感觉。灯光要求色彩柔和、富有情调。同时，还可以采用下照灯、吊灯等装饰性照明，强调商品的特色，尽可能在反映商品本来面目的基础上，给人以良好的心理印象。

3. 外部装饰灯照明

它是霓虹灯在现代条件下的一种发展。一般装饰在店门前的街道上或店门周围的墙壁上，主要起渲染、烘托气氛的作用。如许多店门拉起的灯网，以及制成各种反映本店经营内容的多色造型灯，装饰在店前的墙壁或招牌周围以形成购物气氛。

参考文献

[1] 邓跃青 . 现代服装设计 [M]. 青岛 : 青岛出版社 ,2004.
[2] 刘元风，胡月 . 服装艺术设计 [M]. 北京 : 中国纺织出版社 ,2006:5-7.
[3] 董晓文 . 时尚文化与服装产品设计研究 [D]. 青岛大学硕士学位论文，2008.
[4] 高宣扬 . 流行文化社会学 [M]. 北京 : 中国人民大学出版社 ,2006.
[5] 任君卿，周根然，张明宝. 新产品开发 [M]. 北京：科学出版社，2005：7-8.
[6] 赵洪珊 . 现代服装产业运营 [M]. 北京 : 中国纺织出版社 ,2007.
[7] 任力，朱伟明. 品牌服装新产品开发流程的研究 [J]. 浙江理工大学学报，2009（3）：354-358.
[8] 廖虹雁 . 服装商品企划与设计研发 [J]. 安徽电子信息职业技术学院学报 ,2010（1）：23-28.
[9] 朱秀丽 , 何爱琳 , 杨秋菊 . 服装产品开发企划探析 [J]. 浙江理工大学学报 ,2007（5）：537-540.
[10] 赵洪珊 . 服装商品企划教程 [M]. 上海 : 东华大学出版社 ,2013.
[11] 赵磊. 时尚产业的兴起和发展 [J]. 上海企业，2007（002）：50-52.
[12] 颜莉，高长春 . 时尚产业国内外研究述评与展望 [J]. 经济问题探索 ,2011(8)：54-59.
[13] 赵君丽 . 时尚产业的经济学分析 [J]. 云南社会科学 ,2011（3）:33-36.
[14] 宁俊 . 服装产业链理论与实践 [M] . 北京：中国纺织出版社，2007：37-38.
[15] 史小冬 .“模糊理论”在本土设计师品牌产品设计中的应用 [J]. 中国美术学院硕士研究生论文，2010.
[16] 王罗 . 国内奢侈品品牌服装产品设计研究 [J]. 东华大学硕士研究生论文，2013.

[17] 刘云华．服装商品企划理论与实务 [M]. 北京：中国纺织出版社，2009.

[18] 张灏．服装设计策略 [M]. 北京：中国纺织出版社，2006.

[19] 谭国亮．品牌服装产品规划 [M]. 北京：中国纺织出版社，2007.

[20] 李俊，王云仪．服装商品企划学 [M]. 上海：中国纺织大学出版社，2001.

[21] 刘晓刚，李峻，曹霄洁．品牌服装设计 [M]. 上海：东华大学出版社，2011.

[22] 贾君妍．快速时尚盈利模式之商品企划研究 [J]. 北京服装学院硕士研究生论文，2010.

[23] 宁俊．服装企业生产现场管理 [M]. 北京：中国纺织出版社. 2006.

[24] 马大力． 商品企划 [M]. 北京：中国纺织出版社，2003.

[25] 柳泽元子．从灵感到贸易——时装设计师与品牌运作 [M]. 北京：中国纺织出版社，2000.

[26] 吉尼・斯蒂芬・伏琳．时尚——从观念到消费者 [M]. 陕西：陕西师范大学出版社，2003.

[27] 宋惠景，万志琴. 服装生产策划与组织 [M]. 北京：中国纺织出版社. 2001.

[28] 宁俊. 服装生产经营管理（第三版）[M]. 北京：中国纺织出版社. 2002.

[29] 吴卫刚. 服装企业实用管理表格 [M]. 北京：中国纺织出版社. 2005.

[30] 吴卫刚. 服装企业管理 [M]. 北京：中国纺织出版社. 2002.

[31] 王关义. 现代生产管理 [M]. 北京：经济管理出版社. 2005.

[32] 郭先登．山东纺织业转方式指向何方：时尚产业 [J]. 山东纺织经济，2011(7)：5-9.

[33] 席时平．上海纺织时尚产业发展战略的思考 [J]. 流行色，2011（1）.

[34] 司仪．上海纺织“十二五”：打好时尚牌 [J]. 上海国资，2010（12）:50-51.

[35] 周璐瑛，吕逸华．现代服装材料学（第一版）[M]. 北京：中国纺织出版社，2005:33-39.

[36] 盛建祥．纺织产品设计思路 [J]. 丝绸，2004（1）:10-11.

[37] 中国纺织信息中心国家纺织产品开发中心．纺织产品调研报告 [R].2008.

[38] 欧阳静，李海兵，史介正． 服装面料新品开发的基本要素及思路 [J]，江南大学学报（人文社会科学版），2007（1）:122-124.

[39] 马磊，赵永霞．国内外牛仔产品的市场及技术发展现状及趋势 [J]，纺织导报，2014（3）：32-35.

[40] 宋富佳．新型牛仔水洗技术概述 [M]. 纺织导报，2014（3）:36-38.

[41] 杜玮，左丹英，田磊，等．纯棉靛蓝牛仔布激光生态洗水工艺的探讨 [J]，纺织导报，2014（3）：43-46.

[42] 高秋香，马德东．基于国际环境下我国时尚流行趋势的设计探讨 [J]，纺织导报，2012（11）：83-84.

[43]冯德虎．服装产业集群的地位和发展趋势研究[J]，纺织导报，2013(9):28-32.

[44] 毛谦．纺织服装产业集群问题研究 [D]．武汉：华中科技大学，2005.

[45] 张雯．服装产业集群的生命周期及可持续发展研究 [D]．青岛：青岛大学，2008.

[46] 中国纺织信息中心国家纺织产品开发中心．纺织产品调研报告 [R]．2011.

[47] 中国纺织信息中心国家纺织产品开发中心．纺织产品调研报告 [R]．2012.

[48] 中国纺织信息中心国家纺织产品开发中心．纺织产品调研报告 [R]．2013.